本书获教育部人文社会科学研究青年基金项目"改革开放40年英雄模范形象的演进及再塑研究"（18YJC710108）资助，西南民族大学马克思主义学院马克思主义理论学科专著出版项目资助。

英雄模范人物的时代演进及塑造

改革开放以来的研究

庄勤早 ■ 著

中国社会科学出版社

图书在版编目（CIP）数据

英雄模范人物的时代演进及塑造：改革开放以来的研究/庄勤早著.—北京：中国社会科学出版社，2023.7
ISBN 978-7-5227-2039-5

Ⅰ.①英… Ⅱ.①庄… Ⅲ.①英雄—先进事迹—研究—中国—现代 Ⅳ.①K820.7

中国国家版本馆 CIP 数据核字（2023）第 106657 号

出 版 人	赵剑英
责任编辑	杨晓芳
责任校对	季　静
责任印制	王　超

出　　版	中国社会科学出版社
社　　址	北京鼓楼西大街甲 158 号
邮　　编	100720
网　　址	http://www.csspw.cn
发 行 部	010-84083685
门 市 部	010-84029450
经　　销	新华书店及其他书店

印　　刷	北京明恒达印务有限公司
装　　订	廊坊市广阳区广增装订厂
版　　次	2023 年 7 月第 1 版
印　　次	2023 年 7 月第 1 次印刷

开　　本	710×1000　1/16
印　　张	21
插　　页	2
字　　数	273 千字
定　　价	109.00 元

凡购买中国社会科学出版社图书，如有质量问题请与本社营销中心联系调换
电话：010-84083683
版权所有　侵权必究

前　　言

  伟大时代呼唤伟大精神,崇高需要榜样引领。改革开放以来,我国树立了大量影响深远的英模人物,英模人物塑造也成为一种极具中国特色的社会现象。我们刚刚走过中国共产党建党百年,在这个特殊的历史节点,梳理改革开放波澜壮阔历程中英模人物的演进发展脉络,分析英模人物演进的图景呈现和主要特点,总结英模塑造的经验,审视当下英模塑造机制的困境及成因,探寻英模塑造的对策路径,对于促进英模人物塑造更好地应对现实挑战,指引人们获取昂首向前的力量,同时澄清价值谬误,抵御历史虚无主义、文化虚无主义的消极影响,进一步砥砺为中国梦奋斗的磅礴精神,具有重要的理论价值和现实意义。跟随四十多年来铿锵坚定的英模步伐,仰望四十多年来熠熠生辉的英模群像,追寻英模精神,感悟英模力量,这也是一个充满历史关怀与现实关切的时代课题。

  英模人物因时而生、因时而进,在改革开放以来历史发展的轴线中体现着时代的给养。对改革开放四十多年进行研究,可以发现,在英模人物演进中体现出"变"与"不变"的辩证统一,呈现出较鲜明的发展趋势与样态。随着时代变迁,英模在演进中不断适应新的形势变化,进而做出现代转型与历史赓续,以实现不同的历史主题转换。

然而英模的价值特征始终呈现出较为稳定的内核，体现为英模人物演进始终贯穿并彰显了个体价值与社会价值的统一、民族精神与时代精神的统一、本体价值与工具价值的统一。英模人物塑造既有成功经验又面临诸多现实困境。英模的塑造过程体现为英模的树立、英模的宣传和英模的安置等环节；英模塑造积累了丰富的历史经验，也受到了诸多不利因素的影响和挑战，表现为不同程度的人物感召力下降、信任度下滑、选树标准不明晰、价值传播力弱化等问题。究其成因，社会转型与价值分化，抑制了英模的存在环境；塑造中的功利与形式，削弱了英模的公众信任；价值迷茫与信仰模糊，动摇了英模的认知认同；保障激励机制不完善，消解了英模的养成机制。

新时代英模人物塑造需从目标理念、选树方式、成长环境、教育过程四个方面探寻路径，并针对现今存在的"丑化英模"行径和历史虚无主义、文化虚无主义逆流予以有力回击。其中，正确的目标理念是先决条件，科学的选树方式是核心环节，良好的成长环境是必备保障，自觉的知行转化是关键路径。要坚持把人格现代、"人设"立稳和人性质朴作为人物选树标准，把握实事求是、摒弃媚俗和常态长效的基本原则，以聚焦共振、以人为本、回应困惑为人物塑造的目标设定。要采用科学选树方式，优化设计选树过程，正确阐释形象内涵，融合运用媒体传播，重点展示人物的动态轨迹，突出人物"点睛之处"，有效转换话语范式。同时，从弘扬社会清风正气、加强正面教育引导、强化道德实践养成三个层面打造良好的英模成长环境，并最终通过激发受众的自我完善机制、触发受众的情理交融共鸣、引发受众的知行转化冲动三个路径，使英模人物塑造真正做到涵养人心、凝聚共识。

每一个个体的生命，对于时代而言，仅是一颗微尘；而对于每个个体生命而言，时代却是抹不去的底色、擦不掉的烙印、裹挟我们的巨浪洪潮。时代不同，每代人也终究不同。但不变的一点是，在英模身上，我们总能够看到不灭的希望火焰，总能在人生的幽微时刻看到瞬间永恒的人性之光。由此，我便与这个课题结缘，这也成为我学术研究的方向之一。随着收集、整理归纳资料，思考研究地不断深入，英模人物也在不断净化我的心灵，促进我的个人成长。英模用生命诠释了"大写的人"的定义，用热忱攀登上卓越的高峰，用坚守对抗世界的"喧哗与骚动"。"谁是最可爱的人？"这样的历史之问、时代之问，无论任何时候，我们的回答不应有改变。这里，引用罗曼·罗兰的一句话，献给英雄——"这里无所谓精神的死亡或新生，因为它的光明从未消失，它只是熄隐了又在别处重新闪耀而已。"

目　　录

第一章　英模人物的基本概述及研究的理论基础 …………… 1

 第一节　英模人物研究的意义 ………………………… 3

 第二节　国内外研究评述 ………………………………… 4

  一　国外研究评述 ………………………………………… 5

  二　国内研究评述 ……………………………………… 12

 第三节　英模人物的内涵考究 ………………………… 19

  一　英模人物的主要内涵 ……………………………… 19

  二　英模人物的分类 …………………………………… 22

  三　英模人物的基本特征 ……………………………… 24

  四　英模人物的主要功能 ……………………………… 27

 第四节　英模研究的理论基础 ………………………… 36

  一　马克思主义群众史观及人学理论 ………………… 36

  二　马克思主义关于意识形态的相关论述 …………… 41

  三　关于榜样的相关论述 ……………………………… 44

  四　关于传播心理学和典型人物报道的相关论述 …… 52

第二章　改革开放以来英模人物演进的时代图景 …………… 57

 第一节　1978—1991 年英模人物的呈现与演进 ……… 59

  一　部分英模重塑信仰 ………………………………… 60

二　科技英模再回视野 ··· 62
　　三　劳动英模大量涌现 ··· 65
　　四　道德英模持续光耀 ··· 67
　　五　文体英模赞誉空前 ··· 68

第二节　1992—2001年英模人物的呈现与演进 ····················· 69
　　一　科技英模集中出现 ··· 70
　　二　劳动英模类型多样 ··· 72
　　三　道德英模持续涌现 ··· 75
　　四　文体英模引人关注 ··· 76

第三节　2002—2011年英模人物的呈现与演进 ····················· 77
　　一　老一批英模再度流行 ··· 78
　　二　知识分子英模更接地气 ····································· 80
　　三　劳动英模更加贴近基层 ····································· 83
　　四　道德英模更多平民英雄 ····································· 86
　　五　文体英模更重社会担当 ····································· 89

第四节　2012年至今英模人物的呈现与演进 ······················· 91
　　一　英模人物大幅增长 ··· 92
　　二　正面形象更加聚焦 ··· 97
　　三　年轻一代显露头角 ·· 100

第三章　改革开放以来英模人物演进的呈现样态 ············ 105
第一节　英模人物演进的典型案例与历时考察 ··················· 105
　　一　劳动职业的波动：全国劳动模范的演进 ············· 106
　　二　道德类型的丰富：全国道德模范的演进 ············· 116
　　三　情感共鸣的找寻：感动中国人物的演进 ············· 120

第二节　英模人物演进的趋势呈现与主要特质 ··················· 125
　　一　从单一统一走向多元多样 ································· 126
　　二　从遥不可及走向真实平凡 ································· 128
　　三　从超凡入圣走向丰润生动 ································· 131

四　从重义轻利走向先义后利 …………………………………… 133
第三节　英模人物演进的现代转型与历史赓续 …………………… 135
　　一　适应社会时代背景的转型与赓续 ………………………… 136
　　二　响应主流意识形态的转型与赓续 ………………………… 140
　　三　呼应民众价值取向的转型与赓续 ………………………… 146

第四章　改革开放以来英模人物演进的价值特征 …………… 152
第一节　英模人物演进体现了个体价值与社会价值的统一 ……… 153
　　一　国家荣誉感与职业成就感的统一 ………………………… 153
　　二　社会责任感与家庭幸福感的统一 ………………………… 155
第二节　英模人物演进体现了民族精神与时代精神的统一 ……… 157
　　一　矢志爱国的精神与报效祖国的凛然正气 ………………… 158
　　二　敬业乐业的精神与刚健进取的坚韧意志 ………………… 160
　　三　自强不息的精神与坚信光明的执着信念 ………………… 163
　　四　和合仁爱的精神与勇于奉献的人格风范 ………………… 164
第三节　英模人物演进体现了本体价值与工具价值的统一 ……… 166
　　一　传统文化先进思想品格的历史传承 ……………………… 167
　　二　不同时期榜样典型教育的生动范例 ……………………… 169
　　三　意识形态引导社会思潮的重要手段 ……………………… 170
　　四　社会主义思想道德建设的具象载体 ……………………… 172

第五章　改革开放以来英模人物塑造的现实审视 …………… 176
第一节　英模人物塑造的过程 ……………………………………… 176
　　一　英模人物的树立 …………………………………………… 177
　　二　英模人物的宣传 …………………………………………… 185
　　三　英模人物的安置 …………………………………………… 191
第二节　英模人物认同的状况 ……………………………………… 194
　　一　问卷调研的基本情况 ……………………………………… 195
　　二　问卷调研的整体结果 ……………………………………… 198

· 3 ·

三　问卷调研的结果分析 …………………………………… 203
　第三节　英模人物塑造的反思 ……………………………………… 208
　　一　英模人物塑造的经验镜鉴 …………………………………… 208
　　二　英模人物塑造的现实困境 …………………………………… 214
　　三　英模人物塑造的困境成因 …………………………………… 228

第六章　新时代英模人物塑造的主要路径 ………………………… 240
　第一节　正确的目标理念是英模人物塑造的先决条件 …………… 240
　　一　人物标准：人格现代、"人设"立稳、人性质朴 ………… 241
　　二　基本要求：实事求是、摒弃媚俗、常态长效 …………… 246
　　三　目标设定：聚焦共振、以人为本、回应困惑 …………… 252
　第二节　科学的选树方式是英模人物塑造的核心环节 …………… 258
　　一　优化设计选树过程 …………………………………………… 258
　　二　正确阐释形象内涵 …………………………………………… 261
　　三　策略运用传播方式 …………………………………………… 265
　第三节　良好的成长环境是英模人物塑造的必备保障 …………… 269
　　一　弘扬社会清风正气 …………………………………………… 270
　　二　加强正面教育引导 …………………………………………… 276
　　三　强化道德实践养成 …………………………………………… 280
　第四节　自觉的知行转化是英模人物塑造的关键路径 …………… 283
　　一　激发自我完善动机 …………………………………………… 284
　　二　触发情理交融共鸣 …………………………………………… 287
　　三　引发知行转化冲动 …………………………………………… 291

参考文献 …………………………………………………………………… 296

后　记 …………………………………………………………………… 321

第一章 英模人物的基本概述及研究的理论基础

习近平指出,"崇尚英雄才会产生英雄,争做英雄才能英雄辈出"。[①] 选树英模并号召学习英模,是中国共产党领导与治理国家的重要工作方法。1978年,以党的十一届三中全会召开为标志,中国开启了改革开放的伟大历史征程。从农村到城市,从试点到推广,从经济体制改革到全面深化改革,改革开放是党在新的历史条件下带领人民进行的伟大革命,是决定当代中国命运的关键抉择。自改革开放以来,我国树立了许多影响深远的英模人物,他们深刻地影响着社会大众,影响着几代人的精神世界和行为方式,对社会发挥导向、整合、教育示范等作用,产生了凝聚人心、升华精神、塑造人格、改造风尚的效果,英模的塑造已经成为一种极具中国特色的社会现象。

尤其自党的十八大以来,党中央高度重视弘扬英模精神,组织开展各类英模评选表彰,并广泛举行学习英模活动,不断发出致敬英雄的时代最强音。习近平在多个场合表达对英雄和英模的崇敬之情。2014年,在会见第四届全国道德模范及提名奖人选时,习近平指出,

---

[①] 习近平:《在国家勋章和国家荣誉称号颁授仪式上的讲话》,《人民日报》2019年9月30日第2版。

"伟大时代呼唤伟大精神,崇高事业需要榜样引领"。① 2015年,在全国劳动模范和先进工作者表彰大会上,习近平指出,"劳动模范和先进工作者是坚持中国道路、弘扬中国精神、凝聚中国力量的楷模,他们以高度的主人翁责任感、卓越的劳动创造、忘我的拼搏奉献,为全国各族人民树立了学习的榜样"。② 2019年,在向国家勋章和国家荣誉称号获得者颁授勋章奖章时,习近平说:"全党全国各族人民要像英雄模范那样坚守、像英雄模范那样奋斗,共同谱写新时代人民共和国的壮丽凯歌。"③ 党的二十大报告指出,"发挥党和国家功勋荣誉表彰的精神引领、典型示范作用,推动全社会见贤思齐、崇尚英雄、争做先锋"④。

新时代是一个呼唤民族风骨和民族力量的时代。英雄主义和英模精神,是我们这个伟大时代的伟大精神。而当下,仍不时出现诋毁英雄和抹黑英烈的诽谤和杂音。有的人玷污民族的历史,淡化国家的观念,让英模的奉献与付出成为笑谈,让消费英模成为一种时尚;有的人崇尚娱乐至死的观念,有的人信奉"丧文化",其精神实质是消解主流意识形态,戏谑人的良知,嘲笑理想信仰,解构党的优良传统,排挤个人的使命追求,建立一个虚无缥缈或颓废嬉皮的价值世界,让人们在追求消费、追求物质和追求快感的低俗道路上越走越远。这些表象的背后是蛊惑人心、数典忘祖的历史虚无主义暗流,推行精神的荒芜,进而祸患国家。积毁销骨,蚁穴之溃,必须引起坚决反击。因此,弘扬英模精神、崇尚英雄主义,对于我们全体中华儿女汇聚勠力同心

---

① 《习近平谈治国理政》第1卷,外文出版社2014年版,第159页。
② 《庆祝"五一"国际劳动节暨表彰全国劳动模范和先进工作者大会隆重举行 习近平发表重要讲话》,《人民日报》2015年4月29日第2版。
③ 习近平:《在国家勋章和国家荣誉称号颁授仪式上的讲话》,《人民日报》2019年9月30日第2版。
④ 习近平:《高举中国特色社会主义伟大旗帜 为全面建设社会主义现代化国家而团结奋斗——在中国共产党第二十次全国代表大会上的报告》,人民出版社2022年版,第45页。

的力量，锻造奋勇向前的心性具有重要意义；是当前我们同心同向、全力推进新时代中国特色社会主义实践的现实需求。

第一节　英模人物研究的意义

恩格斯指出，"恰巧某个伟大人物在一定时间出现于某一国家，这当然纯粹是一种偶然现象。但是，如果我们把这个人去掉，那时就会需要另外一个人来代替他，并且这个代替者是会出现的，不论好一些或差一些，但是最终总是会出现的"①。唯物史观认为人民群众是历史的创造者，是推动历史前进的真正动力。英模人物作为个体，他的出现必然受到社会和文化因素的制约，但同时又必然具有克服外在必然性从而实现个体自由等积极发挥主体能动性的个体特质。近年来，关于"榜样教育""先进典型""英雄模范""英雄"的研究较广泛，可以说达到了一定热度。然而，针对"英模演进""英模变迁"和"英模塑造"这方面的特征研究并不多见。少量研究提出了榜样教育、英模人物、先进典型的历史沿革，但研究较为笼统和粗略。英模塑造贯穿新中国成立以来社会主义改革建设的全过程，在改革开放四十多年波澜壮阔的历史进程中，党和国家塑造的英模不计其数，他们给我们留下了无数激情燃烧的背景。回眸四十多年，同时立足 2021 年中国共产党建党百年这个特殊的历史节点，跟随铿锵坚定、稳健有力的英模步伐，仰望鲜活耀眼、熠熠生辉的英模群像，追寻跨越时空、历久弥新的英模精神，刻画他们前进的方向，勾勒他们的时代面貌，捋清他们这一群体的演进轨迹，梳理他们由时代而生并在历史进程中交织着的主题旋律，具有很强的现实性和充沛的时代感。

威廉·狄尔泰指出，"通过把各种个体的脉络挑选出来并且加以研

---

① 《马克思恩格斯选集》第 4 卷，人民出版社 1995 年版，第 733 页。

究,就可以更加深刻地洞察历史世界所具有的结构了"。他说,"就这些脉络而言,最基本的脉络是处于环境之中的个体的生命历程——这种生命历程既受到这样的环境的影响,同时也对这样的环境产生影响;它就存在于某个个体的记忆之中。在这里,我们可以看到历史的细胞萌芽,因为各种具体的历史范畴都是从这里出现的"[①]。正确评价英模塑造的历史经验和成效,对于确立当代英模塑造的目标策略及未来走向非常重要。首先,英模出自改革开放四十多年来党和政府在不同时期的选树,连接着国家政权的需要和个人德行的完善,因此,结合时代的宏大进程与个体的微观生命,呈现英模人物改革开放四十多年的历时性演进图景,可以从一个侧面折映出特定历史时期的主流意识形态策略调整、道德规范变迁与价值趋势走向。其次,当前面临新旧社会体制的转型,传统道德向现代道德的转型,一定程度上出现道德观念的冲突失范和道德行为的失检无序,迫切需要国家意识形态的引领和道德规范的制约。广泛认同英模的行为,是社会秩序良性建构的重要基础;学习效仿英模的行为,是社会风气向上向善的必要条件。因此,对当前英模塑造机制进行深入分析与反思,对新时代英模塑造机制的理念、目标和路径进行探索,对于我们诠释英模精神,发扬英模作用,正确辨别是非、善恶、美丑,进一步提升英模塑造的实效性,从而更好地培塑社会主义核心价值观,回击历史虚无主义和文化虚无主义的逆流,凝聚民族复兴之志具有重要意义。

第二节 国内外研究评述

学术界聚焦英雄、英雄模范、典型人物、榜样、榜样教育等领域开展相应的研究,产生了较为丰硕的研究成果,这些相关成果,为进

[①] [德]威廉·狄尔泰:《历史中的意义》,艾彦译,译林出版社2011年版,第30页。

行英模人物演进及塑造研究提供了参考借鉴。在梳理这些成果的同时，也对当前学界关注的热点，研究的薄弱环节有了深入的了解。

一　国外研究评述

国外学者在英雄、榜样教育、价值教育方面取得了丰硕的研究成果。针对英雄人物的价值及其在历史中的作用、榜样的功能、榜样教育与榜样认同等问题的研究，有以下主要研究成果及观点。

第一，关于英雄的研究。相当长的一个时期内，西方世界一直推崇主观唯心主义英雄史观。英国历史学家托马斯·卡莱尔在《论历史上的英雄、英雄崇拜和英雄业绩》中指出，"世界历史就是人类在这个世界上所取得的种种成就的历史，实质上也就是在世界上活动的伟人的历史……我们所见到的世界上存在的一切成就，也是他们思想的实际体现和具体化。可以恰当地认为，整个世界历史的精华，就是伟人的历史"[①]。黑格尔构建了庞大的唯心主义思想体系，他认为，"理性统治世界，也同样地统治世界历史"[②]。他说，"谁道出了他那个时代的意志，把它告诉他那个时代并使之实现，他就是那个时代的伟大人物"[③]。黑格尔认为英雄与群众是两类不同的人：英雄就是社会中最优秀的那一部分人，就是先知先觉的人，而人民则是后知后觉的人；英雄是具有高贵意识的人，而群众是具有卑贱意识的人；对于伟大与卓越，英雄是欣赏多于嫉妒，而群众则是嫉妒多于欣赏。德国哲学家尼采在打破苏格拉底以后的西方理性主义和基督教传统的基础上，自信高呼"上帝死了"，提出重估一切价值的宣言，试图摆脱基督教上帝的束缚，关注当下的人的价值，进而凭借自己的权力意志达到"超人"

[①] [英]托马斯·卡莱尔：《论历史上的英雄、英雄崇拜和英雄业绩》，周祖达译，商务印书馆2010年版，第1页。
[②] [德]黑格尔：《历史哲学》，王造时译，上海书店1999年版，第28页。
[③] [德]黑格尔：《法哲学原理》，范扬、张企泰译，商务印书馆1961年版，第334页。

境界，认为"自我超越、向更高方向发展是'超人'的基本特征"①。

18世纪后，英雄史观得到了诸多学者的反对。美国哲学家悉尼·胡克在《历史中的英雄》中评述了与英雄史观相反的思想，同时也批评了社会决定论。他说，"强调伟大的影响，认为如果只要有了他，他就会起决定性的影响，这一类的议论往往在原则上是不能证实的"②，"英雄如果不去迎合某些社会利益和集团利益——包括经济的、民族的、心理的等等——他就不能影响历史事变"③。胡克把英雄分为"事变性人物"和"事变创造性人物"，他们都出现在历史的交叉点上，区别在于前者"条件的准备是在一个很好的阶段"，即使他没有失败，也不足以证明他是一个特异的天才；而后者"帮助创造了这个交叉点"，在"实现他所选择的历史路线上，发挥了他的特异的天才，增加了成功的机会"④。

马克思恩格斯在批判布鲁诺·鲍威尔等黑格尔派英雄史观和其他关于人民群众的错误理论的基础上，旗帜鲜明地提出马克思主义人民群众观。他们认为，人民群众既创造历史，也造就英雄。马克思指出，"历史活动是群众的活动，随着历史活动的深入，必将是群众队伍的扩大"⑤，同时，他们指出："如果绝对的批判因此而谴责某个对象是'肤浅的'，那么这个对象就是迄今为止的全部历史，因为历史的活动和思想都是'群众'的思想和活动。"⑥ 在马克思恩格斯后，俄国教育学家普列汉诺夫曾说，"历史是人们创造的。而如果历史是人们创造

---

① 陈玉斌、刘友田：《从"上帝死了"到"上帝复活"——尼采"超人"思想探析》，《南京航空航天大学学报》（社会科学版）2019年第9期。
② [美] 悉尼·胡克：《历史中的英雄》，王清彬译，上海人民出版社2006年版，第10页。
③ [美] 悉尼·胡克：《历史中的英雄》，王清彬译，上海人民出版社2006年版，第118页。
④ [美] 悉尼·胡克：《历史中的英雄》，王清彬译，上海人民出版社2006年版，第110页。
⑤ 《马克思恩格斯文集》第1卷，人民出版社2009年版，第287页。
⑥ 《马克思恩格斯文集》第1卷，人民出版社2009年版，第286页。

的，那么很明显，它同时也是'伟大人物'创造的"①。列宁充分肯定了群众的历史地位，他认为人民群众是社会变革的决定性力量，他说："资产者忘记了微不足道的人物，忘记了人民，忘记了千千万万的工人和农民，可这些工人和农民却用自己的劳动为资产阶级创造了全部财富，并且正在为了他们所需要的象阳光和空气一样的自由而进行斗争。"② 列宁充分肯定人民群众主体意识的觉醒与历史发展进程的关系，强调"战争震动了群众，以空前未有的惨祸和苦难唤醒了他们。战争推动了历史，历史现在正以火车头的速度飞驰前进。现在千百万人正在独立创造历史"③。

第二，关于英雄模范和榜样的研究。瑞典学者马林·艾科斯特姆和凯蒂·雅各布松基于瑞典的聋人教育，将典型人物分为英雄、恶人和笨蛋三类。④ 霍尔顿·约翰在《我们需要英雄》一文中，把英雄划分为四大类型，分别为政治家、历史名人、娱乐明星和体育明星。⑤ 约翰·福胡森和玛丽·派森指出，儿童可从成年人的成功经验中获益，榜样、教师、英雄形象等均会成为儿童羡慕并模仿的对象。⑥ 捷克教育家阿姆斯·夸美纽斯强调，榜样包括书本上的榜样和生活中的榜样，"父母、保姆、导师和同学们的生活榜样必须不断地放到儿童眼前"⑦。津巴多·菲利普在《我们需要一个英雄》一文中指出："英雄主义是一

---

① [俄] 普列汉诺夫：《论个人在历史上的作用问题》，王荫庭译，商务印书馆 2010 年版，第 103 页。
② 《列宁全集》第 11 卷，人民出版社 1987 年版，第 149 页。
③ 《列宁选集》第 3 卷，人民出版社 1995 年版，第 472 页。
④ Katarina Jacobsson, "Malin Akerstrom. Villains, Fools and Heroes: Social Types in the Context of Swedish Deaf Education", *Disability & Society*, No. 12, 1997, pp. 557–571.
⑤ Holden John, "We Need some Heroes", *The Safety&Health Practitioner*, No. 27, 2009, p. 1.
⑥ Mary K. Pleiss, "John F. Feldhusen. Mentors, Role Models, and Heroes in the Lives of Gifted", *Ducational Psychologist Children*, No. 30, 1995, pp. 159–169.
⑦ [捷] 阿姆斯·夸美纽斯：《大教学论》，傅任敢译，教育科学出版社 1999 年版，第 168 页。

个社会概念，它可用教育和实践来解释、教育和模仿。"①吉尔·莱恩斯则认为榜样的形象设计与价值彰显之间的关系是相互的，榜样价值要想得以充分实现，应该通过个性化的人物形象构建来吸引受众，以求得榜样认同。②詹姆斯·沙阿在研究中发现，优秀人物的形象可以自动影响个体的目标获得，从而赋予个体新的目标导向，这一影响可从其行为上的坚持性和活动中得到观测和表现。③美国学者约纳坦·特维德在《一个厄立特里亚英雄的形象》一文中，总结了近 30 年来英雄形象的转变，指出伴随着国家及社会的发展，英雄形象从个人愿景型英雄向集体牺牲型英雄转变。④立足视觉通信科技视角，兰斯·斯瑞特解读榜样形象，认为在通信技术革命中，原来通过口头文学和印刷文化所形成的固化英雄形象，正经历转变，需要通过计算机技术来进行美化。⑤

国外宣传英雄人物的事迹，大多以某个人物传记为主要形式。苏联与我国在选树英模的做法上具有趋同性，至第二次世界大战结束，苏联的英雄勋奖制度不断完善，形成了一个包括劳动、文化、军事等多领域的完整制度体系，产生了卓娅等英模。苏联文艺学家季莫菲耶夫提出"典型学"，为每一种典型指出了模板和公式，比如，学者的典型——与生活实践密切联系着的创造者和积极分子；工人的典型——发明家和斯达哈诺夫工作者；妇女的典型——独立的跟男子有同等权

---

① Zimbardo Philip, "We Need a Hero", *The Futurist*, No. 44, 2010, pp. 25 – 26.
② Gill Lines. Villains, "Fools or Heroes? Sports Stars as Role Models for Young People", *Leisure Studies*, No. 20, 2001, pp. 285 – 303.
③ James Shah, "The Motional Looking Glass: how Significant others Implicitly Affect Goal Appraisals", *Journal of Personality and Social Psychology*, No. 3, 2003, pp. 424 – 429.
④ Yonatan Tewelde, "Seeing the Image of an Eritrean Hero", *Journal of African Cultural Studies*, No. 27, 2015, pp. 172 – 180.
⑤ Lance Strate, "The Faces of a Thousand Heroes: The Impact of Visual Communication Technologies on the Culture Hero", *Atlantic Journal of Communication*, No. 3, 1995, p. 16.

利的新生活的建设者。① 一些西方国家也很重视对英模精神的宣传，注重英雄典型对执政党的执政能力和水平的促进作用。在政治运行过程中，如何将英模所体现的执政党所需的主流价值观进行有效的整合、推广和研究，是每一个国家都关注和面临的问题。

第三，关于榜样教育的研究。关于榜样教育具有代表性的当属社会学习理论。美国心理学家班杜拉提出了观察学习的机制，他勾勒了一个具有五种基本能力（即符号表征、预测、替代、自我调节和自我反省）的人类自我系统，强调个体所拥有的信念对自身行为和思想的作用。② 他指出："示范观察学习一直被认为是传递价值、态度以及思想和行为模式的最有效的手段之一。"同时，"观察者能通过观察他人的行为习得认知技能和新的行为模式。这种学习可以采用不同的形式，涉及新的行为模式、判断标准、认知能力和创造行为的生成规则"。"榜样表现出观察者原本不具备的新的思想模式或行为模式，通过观察，观察者也能形成同样形式的思维和行为，这时就是最清晰地展现观察学习的时候。"③

苏联教育家苏霍姆林斯基高度重视榜样教育的作用，他认为儿童正是通过观察、模仿家庭成员的言行举止获得了对责任感、义务感、羞耻感等基本认知，并逐步形成自己的道德感；强调"能对子女自然地起潜移默化作用的好家长的最可贵的精神品质就是父母的善良心肠，就是善于为他人做好事的品德"④。法国学者加布里埃尔·塔尔德在《模仿律》一书中指出，"一切或几乎一切社会相似性都来自于模仿，

---

① 参见旷新年《典型概念的变迁》，《清华大学学报》（哲学社会科学版）2013年第1期。
② 参见［美］阿尔伯特·班杜拉《思想和行动的社会基础——社会认知论》，林颖等译，华东师范大学出版社2018年版，第3页。
③ ［美］阿尔伯特·班杜拉：《思想和行动的社会基础——社会认知论》，林颖等译，华东师范大学出版社2018年版，第50—51页。
④ ［苏］苏霍姆林斯基：《将整个心灵献给孩子》，唐其慈、毕淑之译，天津人民出版社1981年版，第28页。

正如一切或几乎一切生物相似性都是靠遗传获得的"[1]。他强调，人与人之间有着广泛的模仿效应，"许多模范行为自始至终都是无意识的、无意为之的"[2]。美国社会心理学家利昂·费斯汀格在社会比较理论中指出，如果缺乏客观标准，个体便会利用他人为尺度进行比较及自我评价；与优于自己的人进行比较，会对自己产生鼓励作用和同化效应。[3] 美国学者理查德·古德玛指出，"模仿是一种有效的学习路径，如果仅仅是鼓励学习者记忆信息或是发展技能是远远不够的"，在现实生活中，榜样可以"提醒我们永远重视困难与风险"。[4] 心理学特别是西方心理学对人的意识、潜意识、行为及相互关系的关注和深层次研究，以马斯洛、罗杰斯为代表的人本主义心理学家立足人性本善基础，认为人具有一种自我实现的本能或潜能，倡导"以学生为中心"的"非指导性"教育模式，重视进一步理解和尊重教育对象，提升榜样教育的目标。[5]

还有很多学者立足不同的研究视域对榜样进行了探讨。立足公共健康教育的视角，布兰登·布朗和梅丽莎·纳西鲁尔等学者研究指出，把超级英雄作为儿童健康教育的载体，利用超级英雄的巨大影响力，能够激发、拓展儿童的创造力和思维力，从而关怀和挽救更多生命。[6]

---

[1] ［法］加布里埃尔·塔尔德：《模仿律》，何道宽译，中国人民大学出版社2008年版，第98页。

[2] ［法］加布里埃尔·塔尔德：《模仿律》，何道宽译，中国人民大学出版社2008年版，第193页。

[3] K. Burlesson, C. W. Leachetal, "Upward Social Comparison and Self – concept: Inspiration and Inferiority Among Art Students in an Advanced Programme", *The British Journal of Social Psychology*, No. 3, 2010, p. 44.

[4] Richard B. Gunderman, "Christopher A. Sinsabaugh Education and the Need for Heroes", *Academic Radiology*, No. 20, 2013, pp. 656 – 658.

[5] 参见杨婷《榜样教育研究》，中国社会科学出版社2015年版，第67页。

[6] Brandon Brown, "Melissa Nasiruddin. Alejandra Cabral, Melissa Soohoo. Childhood Idols, Shifting from Superheroes to Public Health Heroes", *Journal of Public Health*, No. 2, 2015, pp. 1 – 5.

第一章　英模人物的基本概述及研究的理论基础

立足寻求日益严重的校园欺凌事件的解决之道,珍尼·文斯认为可以利用榜样的作用,通过培育鼓励意识、自主意识和自觉意识三个步骤来培养儿童的英雄主义。①

关于榜样认同方面,学者亚龙·格瑞斯对以色列高中的44组犹太青少年进行调查,在实证的基础上探讨榜样认同的原因及表现,从而提出"榜样—名人"二分法,认为要理性对待当今社会的榜样认同、偶像崇拜,以缓解当前存在的道德危机。②从商业文化的角度,安德烈亚斯着手研究中国榜样——雷锋的认同问题,认为雷锋作为中国最著名的榜样,他的当代价值徘徊在政治和道德之间,带有怀旧情感、教育与商业因素,也因为受到商业文化的影响,其形象在当年青年中得到认同。③

第四,关于典型人物及典型人物报道的研究。马克思恩格斯在美学领域和文化理论领域对"典型人物"有着深刻的研究。恩格斯强调,"每个人都是典型,但同时又是一定的单个人,正如老黑格尔所说的,是一个'这个',而且应当是如此"。④恩格斯认为,"人创造环境,同样,环境也创造人"⑤,他阐述了典型形象,认为他们是现实的、具体的、历史的存在;并作出了关于"典型环境中的典型人物"的著名论断。他说,"现实主义的意思是,除细节的真实外,还要真实地再现典型环境中的典型人物"⑥。西方学者并没有提出明确的典型人物报道概

---

① Jeanne Wenos, "Teri Trick, Jacqueline A Williams. Creating Socially Fit Heroes and Reducing the Incidence of Bullying in Elementary Physical Education", *Journal of Physical Education*, Vol. 85, 2014, p. 657.
② Yaron. Girsh, "Between my mother and the Big Brother: Israeli Adolescents' Views of Heroes and Celebrities", *Journal of Youth Studies*, Vol. 17, 2014, pp. 916 – 929.
③ Andreas Steen, "To Live is to Serve the People: the Spirit of Model Soldier Lei Feng in Postmodernity", *The Changing Landscape of China's Consumerism*, No. 3, 2014, pp. 151 – 176.
④ 《马克思恩格斯选集》第4卷,人民出版社1995年版,第673页。
⑤ 《马克思恩格斯选集》第1卷,人民出版社1995年版,第92页。
⑥ 《马克思恩格斯选集》第4卷,人民出版社1995年版,第683页。

念，虽然他们也有类似的典型报道，比如报道某次救灾遇险中的英雄人物，但他们对此一般仅作为新闻人物进行报道，并不作为典型报道，更不是典型经验的报告。就国外学界而言，在研究大众传播活动中，也强调利用直接或间接的手段，影响、利用大众，凸显自己的观点，宣扬自己的主张；但就研究领域而言，更关注的是对新闻人物、新闻事件的报道研究，而非对"典型人物"或"正面典型人物"的报道研究。

二 国内研究评述

国内学界对英模研究取得了大量的成果。对"英模""英雄模范""英雄""榜样""先进典型"的研究十分广泛，在近年来达到一定热度。具体分析，近年来关于英模的相关研究主要集中在以下几个方面。

第一，关于英模或先进典型人物产生及塑造机制的研究。赖静萍在《当代中国英模现象塑造探源》中认为，英模塑造源于延安时期树立榜样的经验、苏联的英模塑造对中国的影响，是现代国家建构背景下联结政治和民众的桥梁；冯仕政在《典型：一个政治社会学的研究》中，利用政治社会学对"树典型"现象进行研究，认为"树典型"是二元社会结构下的政治权威为加强社会动员、控制与整合采取的治理策略；齐燕庆在《中国劳模现象的历史及其沿革》中认为，中国的劳模产生于30年代的苏区，至1978年以后中国劳模发展迎来高潮时期；苗春凤在《论中国社会的树典型活动——社会评价论的视角》中，探讨了树典型活动的机制、社会效果变化及其原因；郑哲在《新时期英模人物成长路径研究》中，对新时期军人英模的成长过程、参与因素、主要贡献等进行了考察。

第二，关于英模群体和先进典型人物演变的研究。万芳在《建国后英模人物形象变迁研究》中，分为社会主义改造时期、全面建设社会主义时期、"文革"至党的十一届三中全会之前、1978年后四个历史时段，对英模变迁及特征做了简要分析。对此，有一些博士、硕士、论文进行专题研究，张明师在《1949—1978：共和国英模人物群体研究》中，以新中国成立后到改革开放前的英模群体作为研究对象，概括其基本的形象特征；并在《1950年英模群体的特征及其时代意义》中，对新中国成立以来的第一代英模群体形象、意义和符号象征作出了总结分析。孙昌帅在《近三十年来中国"英模"文化研究（1981—2011）》中，对近30年来新增的重要英模人物进行考察，建立了一个人物谱系，分析英模精神的类别、英模的塑造机制及英模文化的作用、问题及对策。袁文斌在《当代中国榜样教育研究》中，将榜样教育分为三个时期，分析了不同时期榜样教育的特点和人物的形象变化。刘浩章在《建国以来树立先进人物典型研究》中，提到了"建国后先进人物典型的历史沿革"，将其分为新中国成立后17年、"文革"和改革开放三个时期，并对先进典型特征做了概述。

第三，关于英模文化、功能和英模精神的研究。此类研究较多。不少学者通过对英模精神类型的研究，阐述了英模精神的理论背景以及弘扬英模精神的有效途径。例如，柳礼泉、庞申伟《英雄模范与先进典型人物价值示范作用研究综述》，阐述了英雄模范与先进典型的特征和价值示范作用，提出了英模和典型效应弱化及其矫正对策。柳礼泉、张红明《英雄模范的精神及价值示范》，从爱国精神、进取精神、奉献精神凝练了英雄模范精神的基本内涵，分析了英雄模范精神的价值。韩云波、叶翔宇《论新时代英雄文化研究的五个面向》，对当前学界关于新时代英雄文化的研究进行了综述。韩云波《论中国共产党百年英雄文化》、潭亮《建党百年来弘扬英雄模范精神的实践经验与时代价值》，立足中国共产党建党百年，梳理了作为中国精神谱系重要组成部分的中国共产党英雄文化和英雄模范精神。张明师《论建国后的英模评选与英模精神的伦理价值》，将 1979 年的英模与之前的英模作对比，立足"至人""硬汉"两种模式，探讨英模精神的价值基础和伦理模式。涂可国《英雄群体及其精神的社会功能》，从共和国英雄群体对人（包括个人和群体）影响的角度阐述了英模群体的凝聚、导向、教育和示范四大功能。庞申伟《榜样文化及其当代建设研究》，探讨了榜样文化的理论基础、历史沿革、现实审视和建设思路。张强《习近平关于弘扬英雄精神的重要论述探析》和胡博成《新时代人民英雄范式的生成逻辑及实践进路》，对习近平新时代英雄观进行了研究。

第四，关于先进典型报道模式的研究。此类研究十分丰富。20 世纪 90 年代，张庞《新时期典型宣传的实践与思考》，认为典型宣传要坚持群众推举评判典型，抓好典型的后续培养与提高等问题；唐华《先进人物报道宣传效应弱化的社会原因剖析》，将先进人物宣传效应弱化归咎于社会心理、文化背景、社会风气等方面。2000 年以来，汤劲《试论建国以来英模人物通讯写作模式的发展演变》，梳理了英模人物通讯写作模式在人物刻画、报道理念及报道方式等方面的变化；赵凯《改革开放 40 年中关于英模人物的影像塑造》，对电影中的人物塑造的叙事框架、英模精神等进行了披析；李跃森《新时代英模剧的典型形象塑造》，对电视剧中的英模形象塑造路径和方法进行了研讨；王晖《英模影像写真的广度、深度与融合度——论近年来英模题材电视剧》，对当下英模题材电视剧的表现对象、性格再现和艺术表达等进行了研究；李新丽《新中国建立 60 年媒体"英模人物"报道的变迁》，梳理了新中国成立以来"英模人物"报道的历史特征，从传播学的角度对"英模人物"报道的变迁趋做了比较分析议；薛国林等在著作《形象塑造与社会认同——正面人物宣传报道的社会效果研究》中，分析了新中国成立以来正面人物宣传报道的特点、写作手法、人物报道方式及成功经验。不少学者对典型报告、英模电影、英模报告文学的价值理念、审美追求、创作模式等也做了相应的研究。

第五，关于榜样教育和先进典型教育的研究。在思想政治教育中，这类研究成果十分丰硕且体系完整。有学者认为"榜样教育是以高尚的思想、模范的行为、优异的成就教育受教育者的一种方法"[①]。有的认为"榜样示范法是教育者以他人的模范行为和英勇事迹来影响学生的方法"[②]；还有的认为"榜样教育是指由国家、政府和教育者通过宣传典型人物的高尚思想、模范行为是英雄事迹来矫正和规范社会公众思想与行为的方法"[③]。在众多的榜样教育研究中，都包含了对榜样、教育者、受教育者及活动等要素的研究。已有的研究主要分为以下几方面。

一是对榜样教育的理论研究。王建文《论榜样教育价值的特征》，强调了榜样教育价值特征（隐性与显性教育的统一、直接性与间接性的统一等）对实际的指导意义；李述永《榜样教育的心理学分析》、秦永《论当代中国青少年榜样教育》等，从班杜拉的观察学习过程的四个阶段研究榜样教育；曾钊新《道德心理论》、杨晓燕《浅论人本主义心理学对榜样教育的启示》，从心理学角度对学习道德范例的心理因素、榜样教育的实质进行分析；刘笑丹《主体间性视阈下的榜样教育研究》，用主体间性理论阐述榜样教育，提出榜样教育在主体间性视阈下的新对策；范迎春《略论受众理论视域下当前榜样教育方法创新》，借助受众理论反思当前榜样教育；陈华洲、张明华《榜样力量的构成及其转化条件和路径研究》，分析了榜样的内驱力和外张力并阐述了两者的转化条件；李晓科《近年来党的先进典型教育工作研究综述》，对近年来先进典型教育理论依据、发展历程、工作途径等做了概述；杜

---

① 班华：《现代德育论》，安徽人民出版社2000年版，第232页。
② 胡守棻：《德育原理》，北京师范大学出版社1995年版，第175页。
③ 王俏华：《榜样教育概论》，北京大学出版社2014年版，第14页。

晓雯《当代中国"外在劝导式"道德教育反思》，针对当前道德教育困境，对德行自觉进行了研究。

二是对先进典型塑造和榜样塑造、先进典型教育和榜样教育存在问题的研究。学界对典型塑造及榜样教育的困境进行了反思，指出了当前榜样典型主要存在的"抽象和神化""单一和泛化""日趋边缘和道德力量日渐缺失""认同度低""功能定位不准确"等问题，并试图提供走出树立榜样误区、提升榜样教育有效性的途径。代表性论著有檀满仓《榜样教育中存在的问题》、岳群《论榜样示范法在中学德育中的应用》、周奎英《我们需要什么样的榜样教育》、黄海《反思我们的青少年榜样教育——兼论榜样的人性反思与理论批判》、何其二《榜样教育的困境与出路》等。在对这些问题产生的成因分析方面，不同学者从不同角度进行了阐发。代表性论著有赵平《榜样教育的问题与对策》、朱明山《高校榜样教育效应弱化的原因分析及对策》、冀先礼《当前我国青少年榜样教育》、陈卓《当代中国榜样教育之尴尬》、张茹粉《榜样教育的理性诉求》，等等。赵亮在《新中国成立70年来榜样教育的嬗变研究》中，对新中国成立以来榜样教育的背景、内容和作用做了梳理，提出实现路径。李蕊在《中国共产党榜样教育的历史考察与现实思考》中和卢慧在《新中国成立以来榜样教育的经验启示》中，分别指出了榜样教育经历的发展阶段、基本经验、作用和当下启示。

三是对榜样教育、先进典型教育方法的研究。如前文所述，不少学者在分析榜样典型教育存在的问题时，均指出了榜样塑造及提升教育有效性的途径方法。例如，认为应树立多元的榜样形象，建立层级榜样体系，形成合理的社会榜样结构，选择多样化的榜样教育方式方法，代表性论著有何小忠《偶像亚文化与青少年榜样教育》；榜样的选树应坚持利益相关的原则，体现了付出与收益的正比例关系，代表性论著有张茹粉《榜样教育的理性诉求》；榜样教育要遵循感知的心理规律，改进榜样的成长方式，遵循榜样的成长规律和个体模仿行为的发展规律，代表性论著有戴锐《榜样教育的有效性与科学化》；化偶像为榜样的过程中，要坚持了解——同情原则，代表性论著有余维武《价值多元化榜样教育的新途径》；榜样树立要跟上时代发展，考虑青少年的心理发展特点，代表性论著有冀先礼《当前我国青少年榜样教育的困境、成因及对策》；榜样教育要建构多元化的榜样教育模式，代表性论著有杨婷《整合交互的教育力量 发挥协同效应》；等等。还有研究从教育者与受教育者之间的关系、典型教育的目的、新媒体发展等角度，对创新榜样教育做了探讨，如万美容《优选与创新——榜样教育创新的方法论视角》、何东平和刘方生《论新时期的榜样教育》、张静芒《新媒体视域下公民道德建设的榜样机制》，等等。

总体来看，目前，以"英模""模范""典型""先进"为主题开展的学术研究，主要集中在三个方面。一是英模宣传报道模式研究、英模题材作品研究和典型报告研究，此类研究非常丰富。二是对特定历史时期英模群体的研究（系统性的研究有针对1949—1978年、1949—1966年、"文革"时期以及晋西北抗日根据地等几个时段），但对改革开放以来的英模人物的历史演进方面的研究较少且较为笼统。三是英模精神、英模文化、英模功能作用及英模塑造的研究，深入探寻了英模塑造现象的动机、成因，概述了英雄精神的类型及价值作用。四是英雄模范教育、先进典型教育和榜样教育的研究。其中，先进典型教育和榜样教育的研究成果较为丰富。同时，学界已普遍关注到榜样教育、典型教育存在的效应弱化问题，部分学者指出了典型教育和榜样教育的演变，探寻提升典型教育和榜样教育有效性的途径。

目前，虽然也有研究提出了榜样教育、英模人物、先进典型的历史沿革，但研究均较为笼统、粗略，对在时代变迁中的英模人物演进的考察相对缺乏，对英模人物塑造机制的考察不够系统和深入。综合国内外研究现状，虽然有相当数量的文章对特定时期的英模群体、英模文化、英模精神、英模功能等进行论述，并试图在分析问题根源的基础上探寻解决的策略和方法，取得了有价值的学术成果，但还存在一定的不足。表现在以下方面。第一，通观现有研究成果，已经存在一些对特定历史时期英模群体的研究，但缺乏对改革开放四十多年来这一特定历史阶段的英模人物研究，尤其是在深入分析英模人物在改革开放四十多年来不同历史时期的时代呈现、演进特点等方面的系统研究方面尚显不足。第二，虽已经有了一些对英模人物演变的研究，但缺少对英模人物的演进趋势及历史演进中体现的内涵价值的深入分析。第三，虽已经存在很多对当前典型人物塑造、榜样教育困境的梳理和研究，但缺乏在对英模人物塑造的历史演进的研究基础上，对现有英模人物塑造机制的反思，并基于此提出的英模人物塑造的理念创新与机制创新。

习近平指出，"一个有希望的民族不能没有英雄，一个有前途的国家不能没有先锋"[①]。根据对上述研究成果的梳理和分析，著者认为，对改革开放以来英模人物的演进及塑造进行总结梳理，分析英模塑造的现实挑战与困境成因，并提出英模人物塑造的目标理念与机制创新，努力对"新时代我们需要什么样的英模""新时代如何塑造英模"提出建设性的对策思考，这是一个值得研究与探索的课题。著者努力在继承已有研究的基础上，以英模人物的历时性演进为经，以人物的主要特点演进为纬，分析英模人物演进的内涵价值，并结合当代英模人物塑造的现状，提出新时代英模人物塑造的路径，进一步丰富发展已有成果，并对实践起到一定的启发作用。

---

① 习近平：《在颁发"中国人民抗日战争胜利70周年"纪念章仪式上的讲话》，《人民日报》2015年9月3日第2版。

第三节 英模人物的内涵考究

正确地认识和厘清概念是研究的逻辑起点。英模人物的内涵可以从概念和类型两方面进行考究。首先，要明确英模人物的概念、含义和核心要素，这是对英模人物的本体的考证；其次，要厘清英模人物与英雄、模范、榜样、典型之间的区别，同时对英模人物的类型进行界定，这是英模研究的必要前提。

一 英模人物的主要内涵

英雄，在《辞海》中的注释为"杰出的人物"[1]；在《现代汉语词典》中的解释是"才能勇武过人的人""不怕困难、不顾自己、为人民利益而英勇斗争，令人钦敬的人"[2]。模范，在《辞海》中解释为"引申指值得人学习或取法的英模"[3]；《现代汉语词典》对"模范"的解释是"值得学习的人或事物"[4]。英雄模范人物简称"英模人物"，对这一概念官方和学界并没有非常明确的界定，不同的人对此有着不同的认识标准，但"英模人物"也有着其本身的、基本的内涵。"英模人物"可以从广义和狭义上使用，狭义的英模人物主要指革命烈士、英勇斗士等英雄人物；广义的英模人物包括革命烈士、英勇斗士、时代楷模、劳动模范、道德模范等。本书从广义上使用"英模人物"这一概念，指因其境界高尚、品德优秀、事迹先进，获得民

---

[1] 辞海编辑委员会：《辞海》上，上海辞书出版社1979年版，第1304页。
[2] 中国社会科学院语言研究所词典编辑室：《现代汉语词典》，商务印书馆1987年版，第1384页。
[3] 辞海编辑委员会：《辞海》中，上海辞书出版社1979年版，第3021页。
[4] 中国社会科学院语言研究所词典编辑室：《现代汉语词典》，商务印书馆1987年版，第800页。

众和国家认可并且发挥示范带头作用，能够对其他社会成员产生示范、激励、教育和引导作用的典型人物。既包括了英勇坚强、具有首创和自我牺牲精神的英雄人物，也包括了勇于承担比常人更大的责任、敢于克服常人难以克服的困难，道德高尚、成就突出的先进模范人物。英模人物是建立在人类本质基础上的凝聚某种价值精神的先进人物，集中体现了一定历史条件下、一定社会关系中的某种道德标准和价值精神。英模人物具有深刻的经济、政治、文化、社会背景，是抽象的道德观念和现实的具体的人的统一，是社会发展和人类不断自我超越的产物。

第一，英模人物是一种理想人格的体现。英模人物表现出崇高性、先进性、理想性等特质，寄托了人们的道德理想，反映了人们对先进品质、完善人格和美好德行的追求；同时以实际行动实践着人们在"生理、安全、爱和自尊需要的满足"的基础上，追求自我完善（Self‐enrichment）和自我实现（Self‐actualization）的内心愿景。

第二，英模人物是一种精神价值的人物载体。英模人物体现了主流价值观的人格类型，代表着社会思想道德建设的前进方向，是特定历史阶段道德理想和道德追求的化身；是思想上层建筑在适应经济基础变革过程中，反映在人物身上的先进观念、先进价值的集中体现。英模人物体现出先进精神要素，代表着时代的主流价值取向，体现着人物本身的一种处世态度和人格精神。

第三，英模人物是在社会生产实践中产生的先进代表。英模人物来源于实践，是创造、激发时代精神的先行者，代表先进价值和先进生产力的前进方向；是"人"这一社会实践主体中自身改造和进化的先进者，反映了人类内心深处不断自我完善、自我实现、全面发展的自觉性与能动性。美国心理学家亚伯拉罕·马斯洛指出，"自我实现的需要强调使一个人已有的状态变得真实或实际，对认同的追求与'成为自己真正是的那个人'一样,使自己成为'机能健全的人''充分的人'、独一无二的人或真实的自己"①。在社会生产实践活动中,由于实践主体的不同导致社会实践过程及结果的差异性;因此英模人物这一实践主体的实践改造能力,作为其他实践主体的重要参考,便成为其他实践主体努力使自己成为"充分的人"或者"独一无二""机能健全"的人的投射和激励。

英模与榜样、典型。《现代汉语词典》里对"榜样"的注释是"值得学习的好人或好事"。王道俊等在《教育学》中提出,"榜样是以他人的高尚思想、模范行为和卓越成就来影响学生品德的方法"②。对于典型,《现代汉语词典》里的解释是"具有代表性的人物或事件"③。在德育领域,英模和榜样、正面典型人物经常并列或混同运用,都代表了让人崇拜、敬仰、学习、效仿的对象人物,在概念上有一定范围的重叠;然而,从概念范畴、内涵界定、使用领域来看,三者却有所不同。"典型"的概念广于"榜样",可以作为文学艺术和美学范畴出现,只有"典型"运用在思想道德教育领域,它才和"榜样"具有相通性;"典型"包括好的典型和坏的典型,"英模"是"典型"中的"先进典型",其"先进性"和"典型性"是英模人物的重要特点;"典型"可以是人,也可以是事件,而"英模"只能是人,只能是"先进典型人物"。"榜样"与"英模"都是行为个体,同样强调意识形态属性,突出价值导向;然而,"榜样"有大有小,就具体针对某件小事、琐事,也可以产生值得学习的"榜样","英模"却更强调"杰出",更强调高尚的伦理要求和道德修养,在道德和价值层面上远高于

---

① [美]亚伯拉罕·马斯洛:《动机与人格》,许金声等译,中国人民大学出版社2007年版,第55页。
② 王道俊、王汉澜:《教育学》,人民出版社1989年版,第230页。
③ 中国社会科学院语言研究所词典编辑室:《现代汉语词典》,商务印书馆2005年版,第304页。

"榜样"的要求。

英模与英模人物形象。英模是先进思想、高尚道德和主流价值观的生动体现，先进的思想和理念必须通过具象的"人"发生作用。英模人物形象是以英模人物的外观表现、语言表达、行为模式等为载体呈现出的人物或群体的形象，是英模人物这一整体的部分组成要素。树立英模人物，就是要通过一定方式向公民展示英模人物的高尚形象，通过英模人物形象把道德观点和行为规范形象化、具体化、人格化，使英模人物可亲可信可学，从而实现对某种主流价值观的传导。

二 英模人物的分类

英模人物的类型很多。从大类上看，包括民族英雄、思想巨擘、历史伟人、行业大伽、科学翘楚，还包括了日常生活中德才兼备，以高尚言行引起人们敬重和学习效仿的平凡人物。按选树时间，英模人物可分为新英模与老英模，新英模是在当下历史时期选树的英模；老英模是历史上曾经选树或者已经选树了较长一段时间，但历经时代变迁，至今仍持续得到党和政府推广宣传的英模。根据授予单位的行政级别的不同，英模人物可分为全国英模与地方英模，首先最高层次是全国性英模，其次是省部级英模，最后是地（市）级和县级英模。全国英模是党和政府立足全党全国的中心工作，根据现实需要塑造的先锋人物，他们被授予"国字号"，并在全国范围进行宣传推广。地方英模是地方党政部门，立足地方的工作中心和现实需要塑造的先进人物，具有地方特色，服务于地方建设，主要在地方范围内进行宣传推广。从行业划分，英模人物有农民英模、工人英模、企业家英模、军人英模、公仆英模、明星英模、知识分子英模等。不同行业内部如公安系统、教育系统、军人系统、建设系统、服务业系统、公益系统、共青团系统等也还有自己行业领域的英模。根据英模人物的先进事迹，可以将英模分为道德型英模、劳动型英模、精英型英模和其他类型英模。近年来,还涌现出越来越多的其他类型英模,如创业英模、财富英模等,体现了当代人们对于自我价值与社会价值相统一的理解,涵盖了对个人财富和成功的追求。

改革开放四十多来关于英模的各类表彰评选多不胜数、种类丰富。据不完全统计,各类先进人物评选多达数十种,仅全国层面的先进典型评选表彰有全国劳动模范、全国道德模范、感动中国人物、时代楷模、改革先锋、"共和国勋章"、全国三八红旗手、全国五一劳动奖章、全国优秀共产党员、全国优秀党务工作者、全国民族团结进步模范个人、全国巾帼建功标兵、全国优秀乡村医生、最美乡村教师、中国好人榜等,且不包括地方和行业内部的各种评选表彰。因此,为确保资料的可行性和研究的准确性,本书所研究的英模人物(也简称"英模"),原则上区分于单纯获得"大国能手""杰出青年""专业技术能手""生产能手"等荣誉称号的先进人物,或某行业或基层单位推举出来的"先进个人""岗位标兵"等;主要研究1978年以来由党和政府着力挖掘、大力选树并在全国范围予以浓墨重彩推广、在全国层面具有一定影响力的人物。

需要指出的是,部分英模人物在改革开放初期引起了全国性的反响,但是随着时代发展,这部分人物从"新英模"成为"老英模",其先进性和影响力仍历久弥新,在改革开放的不同时期持续成为重点典型,在不同的时代历程中激起涟漪,引起不同时代的人们的反响。英模人物的树立是一个持续性的过程,英模带有不同时代的烙印,形象内涵随时代演进不断融合新的时代精神,体现出新的道德元素。一个时代产生的英模,可能属于这个特定的时代,根据统治阶级的政治意愿和诉求也有可能在下一阶段持续演进并产生较大的影响。对此类英模,著者将他们在全国推广且在全国范围内引起较大影响的时期作为考察他们产生的主要时期，同时，也注重关注对比考察这类英模在不同时代所呈现出的形象差异。此外，重点以《人民日报》、新华网、中央电视台等官方主流媒体对有关英模的宣传报道，作为研究英模历时性演进的主要素材参考。

三　英模人物的基本特征

在人类社会发展的历史长河中，在人们生产生活的各个领域，无论是古代或是现代、中国或是西方，不同的历史时空、不同的地域局限、不同的政权意志，英模人物始终是闪耀的明星，照耀时空，引领时代，标识方向。他们身上凝聚着跨越地域局限和穿越历史框架的宝贵特质，这些宝贵特质是英模人物内在本质的表现，是他们的内在规定性，同时集中体现了他们之所以成为英模的内涵和特征。

（一）先进性与真实性

先进性是英模的核心要求和根本特征。英模人物的先进性体现为是否代表了人民群众的根本利益和先进生产力的发展方向，顺应了社会历史发展趋势；同时，其言行"是否承载了主流意识形态对公民个体的思想道德要求，指明了未来理想道德的发展方向"[①]。英模首先应该是遵循社会发展的客观规律，具有高尚的思想境界、优良的精神风貌和深厚的道德修养，始终走在时代潮流前列，在自身品质、个人能力和素质方面能够引领广大人民群众，被人民群众所认可、接受和学习的先进典型人物。正因为英模具有先进性，因而具有说服力和影响力，能够让人们更深刻理解和认同主流核心价值观，在比对中激发学习效仿的冲动，唤起进步向上的潜力，坚定继续前进的信仰。

英模人物是真实存在的人，时间地点和事迹真实，情感真实，能

---

① 张耀灿：《榜样文化：社会主义核心价值观培育机制的构建》，《学校党建与思想教育》2014年第7期。

够经得起历史考验，具有真实性和可信度，是道德规范、崇高品德的践行者。只有社会实践的深厚沃土才能产生英模。马克思指出："全部社会生活在本质上是实践的。"① 英模人物的真实性还表现为其人格、精神、道德等内在的品质是真实的，其言行是客观、符合实际的，绝不是被美化拔高和人为创作或虚构的；选树、评价和被认知的过程也必须是客观的，不是刻意伪造和夸张、炒作的。

（二）时代性与超越性

物质决定意识，意识反映物质。马克思指出："不是意识决定生活，而是生活决定意识。""意识在任何时候都只能是被意识到了的存在。"② 英模是"现实的人"，产生于一定的历史时期，因此思想、观念、道德和行为必然受到当时社会政治经济文化的深刻影响，行为事迹和思想意识、道德素质打上了鲜明的时代烙印。社会主义意识形态建设和公民道德建设不是自我封闭的僵化体系，要从实践中不断加以丰富，从时代土壤中不断汲取营养。随着社会的发展，社会要求的道德原则和行为规范也在不断变化发展，每个阶段的历史环境都会提出新的时代命题。正如马克思和恩格斯在《德意志意识形态》中所说："思想、观念、意识的生产最初是直接与人们的物质活动，与人们的物质交往，与现实生活的语言交织在一起的。人们的想象、思维、精神交往在这里还是人们物质行动的直接产物。表现在某一民族的政治、法律、道德、宗教、形而上学等的语言中的精神生产也是这样。"③ 英模人物产生于特定时代，随时代不断演进，为践行新的时代的价值要求，体现新的时代使命和作为，英模塑造也必须主动或被动地发生改变、转换或调整，以回应不同的时代问题和价值困惑。

---

① 《马克思恩格斯文集》第1卷，人民出版社2009年版，第501页。
② 《马克思恩格斯文集》第1卷，人民出版社2009年版，第525页。
③ 《马克思恩格斯文集》第1卷，人民出版社2009年版，第524页。

英模人物的超越性体现在两方面。首先，英模人物用自己的经历传达了真善美等价值，这些道德价值历经时代磨炼而永不褪色，超越了国别、族别和地域限制。譬如，英模身上传载的正义、勇敢、善良、博爱、坚强、诚实、奉献、勤劳等精神，是人类美好人性和智慧的结晶，实践经验的浓缩和升华。其次，英模所代表的道德价值，高于现实生活中一般人的道德水平和行为表现，其所承载的道德价值和精神品质，并不是普通人已经做到的日常化的道德标准，而是超越了普通群众的日常生活和日常情境，能够给人们指明前进的方向，带动人们向更高层面的道德精神生活努力的正面力量。也就是说，英模与普通群众之间存在着一定距离，从人生方向上回应了在特定时代和特定背景下做一个什么样的人的问题，提供了普通人的人格追求的最高典范；同时这种距离又为普通群众指引了努力方向。需要注意的是，超越性标明了前进的方向，却并不是不可逾越的距离，是可以通过努力而实现的。

（三）形象性与可学性

形象性是英模之所以能够被学习、认知、模仿的必要条件。思想意识以及道德、价值、观念等，都是抽象的、无形的东西，必须依托具象化载体才能得到有效传递和广泛宣教，从而让不同文化积淀、不同社会阶层、不同生活背景、不同认知水平的人民群众所认可。英模作为"形象化"的人物载体，正是通过"形象性"——鲜活和富有感染力的形象，通过语言和行为事迹动态地、生动地表现出精神价值和先进观念，可观可感、形神俱备，从而向人民群众输送抽象的意识观念、道德价值，使人民群众的学习效仿真正能够变成可能。

英模人物的行为和思想虽然具有超越性和先进性，然而他们却是真真实实地在我们身边生活的个人。他们为人们遵守和践行社会道德规范做出了榜样，告诉人们，他们可以这样做，我们也可以这样做，而且我们通过努力是可以达成的。如果英模不具有可学性，让人们觉得过于遥远，感到不可能学会或者经过自己的努力也无法达到，那么就会让人们失去学习的热情，英模的示范教育作用也就无从发挥。

在英模人物的基本特征中，最本质的特征是先进性，并决定着其他特征；时代性是先进性在历史发展中的体现，是与时俱进的先进性；形象性和真实性是其他特征赖以存在的基础，超越性是先进性在英模精神领域的升华和彰显，表现为人类不断改进自我、优化自我、创新自我的先进性。

四　英模人物的主要功能

为实现特定的政治目标和政治策略，中国共产党在领导人民革命、建设和改革的各个历史时期，塑造了众多的英模人物。这些英模人物通过各种宣传手段走近民众，担负着"增强民众对政治制度的认同感、提高社会内部的凝聚力，从而维护国家与社会稳定、巩固政权合法性的重任"[1]。学界对英模的功能及作用，已有很多论述，详尽充分，基本观点是一致的。普遍认为英模具有凝聚、导向、示范、激励和整合功能，通过宣传教育英模事迹并大力号召民众学习，可以促使民众进一步认同、支持核心价值观，并通过效仿来实现既定的政治目标和社会规范。

（一）凝聚功能

任何一个民族的繁荣发展和社会的稳定和谐，都离不开强大的民族凝聚力和国家凝聚力。英模人物的凝聚功能主要表现为传载中华文明的传统美德，传递正确的道德观念和价值追求，有利于激发全体人员的价值认同感、职业使命感和民族自豪感、精神归依感，汇聚起高

---

[1] 温红彦、若蔚、吴储：《汇聚起新时代榜样的力量——党的十八大以来先进典型发挥引领作用综述》，《人民日报》2018年7月2日第6版。

度的群体意识。

第一，维系与强化中华民族合力。习近平总书记强调，"博大精深的中华优秀传统文化是我们在世界文化激荡中站稳脚跟的坚实根基"。"中华传统美德是中华文化的精髓，蕴含着丰富的思想道德资源。不忘本来才能开辟未来，善于继承才能更好创新。"① 中华民族优秀传统文化蕴含中华民族高尚的思想观念、道德情操、审美品格，蕴含丰厚的道德文化资源，可以为当代社会道德建设提供丰富给养，是我们中国人现在和未来的思想和精神内核，在中华民族的形成和发展中发挥着重要的陶冶民众、凝聚民众的作用。

英模人物是中华民族精神和传统美德的传承者、弘扬者。从英模人物身上，我们可以捕捉到中华民族优秀传统文化中蕴含的美德因子，比如仁爱孝悌、精忠报国、奉献服务、忍辱负重、自强不息等，散发着我们熟悉而又亲切的光芒。同时，英模人物产生于特定时代，又积极融入新的时代思想和精神要素，进而闪现出时代锋芒。法国社会学家古斯塔夫·勒庞说："无意识现象不但在有机体的生活中，而且在智力活动中，都发挥着一种完全压倒性的作用。我们有意识的行为，是主要受遗传影响而造成的无意识的深层心理结构的产物。这个深层结构中包含着世代相传的无数共同特征，它们构成了一个种族先天的禀性。"② 这种"一个种族先天的禀性"就是民族的集体无意识，一个民族的优秀文化传统和心理特征。树立英模，不仅可以弘扬中华民族的优秀精神品质，带动广大人民群众自觉传承中华传统美德，教育人民群众，提高人民思想道德素养；同时对提振民族自信心和自豪感、增强中华民族复兴的信念感和使命感发挥重要作用。

---

① 《习近平谈治国理政》第1卷，外文出版社2014年版，第164页。
② [法] 古斯塔夫·勒庞：《乌合之众：大众心理研究》，冯克利译，中央编译出版社2005年版，第15页。

第二，凝练与诠释先进思想观念。人处于什么时代，就会产生什么样的道德追求。每个时代的人只能立足自己的时代，从自身社会关系出发解决自身的问题，追求这个时代可能实现的道德理想。英模具有时代性，顺应时代的需求而生，是根据当时社会现实需要树立起来的、引领时代潮流的光辉典型。通过英模宣传，可以让广大人民群众认同主流价值观念，进而"使国家政权意志与民众个体意识达成共识、形成对接"①。从某种意义上说，英模是时代精神的风向标，道德模范的变化最直观地体现着道德规范和时代主题的变迁。

同时，英模具有意识形态属性，不同类型的英模出现于特定的历史语境下，必然诠释着特殊的时代意义，凝结着国家意识形态的主导观念，体现了社会或时代所要求的道德品质、道德境界和道德理想，比一般人更能把握社会道德关系和历史发展方向，更能把握进步道德的要求。改革开放四十多年来，党和国家树立了钱学森、牛玉儒、孔繁森、徐洪刚等先进典型，作为时代精神的结晶，他们以崇高的精神品格反映了民族的集体记忆，以突出的人生成就折射出时代的精神面貌，从而在吸引民心、团结民心和感召民心方面发挥着积极作用。

第三，凝聚和培塑社会核心价值。价值观一旦在特定群体中形成，就会反映该群体的共同利益、诉求、追求，甚至情感、习俗、好恶等，是个体间相互关联、相互容纳和相互吸引的内部凝聚力量。英模人物是一种精神标识和价值符号，选树什么英模，实际上就是在积极培养和倡导什么价值观，并通过英模人物这种独特的人物载体，一言一行、声音形象、面貌气质等鲜活的形式将这种价值观进行展示、传播。这是培塑社会主义核心价值观的有效形式。

---

① 赖静萍：《当代中国英模塑造现象探源》，《东南大学学报》（哲学社会科学版）2011年第5期。

主流价值观需要英模的阐释、印证和实践。任何一种价值观的推行，不可能仅靠下命令进行，还必须向人解释这种价值观并明确价值观的判断标准。在这一问题上，行为示范可以发挥重要作用，使道德原则、价值标准具体化、人格化，告诉人们应该怎么做、什么可以做、什么不能做。英模承载着特定时代的价值观念，通过自身的人像形象可将内隐的价值进行外显化，其言行事迹可以为人们践行主流价值观提供素材滋养、实践参考，有助于人们感知和体悟核心价值观的精神内涵，潜移默化地接受主流道德价值，并在当前的世俗现实中追求更高的人格理想。随着改革开放的深化，"各种思想观念相互交织、各种文化相互激荡，社会意识出现多样化趋势，错误思想的影响难以避免"[①]。当前多种社会思潮融生共存的局面，对马克思主义和社会主义核心价值观的引领地位带来诸多挑战。在纷繁复杂的社会思潮中，英模的树立，有助于强化人们对先进意识、先进文化与落后意识、落后文化的甄别和辨析，确保社会主义核心价值观的主导地位。

（二）导向功能

英模是时代人物的典型、道德精神的旗帜、公众学习的标杆。榜样在每个人的人生观、价值观形成过程中，都或多或少地曾起到过引领个体规范道德和人格发展的作用。树立英模人物，有助于为人们的思想行为指明方向，内化社会主义核心价值，激发人们正确面对人生挫折，明白真善美的真谛，回应社会建设道德的呼唤。

第一，政治导向。葛兰西认为，"一个社会集团的霸权地位表现在以下两个方面，即'统治'和'智识与道德的领导权'""一个社会集团能够也必须在赢得政权之前开始行使'领导权'（这就是赢得政权的

---

① 中共中央文献研究室：《十六大以来重要文献选编》，中央文献出版社2005年版，第530页。

首要条件之一）；当它行使政权的时候，也必须继续以往的'领导'"①。建构强大的现代国家，需要民众能够认可执政党的合法地位，支持执政党的政策，使个体的思想自觉和行为自觉有助于国家目标的实现，而英模人物塑造就是实现这一目标的重要桥梁。"典型示范在马克思主义意识形态政治功能的实现中，是一种具有现实带动性的引领方式。"② 通过树立英模以加强对人民群众的思想政治教育，弘扬先进思想文化，是中国共产党开展思想政治工作的优良传统。

英模的政治导向功能，指英模人物从不同侧面反映了我们党和国家的政策走势、政治倾向和权力主导，是政治权力的延伸，从而具有承载政治意识、服务政治动员、促进政治认同、强化政治统治等多个方面的功能。英模的塑造与统治政权的意识形态政治教育功能具有一致性，可以通过亲切、有感染力的形式对民众进行政治动员，让统治阶级的政治意识为公众所认同和接受，凝聚人心，促进政治认同。一个国家的英模选树往往是由国家权力机构和政治权力主导进行的，为了让政治权力推举出来的英模人物，真正在社会成员心中落地生根，通常要选树既体现统治者所需要的政治品格，又能够为大众代言、能够实现"下"情"上"传的英模典型，以维护社会的秩序和稳定，因此英模人物在政治链条中发挥了重要的桥梁作用。

第二，精神导向。任何一个社会都需要树立一种理想人格作为全体人们的道德目标和实践方向。苏霍姆林斯基曾指出，"是什么东西使儿童和少年处于这样一种能产生道德追求的精神振奋的状态呢？""是伟大而高尚的榜样，这些榜样使受教育者认识到，道德美不是为了履行崇高的公民义务，要他们放弃个人的幸福，而是要为他们获得个人

---

① [意]安东尼奥·葛兰西：《狱中札记》，曹雷雨、姜丽、张跣译，中国社会科学出版社2000年版，第38页。
② 申文杰：《马克思主义意识形态政治功能及实现形式研究》，中国社会科学出版社2015年版，第246页。

幸福打下基础。具有道德美的人之所以幸福，正是因为他能献身于为人民谋求共同福利和奉献的斗争事业。这就是为使儿童渴望成为道德美的人而要向他们灌输的思想"。①

如果一个民族、一个国家没有了精神，也就没有了希望。英模人物具有精神导向的功能，即具有思想观念和道德人格方面的先进性和典型性，英模精神体现了道德准则和行为选择的引领性。英模人物常具有一些共性，对国家，对社会，对家庭，对事业具有某种高于常人的道德选择的相似性和精神品质的共通性，比如，埋头苦干、拼搏顽强、爱岗敬业、奋勇进取、顾全大局、永不言弃等。英模故事是对民众进行精神引导的很好素材，有了英模人物的引领，民众就有了学习的榜样，可以不断提高政治觉悟，修正一些行为偏差，共同为推动社会安定和政权建设做出贡献。

第三，价值导向。价值导向是指社会或群体、个人在自身的多种具体价值取向中将其中某种价值取向确定为主导的追求方向的过程。榜样教育本身就是一种将教育主体客体化和榜样主体化的教育过程，其价值引导既包括了榜样自身的价值导向（即榜样是先进价值的体现），又包括了教育者的价值导向（即教育者作为组织者和榜样本身的双重角色）。威廉·狄尔泰指出，"人们通过，而且只有通过活生生的现在才能体验到的各种内在固有的价值，虽然都是经验可以直接接近的，但是这种价值相互之间都没有什么联系。它们之中的每一种价值，都是在主体与当时呈现给他的某个对象的关系之中出现的。当我们给我们自己确定一个意图的时候，我们是把我们自己与有关某个应该加以实现的目标的观念联系起来的"②。

---

① ［苏］苏霍姆林斯基：《公民的诞生》，赵玮等译，教育科学出版社1984年版，第424页。
② ［德］威廉·狄尔泰：《历史中的意义》，艾彦译，译林出版社2011年版，第48页。

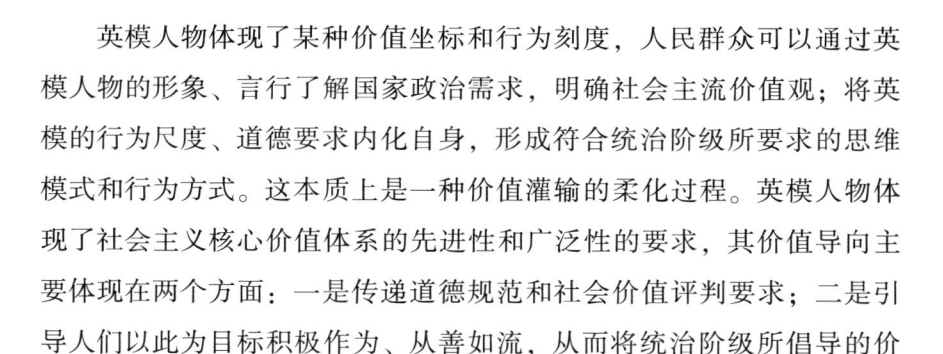

第一章 英模人物的基本概述及研究的理论基础

英模人物体现了某种价值坐标和行为刻度，人民群众可以通过英模人物的形象、言行了解国家政治需求，明确社会主流价值观；将英模的行为尺度、道德要求内化自身，形成符合统治阶级所要求的思维模式和行为方式。这本质上是一种价值灌输的柔化过程。英模人物体现了社会主义核心价值体系的先进性和广泛性的要求，其价值导向主要体现在两个方面：一是传递道德规范和社会价值评判要求；二是引导人们以此为目标积极作为、从善如流，从而将统治阶级所倡导的价值观念成化为天下之风。

（三）示范功能

人们学习英模的过程，是一种双向的信息交流和情感互动过程。英模人物犹如镜子，可以对照和矫正每个人的自我德行；同时，作为某种价值的参照物，英模人物为人们实现某种价值提供了直观现实的路径，让人们意识到这种价值是可以实现并且已经在英模身上得到了实现，因而这种价值也可以在自我身上得到体现，从而达到目标激励和行为示范的效果。

第一，感染。从传播心理学来讲，受众对信息传播的选择，总是受双重因素的引导，一是客体的特性，如信息的内容、传播的方式等；二是主体的需要和素养，受众的每一次选择，不仅意味着信息的被取或被舍，而且也意味着主体能动地为客体烙下自身的印记。英模的信息传播与受众之间发生关联的过程即是如此。受众在受传英模的信息时，除了有认识活动之外，还有情感活动和意志活动的参与，会对英模人物、事件产生情感上的波澜，或爱或恨，或悲或喜，或痛或叹。英模的言行和故事对大众有很强的心理感染力，通过对英模的塑造和宣扬来说道理，比一般的道德说教和照本宣科更加有效。容易使受众不自觉地产生拟态心理，受到情绪感染，产生思想认同，萌发模仿的信念，在心灵的震撼中将价值观念进行不自觉的内化，从而变成积极的效仿行动。

时常发现,在英模报告会现场,或观看英模的电视电影时,人们更容易流下感动的热泪,这就是共情的作用。共情是共鸣的基础。英模将抽象的政治道德概念和完美的想象具体化,通过渲染共情氛围,激发心灵共鸣,形成一种强烈的道德感化力量,引起人们由衷的敬佩,从而心甘情愿地接受英模所携带的价值理念;通过学习英模,提升自身的道德素质与精神追求。现实生活中,英模对人们的影响因人、因事、因景而不同,但英模的人格、形象、气质、思想、行动等是一个相互融合嵌入的综合体,人们具体是受到英模的哪一部分因素的作用,很难明确辨析。有时是一种因素起作用,但更多是多种因素起作用;而且每种因素的比例大小也很难区分。但无论是何人、何事、何景,都必须以唤起人们的情感、激起人们的共鸣为途径。只有以情动人,才能使人们产生心理上的同化愿望,只有触动人的心灵,英模作用才能有效发挥。

第二,激励。英模人物具有高尚、伟岸的品格形象、精神气质,他们的故事能够震撼人、感染人、启发人,进而使人们自觉进行对比、矫正和模仿,召唤人们去了解、去追寻,带给人们以目标激励。英模对人的激励作用,具体可以体现为行为激励和精神激励,并表现在激发动力、鼓舞意志和延续行为等方面。

英模体现了普通人欲达而未达的理想人格和道德标尺,实现了普通人所期望而未达的实践自我和奋斗自我。比如,勇往直前的大无畏精神、公正无私的仁爱之心、顽强不屈的斗争气质,以及追求卓越的进取心态,等等。鉴于此,才能在人民群众中广泛激励起自我提升、自我完善、自我超越、自我实现的内在热忱。比如,20世纪80年代的中国女排曾振奋国民,极大地激发了国人的爱国热情和民族自豪感;2019年的中国女排,以全胜战绩再次卫冕世界杯,同时第10次问鼎世界"三大赛"冠军,再次令举国上下心潮澎湃。中国女排团结拼搏的集体主义精神,置之死地而后生的顽强斗志,在广大群众中具有强大的凝聚力和感召力,唤起大家追求人格完善、超越平凡自我的内在渴望,激励着许多人以坚强意志克服困难、实现奋斗目标。

第三,参照。英模与一般个体之间存在的差异性,使英模人物犹如一面镜子,时时为人们提供可以参照、效仿的具体对象,引导人们向英模人物看齐;激发人们对比学习的冲动,从而反省自己的不足之处,及时克制个体的不正确想法,改变个体不合适的行为方式和态度;并通过进一步学习,规范自己的言行,达到完善自我的目的,实现自我飞跃。以英模为鉴,可以将主流价值观的"作为"与"不作为"以具象化、人格化方式清晰呈现在人们面前,激起、带动身边人见德思齐的自觉,促进人们的实践养成。比如,自20世纪60年代以来,学习雷锋就成为一个响亮的口号,雷锋跨越时空界限,深刻回答了"怎样做人,为谁活着"的人生命题,精神历久弥新——"他的故事蕴含着丰富的人生道理和鲜明的价值导向,可以让人们知道,一个人在怎么做人和做什么样的人的问题上必须从自己与他人、与社会、与国家等现实关系中去把握,必须把个人的人生取向融入现实关系中,并在现实关系中获得自身的规定性,这样才能树立起高远的人生发展取向。"[1]

同时,人们在工作生活中难免会遇到矛盾和摩擦,会遇到诸多不如意的事情,处理不好就会产生怨恨和不满,导致人际关系紧张。英模人物有利于人们跳出"自我"或"小我"去看待这些关系,跳出个人一时一地的情境限制,去对比、参考英模人物在处理"小我"与"大我"、国家和个人、个人与集体、个人与他人的关系方面表现出的

---

[1] 李新仓、李建森、鞠凤琴:《雷锋精神与社会主义核心价值体系建设》,中国财政经济出版社2013年版,第184页。

人生智慧和行为模式，促进人际关系的和谐以及社会的有序运行。

第四节　英模研究的理论基础

英模的研究具有深厚的理论渊源。马克思主义群众史观、马克思主义人学理论是英模人物研究的理论前提。马克思主义关于榜样的相关论述为英模研究提供了科学的理论指导。西方学界关于榜样的相关论述及传播心理学的理论探索为英模研究提供了理论借鉴。中国共产党在实践中形成并发扬光大的典型报道理论为英模研究提供了样式方法与理论参考。

一　马克思主义群众史观及人学理论

英模来源于现实生活，来源于人民群众，同时在"塑造"和"再现"后又再次走向人民群众，向人民群众做动员示范，让人民群众去学习效仿，体现了"时代造就人"和人作为历史书写者的主观能动性，彰显了个体对"人的全面发展"的独特追求。对于什么是人的本质、人性、人性完善发展等重大问题，马克思恩格斯都有过深刻而精辟的阐述，马克思主义群众史观和人学理论是英模研究的理论前提。

（一）马克思主义群众史观

马克思主义群众史观为研究英模人物的历史作用提供了根本立场。马克思恩格斯认为，人民群众在社会历史发展中占据主导地位并发挥决定性力量。马克思恩格斯指出，"历史的活动和思想就是'群众'的思想和活动"[1]。他们提出，"在社会历史领域内进行活动的，是具有意识的、经过思虑或凭激情行动的、追求某种目的的人；任何事情的

---

[1] 《马克思恩格斯文集》第 1 卷，人民出版社 2009 年版，第 286 页。

发生都不是没有自觉的意图，没有预期的目的的"，每一个人正是"追求他自己的、自觉预期的目的来创造他们的历史，而这许多按不同方向活动的愿望及其对外部世界的各种各样作用的合力，就是历史"①。恩格斯指出，"历史是这样创造的：最终的结果总是从许多单个的意志的相互冲突中产生出来的，而其中每一个意志，又是由于许多特殊的生活条件，才成为它所成为的那样……每个意志都对合力有所贡献，因而是包括在这个合力里面的"②。他们指出，社会历史的发展离不开人的自我实现活动，虽然个体的主观意志作用是有限的，方向可能是不同的，甚至是冲突的；但是这些许多单个意志在冲突中仍然会形成意志的合力，对客体和客体世界产生间接影响。

马克思和恩格斯指出，生产关系变革与生产力发展，均不能脱离人的意志的参与。社会历史发展是各种因素在人的意志的参与下交互作用的结果，"整个历史也无非是人类本性的不断改变而已"③。历史上的英雄人物都能够对历史的进程产生巨大的影响；但是，历史上的杰出人物，总是从属于一定的时代、一定的阶级，总是在一定的社会历史环境和一定的阶级关系中活动。因此，对杰出人物的作用要进行具体的、历史的、阶级的分析。杰出人物产生的历史必然性并不是绝对纯粹的。这是因为，什么人在什么时间、什么地方成为杰出人物，又是偶然的。恩格斯强调，"恰巧某个伟大人物在一定时间出现于某一国家，这当然纯粹是一种偶然现象。但是，如果我们把这个人去掉，那时就会需要有另外一个人来代替他，并且这个代替者是会出现的，不论好一些或差一些，但是最终总是会出现的"④。

中国共产党将马克思主义群众史观同中国实际相结合，对人民群

---

① 《马克思恩格斯文集》第4卷，人民出版社2009年版，第302页。
② 《马克思恩格斯文集》第10卷，人民出版社2009年版，第592—593页。
③ 《马克思恩格斯文集》第1卷，人民出版社2009年版，第632页。
④ 《马克思恩格斯选集》第4卷，人民出版社1995年版，第73页。

众、群众路线以及人们在历史中的作用也有着精彩阐发。毛泽东提出马克思主义政党的群众观点和群众路线。他说："在我党的一切实际工作中，凡属正确的领导，必须是从群众中来，到群众中去。这就是说，将群众的意见（分散的无系统的意见）集中起来（经过研究，化为集中的系统的意见），又到群众中去作宣传翻译，化为群众的意见，使群众坚持下去，见之于行动，并在群众行动中考验这些意见是否正确。"[1] 党的七大以来，他对群众观点作出过多次系统论述。党的十三届六中全会通过《中共中央关于加强党同人民群众联系的决定》，把群众观点概况为六个方面的主要观点。一是人民群众是历史的创造者的观点，二是向人民群众学习的观点，三是全心全意为人民服务的观点，四是干部的权力是人民赋予的观点，五是对党负责和对人民负责相统一的观点，六是党要依靠群众又要教育和引导群众前进的观点。邓小平指出，"共产党员除了应成为执行共同纲领和遵守法纪的模范之外，还需要具有纯正的作风，就是要有不怕麻烦、谦逊朴素和实事求是的作风，要有一心一意为人民服务不计其他的工作态度"[2]。他还谈道："我相信，凡是符合最大多数人的根本利益，受到广大人民拥护的事情，不论前进的道路上还有多少困难，一定会得到成功。"[3] 江泽民提出中国共产党要"代表先进生产力的发展要求""代表先进文化的前进方向""代表最广大人民的根本利益"的"三个代表"要求[4]；他强调说，"人民群众是社会主义现代化建设事业的最终决定力量"[5]。胡锦涛指出，"全国各族人民是建设中国特色社会主义事业的主体，人民群众积

---

[1] 《毛泽东选集》第3卷，人民出版社1991年版，第899页。
[2] 《邓小平文选》第1卷，人民出版社1994年版，第157页。
[3] 《邓小平文选》第3卷，人民出版社1993年版，第142页。
[4] 《江泽民文选》第3卷，人民出版社2006年版，第23页。
[5] 中共中央文献研究室：《江泽民思想年编（1989—2008）》，中央文献出版社2010年版，第483—484页。

极性创造性的充分发挥是我们事业成功的保证，不断实现最广大人民的根本利益是我们党全部奋斗的最高目的"①。"坚持以人为本，就是要以实现人的全面发展为目标，从人民群众的根本利益出发谋发展、促发展，不断满足人民群众日益增长的物质文化需要，切实保障人民群众的经济、政治和文化权益，让发展的成果惠及全体人民。"②

党的十八大以来，习近平对人民、历史、群众观点也有着精辟的论述。习近平谈道："人民既是历史的创造者，也是历史的见证者，既是历史的'剧中人'，也是历史的'剧作者'。"③ "人民是历史的创造者，是决定党和国家前途命运的根本力量。我们党来自人民、植根人民、服务人民，一旦脱离群众，就会失去生命力。"④ 关于中国共产党的执政目标和执政纲领，他强调说："中国共产党坚持执政为民，人民对美好生活的向往就是我们的奋斗目标。我的执政理念，概括起来说就是：为人民服务，担当起该担当的责任。"⑤ 他指出，"群众路线是我们党的生命线和根本工作路线，是我们党永葆青春活力和战斗力的重要传家宝。不论过去、现实和将来，我们都要坚持一切为了群众，一切依靠群众，从群众中来，到群众中去，把党的正确主张变为群众的自觉行动，把群众路线贯彻到治国理政全部活动中"⑥。

（二）马克思主义的人学理论

对英模的研究离不开对人的本质和本性的研究。马克思主义的整

---

① 中共中央文献研究室编：《十六大以来重要文献选编》上，中央文献出版社2005年版，第369—370页。
② 中共中央文献研究室编：《十六大以来重要文献选编》上，中央文献出版社2005年版，第850页。
③ 习近平：《在文艺工作座谈会上的讲话》，人民出版社2015年版，第13页。
④ 《习近平谈治国理政》第3卷，外文出版社2020年版，第135页。
⑤ 《习近平关于党的群众路线教育实践活动论述摘编》，党建读物出版社、中央文献出版社2014年版，第41页。
⑥ 《习近平关于"不忘初心、牢记使命"论述摘编》，党建读物出版社、中央文献出版社2019年版，第130页。

个哲学世界观都是围绕"现实的人"来展开论述的。马克思恩格斯对人的本质和本性的理解也是深刻而丰富的。马克思指出:"一个种的整体特性、种的类特性就在于生命活动的性质,而自由的有意识的活动恰恰就是人类的特性。"① 关于人的本质,他强调说:"人的本质不是单个人所固有的抽象物,在其现实性上,它是一切社会关系的总和。"②"在任何情况下,个人总是'从自己出发的',但是,他们不是惟一的,意即他们彼此不是不需要发生任何联系的,他们的需要即他们的本性和满足自身需要的方式,把他们彼此联系起来(两性关系、交换、分工),因而他们必然要发生相互关系。"③

马克思主义指出了人的本质、人与动物的区别,第一次科学地回答了"什么是人"这个问题,指明了人性完善发展的实践路径。马克思主义认为,人性完善主要表现为需要的丰富性、提升性及不同需要的和谐发展;人性解放的基本路径是回到自然界和社会实践,实现人与自然、自我与他人及其社会群体的和谐互促。

马克思认为,社会关系制约人的全面发展的可能性,而生产力是人的全面发展的物质前提。他说:"全面发展的个人——他们的社会关系作为他们自己的共同的关系,也是服从于他们自己的共同的控制的——不是自然的产物,而是历史的产物。要使这种个性成为可能,能力的发展就要达到一定的程度和全面性,这正是以建立在交换价值基础上的生产为前提的,这种生产才在产生出个人同自己和同别人相异化的普遍性的同时,也产生出个人关系和个人能力的普遍性和全面性。"④ 可见,社会发展与人的发展是同一个过程的两个方面,二者是相互促进的。因此,人的全面发展过程也就是人的社会关系的全面发

---

① 《马克思恩格斯文集》第1卷,人民出版社2009年版,第162页。
② 《马克思恩格斯文集》第1卷,人民出版社2009年版,第501页。
③ 《马克思恩格斯全集》第1卷,人民出版社2009年版,第514页。
④ 《马克思恩格斯文集》第8卷,人民出版社2009年版,第56页。

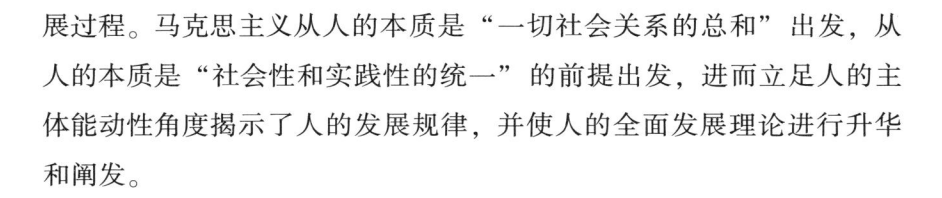

展过程。马克思主义从人的本质是"一切社会关系的总和"出发,从人的本质是"社会性和实践性的统一"的前提出发,进而立足人的主体能动性角度揭示了人的发展规律,并使人的全面发展理论进行升华和阐发。

二 马克思主义关于意识形态的相关论述

英模人物在社会主义意识形态建设中发挥着标杆引领示范作用。马克思主义是社会主义意识形态的旗帜与灵魂。马克思恩格斯奠立了意识形态概念的基本内涵,当代中国马克思主义关于意识形态的论述非常丰富,是英模人物塑造在思想政治教育中运用的现实遵循。

(一) 马克思主义经典作家关于意识形态的论述

马克思提出,"每一个企图取代旧统治阶级的新阶级,为了达到自己的目的不得不把自己的利益说成是社会全体成员的共同利益……赋予自己的思想以普遍性的形式,把它们描绘成唯一合乎理性的、有普遍意义的思想"[1]。马克思和恩格斯认为,作为"统治阶级的意识",意识形态就是一种以全社会面貌出现而实际上被统治阶级派别利益占据和左右的政治思想,本质是建立在一定经济基础上的法律和政治上层建筑,并代表和维护特定阶级的利益的思想体系。意识形态作为社会意识的一部分当然是由社会存在决定的,但这并不是说意识形态没有相对独立性。他们认为,"政治、法、哲学、宗教、文学、艺术等等的发展是以经济发展为基础的。但是,它们又都相互作用并对经济基础发生作用。这并不是说,只有经济状况才是原因,才是积极的,其余一切都不过是消极的结果,而是说,这是在归根到底不断为自己开辟道路的经济必然性的基础上的相互作用"[2]。社会存在决定社会意

---
[1] 《马克思恩格斯文集》第1卷,人民出版社2009年版,第552页。
[2] 《马克思恩格斯文集》第10卷,人民出版社2009年版,第668页。

识，社会意识反映社会存在，同时社会意识具有相对独立性，主要表现为社会意识对社会存在的反映不是被动消极的，而是一种能动的反映。

关于意识形态的功能，不仅是阶级社会的主流意识和维护意识，还是人类文化发展的重要载体。意识形态论证统治阶级进行阶级统治的合理性，使人们产生在这样的统治下才能幸福的幻觉；意识形态论证统治阶级进行统治的自然性、永恒性、公正性，使人们产生只有在这种统治下才能实现价值的幻觉。意识形态具有实践性、意向性、阶段性等特点。意识形态的实践性表现为意识形态本身是对社会存在的反映的思想体系，是一种实践的观念，并且意识形态诸多形式之间的结果变化也是实践发展在观念上的反映和发展。

在马克思和恩格斯之后，列宁为适应新的历史条件下无产阶级革命斗争的需要，认识到必须以意识形态对抗意识形态。他认为，意识形态就是阶级意识，是用于表达某个阶级的认识、利益和情感的方式，并具有批判和建构功能、政治合法化功能、社会控制与反控制功能等。他为无产阶级意识形态合法性找到理论依据，认为"马克思主义这一革命无产阶级的思想体系赢得了世界历史性的意义，是因为它并没有抛弃资产阶级时代最宝贵的成就，相反却吸收和改造了两千多年来人类思想和文化发展中一切有价值的东西"[1]。他强调，"无产阶级的党是一个自由的联盟，建立这个党就是为了同资产阶级'思想'（应读作：意识形态）作斗争，为了捍卫和实现一种明确的世界观，即马克思主义世界观。这是起码的常识"[2]。针对意识形态，列宁认为，科学的意识形态的标准是社会实践，只要以是否合乎现实社会经济发展过程作为最高的和唯一的标准，就不会有教条主义。列宁"丰富了'意

---

[1] 《列宁选集》第4卷，人民出版社1995年版，第299页。
[2] 《列宁全集》第19卷，人民出版社1989年版，第309页。

识形态'的内涵，深化'阶级意识'是意识形态的内核认识，革命实践强化了作为无产阶级'信仰体系'的意识形态概念，削弱了其中的否定成分，以马克思主义的核心价值重构无产阶级意识形态"[①]。

（二）马克思主义中国化理论关于意识形态的论述

马克思主义中国化理论关于意识形态的论述为建设社会主义意识形态体系提供了理论指引。毛泽东指出，社会主义意识形态是社会主义社会的重要组成部分，反映社会主义政治经济并为其服务。他提出，"一定的文化（当作观念形态的文化）是一定社会的政治和经济的反映，又给予伟大影响和作用于一定社会的政治和经济"[②]；他还指出，"思想工作和政治工作，是完成经济工作和技术工作的保证，它们是为经济基础服务的"[③]。他十分重视意识形态的地位和作用，指出"掌握思想教育，是团结全党进行伟大政治斗争的中心环节，如果这个任务不解决，党的一切政治任务是不能完成的"[④]。邓小平论述了社会主义意识形态建设的基本原则和核心内容、建设路径等诸多问题，指出"我们的国家已经进入社会主义现代化建设的新时期，我们要在建设高度物质文明的同时，提高全民族的科学文化水平，发展高尚的丰富多彩的文化生活，建设高度的社会主义精神文明"[⑤]。他强调，社会主义意识形态建设目的是服务于经济政治及社会发展稳定的大局，并把"三个有利于"作为检验社会主义意识形态建设的标准。第三代中央领导集体把社会主义意识形态建设作为改革开放和经济建设的必然要求。江泽民指出"党的思想政治工作所以成为经济工作和其他一切工作的

---

① 胡芳、詹传生：《列宁社会主义意识形态建设理论及其历史贡献——纪念列宁诞辰150周年》，《理论与评论》2020年第1期。
② 《毛泽东选集》第2卷，人民出版社1991年版，第663页。
③ 《毛泽东文集》第7卷，人民出版社1999年版，第351页。
④ 《毛泽东选集》第3卷，人民出版社1991年版，第1094页。
⑤ 《邓小平文选》第2卷，人民出版社1994年版，第208页。

生命线，是由它的职能和作用决定的"①；并且提出"党的思想政治工作的任务是：以科学的理论武装人，以正确的舆论引导人，以高尚的精神塑造人，以优秀的作品鼓舞人，不断提高全民族的思想道德素质和科学文化素质，努力培养造就有理想、有道德、有文化、有纪律的社会主义公民"。②胡锦涛强调，"马克思主义是我们立党立国的根本指导思想，要牢牢掌握党对意识形态工作的领导权"，并首次对社会主义核心价值观作出了科学解释。③

党的十八大以来，以习近平同志为核心的党中央，围绕意识形态和社会主义核心价值观提出了一系列重大论述。习近平多次指出，"意识形态工作是党的一项极端重要的工作""宣传思想工作就是要巩固马克思主义在意识形态领域的指导地位，巩固全党全国人民团结奋斗的共同思想基础"。④他强调，"建设具有强大凝聚力和引领力的社会主义意识形态，是全党特别是宣传思想战线必须担负起的一个战略任务""要把坚定'四个自信'作为建设社会主义意识形态的关键，坚持马克思主义在我国哲学社会科学领域的指导地位，建设具有中国特色、中国风格、中国气派的哲学社会科学。要把握正确舆论导向，提高新闻舆论传播力、引导力、影响力、公信力，巩固壮大主流思想舆论"。⑤这些论述为新时代做好意识形态工作提供了根本遵循。

三 关于榜样的相关论述

榜样教育也称"榜样示范法"，包括榜样的示范、教育者的示范和

---

① 《江泽民文选》第3卷，人民出版社2006年版，第84页。
② 《江泽民文选》第3卷，人民出版社2006年版，第85页。
③ 中共中央文献研究室编：《十六大以来重要文献选编》中，中央文献出版社2006年版，第49页。
④ 《习近平谈治国理政》第1卷，外文出版社2014年版，第153页。
⑤ 《习近平谈治国理政》第3卷，外文出版社2020年版，第313页。

朋辈先进人物的示范等，其目的是通过榜样的崇高精神、模范言行等影响教育者或学习者的思想、感情和表现，从而塑造受教育者或学习者的良好人格。榜样教育通常有两种形式，一种是强硬的控制形式，即规训；另一种是柔和的控制形式，即教化。英模人物是榜样教育的重要载体和生动范例，英模人物的示范教育活动是榜样教育的重要内容和方法。

（一）马克思主义经典作家关于榜样的论述

马克思恩格斯在"人学"思想的基础上提出典型论，强调真实地再现典型环境中的典型人物，他们的典型思想集中体现在文艺创作领域和美学领域。马克思恩格斯认为，应该大力歌颂那些真正推动历史前进的、倔强的、叱咤风云的革命无产者，通过革命无产者生动形象的描绘，真实地反映出现实关系发展的本质。"典型"一词，在马克思恩格斯的著作中，应用得比较广泛，更多地指的是现实生活中的典型，如说某某是典型的国家，某某是典型的人物，侧重强调的是个别中体现出来的一般；某个国家或某个人物之所以成为典型，主要是由于它体现了一定时代、民族社会关系发展的规律性、必然性、代表性、类型性。正如恩格斯说的，"主要的出场人物是一定的阶级和倾向的代表，因而也是他们时代的一定思想的代表，他们的动机不是来自琐碎的个人欲望，而正是来自他们所处的历史潮流"[①]。

人们社会关系的多样性，实践活动的丰富性，所接受的历史传统和所受的教育的多面性，就决定了典型人物的性格的多样性。马克思指出，"具体之所以具体，因为它是许多规定的综合，因而是多样性的统一"[②]。他们认为，典型环境是自然环境和社会环境有机统一的整体，是现实关系发展的现实性与可能性、必然性与偶然性的有机统一。因此"现实主义的意思是，除细节的真实性外，还要真实地再现典型环

---

① 《马克思恩格斯文集》第10卷，人民出版社2009年版，第174页。
② 《马克思恩格斯文集》第8卷，人民出版社2009年版，第25页。

境中的典型人物"①。

列宁认为,"人的思想由现实到本质,由所谓初级的本质到二级的本质,这样不断地加深下去,以至于无穷"②。他认为,文学典型和社会典型最根本的区别在于,它不是由抽象的理论分析的方法,对某种社会力量的普遍特征进行概括、对比和说明;它的全部关键在于抓住个别环节,分析典型人物的性格和心理。他提出"榜样的力量是无穷的"著名论断,并强调"在无产阶级夺取政权以且,榜样的力量第一次有可能产生广大影响,应该成为而且一定会成为辅导员、教师和促进者"③。

(二) 马克思主义中国化理论关于榜样的论述

中国传统文化蕴含了丰富的思想资源,历来有道德教化和以德治国的传统,树立榜样是中国传统社会进行伦理规范与道德教化的重要方式。儒家推崇"内圣外王"的君子人格,《论语》里提到"榜样,所以矫不正也"④,孟子说:"上有好者,下必有甚焉者矣。"⑤ 中国古代历史上涌现了大量的英雄人物,如爱国诗人屈原、替父从军的花木兰、集智慧与谋略于一身的诸葛亮、刚强正直的海瑞、千古忠义的关羽、精忠报国的岳飞,等等。这些英雄人物因人格魅力、高尚道德而名满天下,他们的传奇故事脍炙人口,符合中国传统文化的主流价值需求,宣扬了爱国、忠义、奉献的伦理价值。

当代中国共产党人在实践中坚持、发展马克思主义,同时批判性地继承中国传统文化,对榜样教育做出了重要理论贡献。毛泽东不仅对榜样教育进行理论阐述,而且亲自树立了刘胡兰、白求恩、张思德、雷锋等榜样。毛泽东评价榜样是"全中华民族的模范人物,是推动各方面人

---

① 《马克思恩格斯文集》第 10 卷,人民出版社 2009 年版,第 570 页。
② 列宁:《哲学笔记》,中共中央党校出版社 1990 年版,第 279 页。
③ 《列宁全集》第 4 卷,人民出版社 1995 年版,第 513 页。
④ 《论语·外储说右》下。
⑤ 《孟子·滕文公》上。

第一章 英模人物的基本概述及研究的理论基础

民事业胜利前进的骨干，是人民政府的可靠支柱和人民政府联系广大群众的桥梁"①。邓小平也曾对榜样教育作出过重要论述。针对"文革"十年的榜样教育，他指出，"很长一段时间，榜样的激励功能被无限放大，以至于我们树立的榜样几乎都是千人一面、千篇一律、完美无暇的，榜样成为了'高、大、全'式人物，成为了高高在上的神仙，脱离了人民群众，榜样教育也就失去了其应有的价值和效果"。"宣传好的典型时，一定要讲清楚他们是在什么条件下，怎样根据自己的情况搞起来的，不能把他们说得什么都好，什么问题都解决了，更不能要求别人生搬硬套。"② 以江泽民为核心的党的第三代中央领导集体继承和发扬榜样教育的传统，对新时期的榜样教育理论作出新的阐发。江泽民提出，"劳动模范和先进工作者是我国工人阶级的优秀代表，是改革和建设的排头兵"③。"榜样的力量是无穷的。介绍先进模范人物的成长道路是一个好经验，是思想政治工作的一个好办法。"④ 以胡锦涛同志为总书记的党中央，非常重视榜样教育的社会和政治功能。胡锦涛指出，"发挥道德模范榜样作用，引导人们自觉履行法定义务、社会责任、家庭责任"⑤。

关于榜样的论述，是习近平新时代中国特色社会主义思想的重要组成部分。习近平尤为重视榜样的作用。党的十八大以来，习近平对榜样、英雄和英模人物等作出了大量的重要论述，数次出席英模人物表彰活动并会见英模，多次指示、批示向优秀先进典型学习，推动全党全国将弘扬英雄主义和英模精神提到一个崭新的高度。关于典型和榜样，2006 年，习近平提出"善于抓典型，让典型引路和发挥示范作

---

① 《毛泽东文集》第 6 卷，人民出版社 1999 年版，第 95 页。
② 《邓小平文选》第 2 卷，人民出版社 1994 年版，第 316 页。
③ 中共中央宣传部：《毛泽东邓小平江泽民思想政治工作》，学习出版社 2000 年版，第 206 页。
④ 中共中央宣传部：《毛泽东邓小平江泽民思想政治工作》，学习出版社 2000 年版，第 204 页。
⑤ 中共中央文献编辑委员会：《胡锦涛文选》第 2 卷，人民出版社 2006 年版，第 640 页。

用，历来是我们党重要的工作方法""抓什么样的典型，就能体现什么样的导向，就会收到什么样的效果"。① 他说："精神的力量是无穷的，道德的力量也是无穷的。"② "榜样的力量是无穷的，广大党员、干部必须带头学习和弘扬社会主义核心价值观，用自己的模范行为和高尚人格感召群众、带动群众。"③ 关于道德模范，习近平指出，"道德模范是社会道德建设的重要旗帜，要深入开展学习宣传道德模范活动，弘扬真善美、传播正能量，激励人民群众崇德向善、见贤思齐，鼓励全社会积善成德、明德惟馨，为实现中华民族伟大复兴的中国梦凝聚起强大的精神力量和有力的道德支持"④。关于英模人物，习近平指出，要"用英雄模范的感人故事激励全党全国各族人民坚守爱国情怀、坚定奋斗意志，为实现中华民族伟大复兴的中国梦凝聚起强大精神力量"⑤。关于劳动模范，他强调，"我们一定要在全社会大力弘扬劳模精神、劳动精神，大力宣传劳动模范和其他典型的先进事迹"⑥。在2019年的国家勋章和国家荣誉称号颁授仪式上，习近平将新时代英模特征总结为"忠诚、执着、朴实"的鲜明品格，他指出"崇尚英雄才会产生英雄，争做英雄才能英雄辈出。党和国家历来高度重视对英雄模范的表彰。今天我们以最高规格褒奖英雄模范，就是要弘扬他们身上展现的忠诚、执着、朴实的鲜明品格"⑦。

---

① 习近平：《之江新语》，浙江人民出版社2013年版，第212页。
② 《习近平谈治国理政》第1卷，外文出版社2014年版，第158页。
③ 《习近平谈治国理政》第1卷，外文出版社2014年版，第164页。
④ 《习近平谈治国理政》第1卷，外文出版社2014年版，第158页。
⑤ 《习近平对"最美奋斗者"评选表彰和学习宣传活动作出重要指示》，《人民日报》2019年9月26日第1版。
⑥ 《习近平在庆祝"五一"国际劳动节暨表彰全国劳动模范和先进工作者大会上的讲话》，《人民日报》2015年4月29日第2版。
⑦ 习近平：《在国家勋章和国家荣誉称号颁授仪式上的讲话》，《人民日报》2019年9月30日第2版。

(三) 西方现当代学界关于榜样的论述

西方学界的教育家、心理学家重视榜样教育的力量，他们提出的榜样教育理论为研究英模人物提供了丰富的理论借鉴。英国思想家约翰·洛克就曾讲道："儿童的举止大多是模仿而来，我们是一种模仿性很强的动物，是染于青则青，染于黄则黄。"[1] 近代西方的榜样教育思想有"德行培养"观点。加布尔埃尔·塔尔德在《模仿律》里指出，"一切文明都通过模仿以几何级数增长，就像光波或声波一样，就像动植物物种一样"[2]。苏联教育学家苏霍姆林斯基曾经发出疑问，"是什么东西使儿童和少年处于这样一种能产生道德追求的精神振奋的状态呢？"对此他的答案是，"是伟大而高尚的榜样，这些榜样使受教育者认识到，道德美不是为了履行崇高的公民义务，要他们放弃个人的幸福，而是为他们获得个人幸福打下基础"[3]。20世纪50年代以来，西方比较有影响力的榜样教育理论有社会学习理论、价值澄清理论和品格教育理论。

社会学习理论是美国当代心理学家班杜拉提出的。其中，观察学习是社会学习理论的一个基本概念。班杜拉认为，人们对榜样的模仿首先来源于对榜样的观察与思考，"榜样的作用主要通过他们的信息化功能来实现。提供思想和行为模型是传递有关产生新行为的规则的信息的最有效手段"[4]。班杜拉认为，生活中需要行动和言语的示范，"绝大部分的观察学习发生在日常生活中对他人行动偶然或有意的观察

---

[1] [英] 约翰·洛克：《教育漫话》，傅任敢译，教育科学出版社1999年版，第168页。
[2] [法] 布尔埃尔·塔尔德：《模仿律》，何道宽译，中国人民大学出版社2008年版，第16页。
[3] [苏] 苏霍姆林斯基：《公民的诞生》，赵玮等译，教育科学出版社1984年版，第424页。
[4] [美] 阿尔伯特·班杜拉：《思想和行为的社会基础——社会认知论》，林颖译，华东师范大学出版社2018年版，第53页。

的基础之上"①。学习者在模范的示范下，把模范者行为背后隐藏的方式和思维作为自己言行的标准；当观察和实际模仿联系在一起时，示范的效果会更好。人类的模仿行为有时并不直接产生，经过一段时间以后才会发生，学习者在观察后并不会产生立即模范的行为和意图，但是在适当的情境或刺激的情况下，原先观察到的人或事物就会在学习者的头脑中清晰再现，并促成其模仿；学习者在观察过程中并非只是模仿一个榜样的行为，而是吸取多个榜样示范中的信息或行为，并经学习者的重新组合后形成不与任何榜样完全一致的自己的行为。班杜拉说："人们把不同榜样的各个方面组合成一个与哪个榜样都不一样的新的混合体。"② 班杜拉分析了观察学习的过程，并提出观察学习过程由"注意过程""保持过程""动作再现过程""动机过程"四个阶段构成，即观察者需要将知觉指向集中于他要模范的行为，才能学会示范者的行动，而要使某一种示范在人的记忆中保持，必须把示范行为以符号的形式表象化，并不断强化。

价值澄清理论自20世纪70年代后引起广泛关注，是美国出现的较大的道德教育理论派别之一，代表人物有拉塞斯、西蒙等。该理论认为，价值源于个人的经验和生活，源于个人在与复杂和变化的环境相互作用过程中和审慎的选择，认为教师的地位应该是"中立的"（Neutral）。拉塞斯在《价值与教学》中指出，价值观是相对的、个人的，每个人都有自己的价值观，那么价值观不能也不应该传授和灌输给某一个人。③ 他们强调，要尊重道德主体的自由意志，注重道德认知能力的培养和道德理性的培养，突出主体在道德发展中的主观能动性，

---

① ［美］阿伯特·班杜拉：《社会学习心理学》，郭占基等译，吉林教育出版社1988年版，第39页。
② ［美］阿伯特·班杜拉：《社会学习心理学》，郭占基等译，吉林教育出版社1988年版，第49页。
③ 参见王荣德《现代德育论》，中国社会科学出版社2016年版，第66页。

反对灌输式的道德教育;认为应呈现多个榜样,多个榜样承载着多种价值观,鼓励儿童自由地选择其中的某种价值观,教育者只能公正地呈现榜样,不能强制儿童服从某种价值观。

品格教育理论是 20 世纪在北美出现并获得普遍关注的教育理论。哈钦斯在 1916 年发表的《儿童道德规范准则》一文中,强调了自制(Self-control)、健康(Good Health)、运动员精神(Sportsmanship)、善良(Kindness)、可靠(Reliability)、责任(Duty)、团队精神(Good Workmanship)、自主(Self—reliance)等价值。① 洛克伍德在《什么是品格教育》里写道:"学校倡导的、旨在与其他社会机构合作的活动,通过明显地影响能够产生这种行为的非相对主义价值观,从而直接和系统地塑造年轻人的行为。"② 凯文·瑞安把榜样教育作为一种事实与规范之间的有效结合,即"社会规范内在化的核心所在"。③ 里科纳提出"有效品格教育的 11 条原则",成为学校和地区品格教育质量评价标准,指出"榜样也是促进学生品格形成的关键要素"④。他强调,"教师可以通过翻译、讲故事、班级讨论、鼓励美德行为,及时修正学生的错误等方法,为学生提供直接的道德指导和教学。教师在这里是指导者的角色"⑤。品格教育提倡积极促进核心道德价值观教学,要详尽列举并公开核心价值观,向所有成员广泛传播这些价值观,让它们成为生活中处处可见的行为。⑥

此外,美国社会学家凯尔曼提出榜样行为心理内化理论,认为个

---

① Mulkey Young Jay, "The History of Character Education", *Journal of Physical Education, Recreation&. Dance. Reston*, Vol. 68, No. 9, 1997, p. 35.

② Lockwood, A. T., "What is Character Education? In A. Molner (Eds). The Construction of Children's Character", *The National Society for the Study of Education*, 1997, p. 180.

③ Kevin Ryan, "The New Moral Education", *Phi-Delta-Kappan*, No. 4, 1986, p. 58.

④ 杨绍刚:《西方道德心理学发展史》,上海教育出版社 2007 年版,第 245 页。

⑤ Thomas Lickona, *Educating for Character-how Our Schools Can Teach Respect and Responsibility*, Bantam Books, 1991, p. 291.

⑥ 参见杨超《当代西方价值教育思潮》,中山大学出版社 2011 年版,第 173—176 页。

体态度转变需要经历"服从—同化—内化"三个步骤。法国后现代大师让·鲍德里亚提出仿真理论，即我们正处于一个仿真时代，仿真品不是现实而是"超现实"（Hyperreality），榜样作为一个供人学习的对象具有超现实性，"祛魅"是榜样教育的重要障碍。

四　关于传播心理学和典型人物报道的相关论述

媒体传播是英模人物塑造的重要途径。传播心理学主要研究传播渠道、传播者及受众的心理条件等，为研究英模人物的生成及对受众发挥的影响提供理论依据。而具有特殊政治文化色彩的典型人物报道理论，则来源于具有中国特色的英模人物动员、组织、宣传与传播实践，为英模塑造提供了理论总结与方法阐述。

（一）传播心理学相关理论

传播心理学于20世纪40年代前后在美国兴起和发展。德裔美籍心理学家库尔特·勒温（Kurt Lewin）和美国社会心理学家霍夫兰（C. L. Hovland）是传播心理学的奠基人，主要研究信息传播活动中人的心理特点和规律，以及如何运用这些规律使传播效果达到最优化的科学；研究大众传播活动中的各种社会关系，如传播者与受众、传播者与传播者、受众与受众、传播者与传播媒介之间的关系等。[①]

传播者方面，主要有著名的社会认同理论、框架理论、把关人理论、认知偏差、共享现实理论、非正式群体理论、第三人效果理论等，涉及传播者的价值、功能、认知和自我管理等方面。其中重点论述三种理论，其一，社会认同理论认为，社会群体是一个心理群体（Psychological Group），在社会群体中的成员拥有一种"我们感"（We-ness）、归属感（Belongingness），当人们把自己界定为某些社会群体成

[①] 参见方建移《传播心理学》，浙江教育出版社2016年版，第1—5页。

员后,他们会对该群体做出更积极的评价。运用社会认同理论,媒体可以通过有意识地改革报道方式,协助某些社会群体建立起新的社会认同;同时创造多种不同的归属群体,尤其是社会心理层面上的群体组织。其二,框架理论认为,人们在社会生活中使用特定的诠释框架来理解日常生活,新闻框架可以影响受众如何处理和储存信息,能让受众将注意力引到事实的某些方面而忽略其他方面。其三,认知偏差理论认为,新闻报道可以分成宏观的真实和微观的真实,而"绝对真实性"是不可能完全做到的,可以做到微观(即事件和具体的事实)的真实,也就是某个点是真实的。

传播内容方面,主要有过滤器理论、格式塔理论、语义记忆和情节记忆理论、感觉阈限理论等。其中,过滤器理论认为,人所感受到的只是引起他注意的少数对象,引起人注意的外界刺激主要是新异性刺激物、高强度刺激物、运动变化的刺激物和对比性刺激物。因此,在激烈的媒体环境中,吸引受众的注意力是媒体的生命力,要主动出击引导受众的注意。格塔式理论认为知觉对象和背景可以互相转化,受众由于原有的态度倾向、兴趣和观点的影响,在信息接收过程中,会表现出某些选择性行为,包括选择性接触、选择性理解和选择性记忆。语义记忆和情节记忆理论认为,记忆分为语义记忆和情节记忆,前者是我们对这个世界的一般知识,后者是我们具有的有关以往经历过的事件的信息。因此,在人物报道中应尽量采用故事化叙事方式,与受众经历的、熟悉的事件相结合,激起受众的情节记忆,从而加深受众对报道内容的认同。感觉阈限理论认为,并不是任何强席的刺激都能引起我们的感觉,一个人能察觉到的差别越小,他的差别感受性越强;作为刺激的信息量过小、刺激过弱,就不容易引起受众的注意,而信息量过大、刺激过强,又会导致受众的不适。因此,在媒体的宣传报道中,既需要适当反复,又不能"异口同声""一哄而上",要注意利用各种角度、多个层次、多个形式来进行立体化引导和宣传。

传播策略方面。主要有精细加工可能模型理论、认知失调理论、理性诉求与情感诉求理论、情绪三因素理论、单面与双面说服理论、预防接种理论等。其中，精细加工可能模型理论认为受众的态度改变归纳于两个基本路径：中枢路径和边缘路径。新闻媒体要实现"劝服"效果，往往需要使用两种方式，采用不同的信息结合。理性诉求与情感诉求理论认为，理论诉求主要是通过给受众提供事实性的信息，通过说理达到改变受众态度的目的；情感诉求主要是传播者利用受众的情绪和情感活动的规律，使受众产生情感上的共鸣，进而产生传播者所预期的说服效果。认知失调理论认为，每个人的认知系统都同时存在诸多"认知要素"，要想改变人们的态度，最好先让他产生认知失调，引发他做出与原有态度相矛盾的行为，从另一角度提出与现有认知矛盾的新认知，引发其认知冲突，加速其态度和行为的转变；要找到受众情感关注点，从而找到受众的关键认知，加大认知不平衡，形成情感上的紧张感，促成态度转变。单面与双面说服理论认为，当宣传对象的知识经验不太充分，持有的观点与宣传者的期望比较一致时，只说事情有利的一面（单面说服）较好；反之则适用于提供正反相关的信息（双面说服）较好。情绪三因素理论认为，情绪是认知过程、生理状态和环境因素在大脑皮层中整合的结果，舆论引导和道德教育都必须首先解决认知问题。预防接种理论认为，适当地引入正、负两方面信息，对于说服受众接受并保持态度的稳定性是必要的。

传播环境方面，主要有勒温的场论、参照群体理论、集群行为理论、规范焦点理论和沉默的螺旋理论等。其中，参照群体理论认为社会成员通过对参照群体的认知和评价，形成自己的价值规范，调整自己的社会行为。个体之所以依据群体的规范和信念行事，主要基于两方面：一是个人可能利用参照群体来表现自我，二是个体可能特别喜欢该参照群体并希望与之建立长期关系，从而将参照群体的价值观视为自己的价值观。

传播受众方面，主要有皮亚杰的认知发展阶段理论、埃里克森的心理社会发展理论、需要层次理论、准社会交往理论、刻板印象理论、成就动机理论、社会学习理论等。其中，需要层次理论认为人类行为的心理驱动不是性本能而是人的需要，人的行为的根源是需要没有得到满足，只有那些未被得到满足的需要才驱使人们去行动，当一个层次的需要得到满足或基本满足后，新的更高层次的需要又会产生。因此，受众不是被动的，而是相当主动的，取得预期传播和教育的关键在于了解和把握受众的内在主导性需求。准社会交往理论认为，准社会交往是所有人都可能参与的普通体验，来源于受众跟传媒人物更普遍的情感连接过程，以补充或更好地满足人们的交往需要。

（二）典型人物报道相关研究

自20世纪40年代开始，中国新闻工作者将文学典型的概念引入新闻领域，新闻典型与文学典型相映成趣，使中国新闻报道呈现独具一格的风韵。新闻典型的独特标志就在于它的"新闻"性，以真实性、时效性、代表性、思想性和宣传性为最突出的特征。有学者认为，"典型报道实质上是专指共产党新闻事业所特有的，以社会效益为根本价值旨归，以宣传政策、教化民众为主旋律，以新闻媒介为主阵地并尽可能调动各种种文艺宣传手段，从上至下、从下至上、步调一致、口径一律的，有组织、有纪律、有目标，定期或不定期地对某一新闻典型（人物、事件、业绩、工作方法、经验、教训、问题等）所进行的成规模的一系列相关业绩报道、信息传播与褒贬评价"[①]。由于毛泽东的示范、理论阐述与大力提倡，使中国的典型报道达到了前所未有的

---

① 朱清河：《典型报道研究》，科学出版社2017年版，第25—32页。

繁荣，而毛泽东的党报理论作为指导方针构成了典型报道理论的基础。典型报道在中国的产生和推动，最重要的原因是，中国当时的革命实践强烈地需要通过党的报纸报道典型、宣传典型、推广典型，来教育、引导、鼓舞、组织广大群众从事革命实践，争取革命胜利。

通过典型报道，中国共产党树立了非常多的先进典型，产生了广泛的社会影响。西方媒体的新闻报道中体现统治阶级核心意志的报道屡见不鲜，但就新闻报道方式来讲，更应归于新闻人物报道、重大事件报道等新闻报道样式，并不存在与我国的典型报道可以完全对应的新闻样式，因此典型报道是中国新闻报道中独有的景观。[①] 典型人物报道是新闻学界经常研究的课题，对典型报道的研究主要集中在理论渊源、社会功能及传播效果等方面。20世纪80年代主要集中在典型报道存在的合理性研究上，近年来研究视野逐渐拓宽，对典型人物的存在基础、成长历程、社会作用、话语内涵进行界定，并对各类群体媒体形象进行了研究。有学者认为"典型报道具有三大社会功能：社会整合、榜样示范、时代象征"，"典型人物报道在加强思想道德建设、弘扬民族精神，在发挥示范、激励、引导作用，动员、组织、宣传群众方面，具有极大的推动作用"。[②]

---

① 参见丁迈《典型报道的受众心理实证研究》，中国传媒大学出版社2008年版，第8页。
② 满方：《正面人物报道宣传效果研究》，复旦大学出版社2017年版，第13—14页。

第二章　改革开放以来英模人物演进的时代图景

恩格斯说："主要的出场人物是一定的阶级和倾向的代表，因而也是他们时代的一定思想的代表，他们的动机不是来自琐碎的个人欲望，而正是来自他们所处的历史潮流。"[1] 英模正是"顺应他们所处的历史潮流"而生的。1949 年的新生人民政权，对外面临着保家卫国、抵御外来侵略与威胁的艰难任务，对内面临着继续扫清社会余毒、消灭国内反动势力、恢复和发展国民经济以及倡导社会主义新风尚的艰巨任务。因而，延续来自延安时期的英模培育、评选传统，新中国成立之初，选树了一批具有影响力的英模人物，包括在抗美援朝战场上赤胆忠心的黄继光、邱少云、杨育才、杨根思等战斗英模；在恢复和发展国民经济的进程中，吴运铎、孟泰、马万水、赵桂兰、田桂英、赵占魁、梁军等劳动英模，这些人物也由此"成为新中国革命事业的一个代表，甚至被构建成新中国政权合法性的一个基础"[2]。这种英模评选表彰制度"在中华苏维埃时期初现雏形，延安时期蓬勃发展并逐步制

---

[1] 《马克思恩格斯文集》第 10 卷，人民出版社 2009 年版，第 174 页。
[2] 张明师：《论建国后的英模评选与英模精神的伦理价值》，《河南师范大学学报》（哲学社会科学版）2016 年第 2 期。

度化，建国初期得到正式确立。既是对中国传统旌表制度与文化的继承创新，也是对苏联经验的学习借鉴，同时又满足了自身生存发展的需要"①。

在全面建设社会主义时期（1956—1966年），党和政府面临的主要任务是让我国尽快"从落后的农业国变为先进的工业国"②。"先进"二字意味着传统的、以体力创造高生产率的劳动方式向技术靠拢，这就为"这一时期技术工作模范的大量涌现提供了理论基础"③。因此，这一时期的英模人物主要聚焦加速工农业增产增收和提升各行各业劳动积极性、劳动生产力这一重点，涌现出在工业战线上有冲天干劲的王崇伦、王进喜、郝建秀、赵梦桃等生产楷模；在农业战线上艰苦奋斗、积极生产的李顺达、耿长锁、陈永贵等劳动模范；同时也涌现出为民服务的雷锋、焦裕禄、时传祥、张秉贵、向秀丽等模范人物。他们身上集中体现了奋发图强、忠于职守、全心全意为人民服务的精神。"文化大革命"（1966—1976年）期间，英模评选表彰经历了空前的畸变，个人崇拜被推向一个新的高峰，阶级斗争被扩大化和绝对化，一批具有典型"文革"色彩的人物浮出水面，诸如"白卷英雄"张铁生、"造反小将"黄帅等。但同时，一些"文革"前就已经树立的英模人物仍受到大力推崇，如雷锋、刘胡兰等；还有一些道德高尚、无私奉献的传统型英模人物涌现，比如舍己救人的洛桑丹增、以身殉职的李月华，对人们的价值观造成了混乱。

以党的十一届三中全会为标志，我国进入改革开放时期。关于改革开放四十多年的历史阶段和阶段性特征，学界有诸多认识，有"四

---

① 孙云：《中共英模表彰制度的肇始及演变》，《党的文献》2012年第3期。
② 中共中央文献研究室：《建国以来重要文献选编》第九册，中央文献出版社1994年版，第341页。
③ 万芳：《建国后英模人物形象变迁研究》，《哈尔滨学院学报》2014年第8期。

阶段说"①和"五阶段说"②。鉴于改革开放四十多年的时代跨度较长，本书在参考学者关于改革开放划分阶段的论述基础上，从1978—1991年、1992—2001年、2002—2011年、2012年至今这四个阶段入手，对英模人物的演进作出历时性呈现与分析。然而，需要说明的是，改革开放以来，时代风云际会，大浪淘沙，英模人物本身就处于时代变迁之中，有的人物的"先进性"也并非一成不变。个别人物因先进事迹和表现在当时被塑造为英模，然而成为英模后并没有以"英模"标准严格要求自己，反而迷失了自我，失去了先进性，甚至出现了让人大跌眼镜的行为。对这类英模人物，应当把他放在特定时代背景下去分析，既肯定当时其成为英模的"先进性"，同时对人的发展变化予以辩证的分析和认识。这也是英模人物塑造无法回避的时代课题。

第一节　1978—1991年英模人物的呈现与演进

党的十一届三中全会召开后，在大力推进改革开放和社会主义现代化建设的同时，党中央高度重视精神文明建设，并将其提升到社会主义的重要特征和社会主义制度优越性的重要表现这一高度。1982年，党的十二大提出"走自己的路，建设有中国特色的社会主义"重大命题。1984年，党的十二届三中全会审议通过《中共中央关于经济体制改革的决定》，此后经济体制改革从农村开展试点逐渐转到城市，以搞活国有企业为中心环节全面展开。1986年，党的十二届六中全会发布《中共中央关于社会主义精神文明建设指导方针的决议》，明确了社会主义精神文明建设的战略地位和根本任务，包括用共同理想动员和团

---

① 刘景泉、杨丽雯：《改革开放的历史阶段和基本特征》，《天津日报》2018年10月29日第9版。
② 丁文锋：《中国改革开放四十年的历程、经验、理论贡献和发展前景》，《郑州日报》2018年11月23日第10版。

英雄模范人物的时代演进及塑造

结全国各族人民,树立和发扬社会主义的道德风尚等八个方面的内容。① 20世纪80年代以来,随着改革重点由农村转向城市,城乡经济体制改革的深入推进并从经济领域逐渐拓展至教育、科技、精神文明建设等领域,我国经济社会发展显示出了前所未有的活力。当然,伴随各领域改革开放全面展开,政治环境的变迁以及西方价值观念的冲击,还有人们受历史和实际的局限对改革认知不明等原因,改革开放也出现了一些波折。

配合着国家工作中心转移及各项方针政策的调整,英模人物塑造进入一个活跃期。这一时期,邓小平提出,"在党的领导和工会的帮助下,全国各民族、各地区、各工业部门的职工群众中都涌现了一批劳动模范和革命骨干,他们至今还是我们学习的榜样和团结的核心"②。20世纪80年代初期,在中央的大力倡导下,全国再次掀起新一轮学雷锋的高潮。同时,为配合落实党的知识分子政策,激发广大知识分子集中力量干"四化"的热忱,罗健夫、陈景润等知识分子英模相继涌现。此后,随着经济体制改革的全方位推进,一批企业家英模崭露头角。这一时期,文艺、体育、道德、生产劳动等领域都出现了很多英模人物。

一 部分英模重塑信仰

"文革"刚结束时,为抚慰文革创伤,重塑价值信仰,党和国家及时恢复了吴运铎、王进喜等一批老劳模的名誉,同时对遇罗克、张志新、史云峰等人物在"文革"中的表现予以重新认定和平反。这一时期,对吴吉昌、张志新等人的报道在社会上产生了较大反响。《人民日

---

① 参见中共中央文献研究室《十二大以来的重要资料选编》下,人民出版社1988年版,第1173—1190页。
② 《邓小平文选》第2卷,人民出版社1994年版,第134页。

报》发布专版："在审判的日子里，我们深切怀念亿万受害者，怀念那些同封建法西斯英勇斗争的英雄们。他们用生命捍卫正义，用鲜血书写檄文，用真理燃亮人们的心灵。张志新、史云峰、遇罗克、郭维彬、石仁祥……"① 此时的一些报刊开展了有关人生观的讨论。《中国青年》刊登了潘晓关于"文化大革命"以来的个人经历和当下苦闷的来信，一场关于"人生的意义究竟是什么"的讨论，引起强烈反响。因此，"文革"后初期，"重塑价值信仰，让广大人民把自己的命运同党和人民的事业紧密地联系在一起，在革命人生观指导下茁壮成长，作献身于社会主义'四化'的革命者"②，成为英模人物塑造的急迫任务。具有代表性的英模人物有以下三位。

一是"不向谬误投降"的张志新。因对"文革"的一些错误做法进行批评，她被"四人帮"迫害，惨遭杀害。"文革"后特别是在1978年、1979年间的《人民日报》《解放军报》等报刊上，对张志新的事迹做了大幅报道，高度肯定她为真理而献身的大无畏的革命精神。1979年，《人民日报》对她的评价是，"在林彪、'四人帮'最猖獗的时候，是她，一个普通的共产党员，不畏强暴，挺身而出，揭露他们反党、反革命的真面目"③。"作为马列主义者的共产党人，坚持革命立场，反对修正主义，向错误斗争，是天经地义。党在教育她的党员时，从来都是让他们坚持真理，敢于斗争。"④ 人们看到了一个独立思考、实事求是、爱党爱国，为了共产主义信念顽强不屈、勇于自我牺牲的英模形象。这一形象的树立，体现了对"文革"极"左"思想的控诉。

---

① 纪希晨：《历史的审判 写在特别法庭开庭之前》，《人民日报》1980年11月18日第4版。
② 《人生观的讨论值得重视》，《人民日报》1980年7月29日第1版。
③ 《要为真理而斗争——优秀共产党员张志新同林彪、"四人帮"进行殊死斗争的事迹》，《人民日报》1979年5月25日第1版。
④ 《大无畏的革命精神永放光芒——记党的好女儿张志新同志的高尚品质》之五，《人民日报》1979年8月14日第4版。

二是"啥也别想挡住俺"的吴吉昌。为了周总理的嘱托,他不计名利,一心扑在棉花上。"文革"中,他受到了近百次的批斗;"四人帮"粉碎后,他继"一株双秆"之后,又培育出"多秆两层"新株型的棉花,取得了多项突出成果。"文革"结束后,《人民日报》等主流报刊大力宣传吴吉昌的先进事迹,并对"四人帮"的罪行作了揭露和批评。"吴吉昌为了完成周总理的嘱托,以'啥也别想挡住俺'的无比顽强的精神工作着、斗争着,迎着狂风恶浪,雷霆闪电,昂首前进!这种精神永远值得我们学习"①。他代表了为完成党交代的庄严使命,勇攀科学高峰、不屈不挠、积极创建"四个现代化"的科技工作者的英模形象。

三是"活着的张志新"郭维彬。他捍卫真理宁死不屈,公开揭露林彪、江青、康生等人的反革命阴谋,因此两次被判死刑,直至1978年得到平反。她被人们称赞为"坚强的唯物主义战士""活着的张志新"。②

这部分英模人物的特点是傲如青松、坚持真理、大义凛然、坚贞不屈、不畏迫害、勇于牺牲。

二 科技英模再回视野

自20世纪70年代末期开始,新的气象开始悄悄出现,整个社会萌生了对科学的崇敬。百废待兴,各行各业都需要恢复和发展,在此条件下,中国共产党重新审查了知识分子政策,认为知识分子是我国工人阶级的组成部分。在1978年的全国科学技术大会上,邓小平提出"科学技术是生产力"的论断③,并首次针对科技工作者进行了一批先

---

① 《学习"啥也别想挡住俺"的精神 学习吴吉昌向科学进军》,《人民日报》1978年4月13日第2版。
② 《无畏的革命战士,"活着的张志新",郭维彬捍卫真理坚贞不屈》,《人民日报》1980年9月9日第3版。
③ 《邓小平文选》第2卷,人民出版社1994年版,第87页。

进表彰。时任政协全国委员会副主席、中国科协主席周培源在政协九三学社小组讨论第六个五年计划的报告时说:"现在是知识分子在祖国四化建设中发挥积极作用的黄金时代。知识分子和工人、农民同是社会主义建设事业的依靠力量。在发展社会工农业生产中着重要求不断提高经济效益……这些艰巨任务,基本上要靠科学技术的进步来完成。因此,在开创社会主义建设事业新局面的时代,知识分子的责任极为重大。"① 随着改革开放的推进,知识分子的地位得到提高,迫切需要重视审视知识分子和科技工作者在社会主义现代化建设中的作用,落实党的知识分子政策,改善知识分子待遇,激励更多的知识分子运用科学文化知识和科学技术为社会主义现代化建设服务。

这一时期,诸如周尧和、肖南森、钱永昌、蒋筑英、黄耀祥、罗健夫、马祖光、侯义斌等一批知识分子英模涌现,进入人们的视野。具有代表性的知识分子英模有以下四位。

一是"为中华崛起而献身的光辉榜样"② 蒋筑英。他坚持钻研业务,在光学传递函数研究方面解决了多个关键技术难题。《人民日报》对他评价说:"他常说'要看到国家的需要,为国家解决实际问题'。""在我们日常生活要填写的诸多表格中,有一种蒋筑英是追求填写的,那就是《入党志愿书》……他努力学习业务,刻苦钻研。"在他离开人间的前几天,他填写了《入党志愿书》,写下了他的信仰和誓言:"一个人活着应当有个信仰——人的生命是有限的,党的事业是永存的。我愿为实现党提出的各项战斗任务贡献自己的一切。"③ 他让自己的生命在祖国的光学研究事业中得到了延续。

---

① 《现在是知识分子发挥作用的黄金时代》,《人民日报》1982年12月4日第2版。
② 陈禹山:《为中华崛起而献身的光辉榜样——记中年光学专家蒋筑英》,《人民日报》1982年12月1日第5版。
③ 陈禹山:《为中华崛起而献身的光辉榜样——记中年光学专家蒋筑英》,《人民日报》1982年12月1日第5版。

二是具有"共产主义献身精神"的罗健夫。他淡泊名利、甘于奉献,把荣誉、职称、地位等统统置之度外,为我国航天工业做出了卓越贡献,被誉为"中国式保尔"。1982年,《人民日报》写道:"'党和人民的事业是最崇高、最有意义的,在它面前,个人的一切都显得那么渺小!'这是罗健夫常说的一段话。"① 他在工作岗位上全力以赴,为了完成国家交给他的任务,倾注了自己毕生的精力的热情。

三是"为党为事业尽量燃烧"的马祖光。他回国后全身心投入工作,甘当人梯,不计名利,奋战攻坚,创办中国第一批激光专业,在光电领域里取得了引人瞩目的成就。1985年的《人民日报》赞美他写道:"一个共产党员的形象是每日每时积累起来的,来不得半点矫揉造作和虚假涂抹,因为你的言行都在群众眼睛里。"②

四是矮秆稻的培育者黄耀祥。他开创了水稻矮化育种,被誉为"中国半矮秆水稻之父"。1982年的《人民日报》曾对其做了专题报道,"'四人帮'被粉碎了,黄耀祥身上留下了那股'政治台风'打击的'纪念':高血压、冠心病、白内障……然而,他没有停顿的育种研究……"同时,寄语"全国的农业科技人员和每一个做农村工作的同志,都像黄耀祥这样,为了国家和民族的富强,壮心不已,勇往直前,那么,我国的农业,定将大踏步地向现代化迈进"。③

这部分知识分子英模人物的形象特点是爱国忠党、坚持信仰、勤奋钻研、勇于献身、不计得失。

---

① 《许多读者投书〈工人日报〉表示学习罗健夫的共产主义献身精神》,《人民日报》1982年11月16日第4版。
② 毕国顺:《一个共产党员的追求》,《人民日报》1985年10月30日第3版。
③ 杨传春:《不怕台风的种子——记著名水稻育种专家黄耀祥》,《人民日报》1982年9月28日第2版。

三　劳动英模大量涌现

我国的劳模评选从1950年就已开始，但在最初的几十年里，劳模评选并未明确形成固定机制。1949—1960年，全国劳动模范表彰共进行了4次；在新中国成立后的劳模表彰制度停顿16年后，1977年召开了全国先进生产者表彰大会；随后的1978年、1979年相继举行了两次全国劳动模范表彰。这几次表彰全面掀起了表彰和学习劳模的高潮，呈现出"频率密集""名额稀少""名称繁多""标准单一"的特点，带有鲜明的时代印记。[①] 1979年，党中央、国务院进一步明确"模范"和"先进"的判断，提出"各条战线的劳动模范和先进集体，必须是先进生产力的优秀代表，能够体现社会发展的方向。判断一个职工是不是模范，一个集体是不是先进，归根结底，要看其在推动生产力发展方面是不是起了显著的作用，对社会主义建设事业是不是作出了较大的贡献。这是我们选举劳动模范和先进集体的根本标准"[②]。

随着改革开放的推进，重新确立劳模标准和遴选新的劳模成为急迫需要。1980年，全国总工会发布《劳动模范工作暂行条例》，规定了劳模工作的基本原则和要求、管理原则和工作制度；1982年，第五届全国人民代表大会第五次会议通过《宪法》，明确写入"奖励劳模"，使劳模表彰有了强力的政策依据。由此，劳模评选和表彰先进活动，在全国各地得到了恢复发展。1989年后，全国劳模和先进工作者评选表彰以制度化形式确立下来，基本形成五年一次的评选规律。通过对劳模评选表彰制度的完善和运行，对引导人们依靠劳动创造价值，践行"以经济建设为中心"的理念发挥了重要作用，促进了敬业务实、奋发有为、比学赶超先进典型蔚然成风。

---

① 姚力：《1977~1979年的全国劳动模范表彰》，《当代中国史研究》2015年第5期。
② 游正林：《我国职工劳模评选表彰制度初探》，《社会学研究》1997年第6期。

这一时期的英模，与改革开放时期的总体精神保持一致，达到了"引领共同社会价值体系的效果"①。具有代表性的劳模有：一线工人赵春娥、包起帆；领导干部杨善洲、李月萍；纪检干部周青、张戈；人民法官何同甫、彭学文等。行业涵盖了公务员、军人、农民、医生、警察、司法人员、退休干部、厨师、出纳员、饲养员、污水工、修理工、放牧员、车工、营业员等基层一线服务人员。其中，具有较大代表性的劳动英模有以下四位。

一是赵春娥。她热心为用户服务，惜煤如金，处处为国家精打细算，几十年如一日坚持干脏活累活，被誉为"闲不住的实干家"。20世纪80年代，由《洛阳日报》发现并重磅推出后走向全国。

二是包起帆。他攻克我国装卸工艺落后的难题，先后完成了50多项技术革新，成为"抓斗大王"，多项成果获国际发明奖。多次获得全国"五一劳动奖章"，连续三次被评为"全国劳动模范"，并被评为"全国道德模范"和"全国优秀共产党员"。2009年，他入选"100位新中国成立以来感动中国人物"。

三是杨善洲。他清廉履职、两袖清风、忘我工作、一心为民，促进了保山地区经济发展。1988年，他退休后扎根大亮山开展义务植树造林工作，致力于改变家乡生态环境、造福家乡人民。他退休后的先进事迹被挖掘报道，仍引起了强烈关注。

四是彭学文。他不徇私情、秉公执法，主持的人民法庭没有一桩冤、假、错案，默默奉献春秋，"体现了一个共产党员、人民法官坚定的共产主义信念、高度的政治责任感和高尚的革命情操；体现了共产党员、人民法官全心全意为人民服务的无私奉献精神"②。

---

① 韩承敏：《改革开放40年劳模文化变迁的历史逻辑》，《学校党建与思想教育》2018年第11期。
② 《高尚的品德》，《人民日报》1990年5月18日第5版。

这批劳模人物是伴随改革开放成长起来的优秀劳动者的缩影，主要特点是敬业奉献、刻苦攻关、技术高超；其中公仆模范人物的主要特点还有心系群众、不搞特权。

四 道德英模持续光耀

与改革开放前相比，这一时期，持续涌现出许多大放光彩的道德模范形象。他们的职业涵盖了解放军、民警、服务员、炊事员、干部、医生、护士、教师、学生、离退休干部等，具有较大代表性的道德模范有以下三位。

一是朱伯儒。学习雷锋标兵，自入伍以来他做好事无数，被誉为"活雷锋"。"他走到哪就给哪里带去温暖，给人们留下美好的印象。""他曾在隧道出现塌方的危急时刻，奋不顾身地把民工推出险境。""他在某工地担任民工队长时，把来自农村的民工当成兄弟，处处关心他们，竭诚相助。"[1] 1983年中央军委授予其"学习雷锋的光荣标兵"称号。

二是张华。生前为大学生。1982年，年仅24岁的他因抢救落入粪坑的老农而壮烈牺牲。1982年中央军委追认他为革命烈士，授予他"富于理想、勇于献身和优秀大学生"荣誉称号。1982年，《文汇报》抓住张华为救一位老农而牺牲一事，策划了一场"大学生冒死救老农值得吗"的讨论，进一步激发大家的思考。

三是赖宁。英模少年赖宁，生前为石棉中学初中二年级学生。1988年3月13日，为扑灭突发山火，他在与烈火搏斗四五个小时后遇难，年仅15岁。1988年5月，共青团中央，国家教委授予赖宁"英雄少年"的光荣称号，中小学也掀起了向赖宁学习的热潮。之后，关于

---

[1] 李次膺、曹京柱、李郭等：《高尚的情怀——记雷锋式干部朱伯儒》，《人民日报》1983年2月27日第4版。

赖宁的电视剧、电影也陆续推出。

这一时期的道德模范年纪大小相差较大，但他们身上集中体现了见义勇为、舍己救人、身残志坚、乐善助人等优秀品质。

五 文体英模赞誉空前

20世纪80年代开始，出现了很多炙手可热、影响巨大的知名文体英模人物，有"当代保尔"张海迪，"体操王子"李宁，世界上第一个"五连冠"的中国女排，第36届世乒赛冠军童玲、郭跃华，第24届奥运会乒乓球男子双打冠军陈龙灿，以及十佳运动员邹振先，等等。在中国开始试探着向世界打开国门的时刻，大家陡然意识到自己与世界的差距而变得失落和彷徨，这时候，运动健将的奋力拼搏、一往无前的精神，成为全民族的精神财富，对世人产生了强大的正面精神激励，同时也极大提振了国家的国际影响力与中国人的民族自信心。这一时期，最为狂热的是大家对张海迪身残志坚事迹和女排"五连冠"辉煌成绩的赞誉。具有较大代表性的英模有以下四位。

一是张海迪。被誉为"当代保尔"的她幼时高位截瘫，却身残志坚、奋斗不止，自学完成学校全部知识。1983年，她走上了文学创作的道路，至今出版了长篇小说《轮椅上的梦》《绝顶》等作品。1983年，团中央明确作出向她学习的决定，并授予她"优秀共青团员"称号；同年，邓小平等中央领导明确号召"向张海迪同志学习"。此后，她迅速成为全国人民学习的对象。值得注意的是，在1983年《中国青年报》发表的新闻报道《生命的支柱——张海迪之歌》中，已经不再完全回避英模人物的内心脆弱的问题，提到张海迪面对找不到工作的挫折时，一度曾想过自杀，说明这个时期对英模的塑造已经开始注意到了人性化和真实性。

二是中国女排"五连冠"群体。1981—1986年，秉持"为国争光"的信念，中国女排在世界杯、世界锦标赛和奥运会上，连续五次夺得世界冠军，成为世界上第一个"五连冠"，她们诠释了顽强拼搏、团结奋斗的中华体育精神，一时间让全体中华儿女热血沸腾。

三是体操王子李宁。在第6届世界杯体操比赛中，他一人夺得男子全部7枚金牌中的6枚，创造了世界体操史上的神话，被誉为"体操王子"；在1984年第23届洛杉矶奥运会上，他成为获奖牌最多的运动员，也是当时家喻户晓的体育明星。

四是中国奥运金牌第一人许海峰。在1984年第23届洛杉矶奥运会上，他获得男子手枪60发慢射冠军，为中国夺得奥运会第一枚金牌。1986年首尔亚运会和1990年北京亚运会分别夺得冠军。获得"全国劳模""全国新长征突击手"等荣誉。2018年被授予"改革先锋"称号，颁授改革先锋奖章。2019年，被评选为"最美奋斗者"。

他们的主要特点是顽强拼搏、刻苦训练、坚忍执着、永不言弃。以中国女排为代表的英模人物极大地提升了中国的国际形象，振奋了国人的士气，从而成为无数国人的骄傲。

第二节 1992—2001年英模人物的呈现与演进

以邓小平发表"南方谈话"和党的十四大为标志，中国进入从计划经济体制向社会主义市场经济体制转变的新阶段。1996年，党的十四届六中全会审议通过《中共中央关于加强社会主义精神文明建设若干重要问题的决议》，提出"以科学的理论武装人，以正确的舆论引导人，以高尚的精神塑造人，以优秀的作品鼓舞人，培育有理想、有道德、有文化、有纪律的社会主义公民"[①]。1997年，党的十五大召开，

---

① 中共中央文献研究室：《十四大以来重要文献选编》下，人民出版社1999年版，第2050页。

此后的中国，以公有制为主体、多种所有制经济共同发展的新格局逐步形成。

20世纪90年代，是中国在改革开放基本国策指导下继续快速发展的10年。然而，这一时期，市场经济体制普遍建立，加剧了人们的逐利性，以经济效益为成功的唯一衡量标准这一观念开始流行；同时，由于市场条件下的竞争日趋激烈，部分企业的社会责任感缺失，产生了个人主义、拜金主义和享乐主义，一时间道德滑坡、道德教育失败、道德榜样缺失等声音相继出现。此外，随着社会历史条件的深刻改变，多元化价值观念涌入，人们的价值观念呈现出多元化选择的态势。这一时期的英模人物涵盖了企业家、军人、医生、教师、政府官员、工人、服务员、知识分子、军属、退休干部等职业，其中关于苏宁、徐洪刚、徐虎、李国安、孔繁森、李素丽等英模的报道贯穿了整个90年代。比较突出的是，在各类媒体上，企业精英、政府官员和成功人士大量涌现。在英模塑造上，更注重精心策略和优化整合，从阐释某种理念转向展示人物本身，并进行了相应的细节化和情节化处理。

一 科技英模集中出现

为全面落实科学技术是第一生产力的思想，1995年5月，中共中央、国务院提出科教兴国战略。随着国家对教育、科研和知识的重视，这一时期涌现了许多知识分子科技英模人物。具有较大代表性的科技英模有以下三位。

一是王启民。他攀登油田开发科技高峰，大胆论证，创新技术，在石油科技领域取得多项科技突破，为大庆油田保持高产稳产做出突出贡献，于1997年获得"新时期铁人"称号。20世纪90年代末，多个行业掀起向王启民学习的热潮。1997年，石油大学应届毕业生在双向选择时，向组织表决心说，"我们要以王启民为榜样，到条件艰苦的西部去开发油田，争取成长为铁人式的科技工作者，把自己的青春年华奉献给祖国的石油工业"①。21世纪以来，王启民持续受到关注和报道，入选2009年"双百人物"；2018年被授予"改革先锋"称号。

二是秦文贵。作为"文革"后恢复高考后的第一批大学毕业生，他毕业后选择了条件艰苦的青海油田，以所学科学知识和一腔热血，攻克了一系列技术难关，为我国西部油田的开发和建设做出突出贡献。1997年，共青团中央、全国青联为他颁发"中国青年五四奖章"；同年，获得江泽民、胡锦涛亲切接见。1999年，《人民日报》评论他时写道："没有强烈的爱国之心、报国之志，就很难作出这种选择。秦文贵以他对祖国和人民的无限忠贞，以现代科技知识，以坚忍不拔的献身精神，创造了不凡的业绩。"②

三是陈桂林。他从事光电技术研究，任劳任怨，不计名利，为发展中国空间遥感事业做出重要贡献。1998年，《人民日报》对其事迹做了专题报道，写道："一个人要能做出一点事，必须做出一点牺牲，有所得，必有所失，这是平衡的。我的耳朵、眼睛也是付出的一种代价吧"，"我们奋斗了15年，就是为了发射成功的这一时刻，而这种成功的喜悦是花多少钱也买不到的，几百万，几千万，也是买不到的"③。

这一时期的科技英模集中体现了科学家们报效祖国、开拓创新、坚韧不拔等精神品质，英模主要是从事高精尖行业的精英知识分子，这跟当时我国迫切渴望提升现代科学技术能力的需求是分不开的。

---

① 杨春茂：《学习王启民 石油大学毕业生纷纷申请到西部油田工作》，《人民日报》1997年4月18日第4版。
② 《当代青年的一面旗帜》，《人民日报》1999年4月28日第1版。
③ 马飞孝：《给国产卫星安上"眼睛"——记中科院上海技术物理所研究员陈桂林》，《人民日报》1998年5月18日第5版。

二 劳动英模类型多样

从全国层面来看，自1989年起，启动了全国劳模每5年评选一次的固定机制。同时，不同行业系统、不同领域均组织开展了大量劳模评比活动，如"全国模范法官""全国十大杰出检察官""全国十大杰出职工""全国职工职业道德十佳标兵"等。这一时期涌现的劳模形象数量非常庞大，更多趋于平民，劳模的行业构成逐渐呈现出新的特点，呈现出多元化和丰富性。

这一时期，更多的职业进入劳动模范的评选领域，比如新闻工作者、转业军人等。总的来说，职业涵盖了领导干部（从省部级、厅级干部到基层公仆）、公职人员、转业军人、工人、农民、军人、新闻工作者、警察、教师、医生、服务员、退休人员等。从总体比例来看，公仆英模人数较多，较为强调领导干部忠于职守、埋头苦干的精神；鼓励人们在改革开放新时期为推进社会经济发展和带领人民共同富裕作出突出业绩；肯定基层领导干部（比如村支书、党支部书记等）在带领农村集体企业发展中起到的领头羊作用。比如，1994年，全国范围内开展了全国百名"人民好公仆"评选活动，在具体考虑人选时，重点把握了三个方面：一是以县级优秀中青年领导干部为主，二是以地方党政主要领导干部为主，三是以在改革开放时期开创了新业绩、塑造了新形象、具有鲜明时代特征的新型优秀干部为主。[①] 同时，由于市场对社会资源的配置作用已经基本到位，技术型劳模数量更多，有技术特长的劳动者在市场上的价位渴望得到更合理的体现。

这一时期选树了很多真诚待人、心贴群众、公正无私、艰苦奋斗、追求事业的平凡人物。其中，带头扶贫致富的劳模涌现更多，同时也

[①] 参见《全国百名"人民好公仆"推荐工作结束》，《人民日报》1994年7月1日第3版。

出现了一些诚实守信、服务基层治理的劳模人物。除老一批劳模（在改革开放以前就树立的，如带民致富的史来贺、林业英雄、马永顺等）继续得到弘扬之外，新树立的具有较大代表性的劳动英模有以下六位。

一是乘客的贴心人李素丽。她牢树服务意识和窗口意识，根据公交车乘客的不同需求，给予他们最需要的服务和关怀，成为公交行业和服务行业的一面旗帜。1996年10月4日，《人民日报》刊登了通讯《李素丽：为人民服务没有终点》，拉开了宣传李素丽这一典型的序幕。她荣获"五四奖章""全国职业道德标兵""全国三八红旗手""全国优秀共产党员"等荣誉称号。2019年被评为"最美奋斗者"。

二是为民服务的徐虎。他担负管区内居民的水电维修、房屋养护工作，碰到居民报修，一喊就到，及时解决，千方百计做到让居民满意。1996年4月17日，《人民日报》发表长篇人物通讯《普通劳动者的榜样——徐虎》，同日，被中央电视台和中央人民广播电台在黄金时间予以报道；4月18日，《人民日报》又刊发了专访徐虎的妻子和女儿的通讯《"太阳"背后的奥秘》。《工人日报》在4月17日发了介绍徐虎事迹的引导性的概括消息后，紧接着，从第二天起连续5次发表介绍徐虎事迹的通讯《好人徐虎的故事》，并且每次都是放在头版头条位置。由于各报齐发，合力运作，报道时间集中，版面集中，徐虎精神的宣传形成了强大的冲击波。1997年，党的十五大开幕那天，他受到江泽民的亲切接见，并为他题词："为人民服务，点滴做起，贵在坚持。"

三是一腔热血洒高原的孔繁森。他两次进藏工作，与当地群众结下深厚友谊，为促进西藏的经济社会发展做出了突出贡献。1994年，他在考察工作途中因车祸去世。1995年，《人民日报》发表《向孔繁森同志学习》的社论，提出要学习他"顾全大局、无私奉献的坚强党性，热爱人民、服务人民的满腔热忱，艰苦奋斗、廉洁奉公的高尚品德,开拓进取、求真务实的优良作风";指出"孔繁森同志是发扬四有(有理想、有道德、有文化、有纪律)精神的模范。是发扬创业精神的模范"。① 2009 年被评为 100 位"新中国成立以来感动中国人物"之一。

四是"草原水神"李国安。他带领全团官兵在被视为没有水的戈壁荒漠找到水源,在腾格里沙漠等地和边防线上打井,为保障边疆军民用水,促进地方经济发展做出杰出贡献。1996 年,中央组织部授予其"全国优秀共产党员"光荣称号。

五是"铁"法官谭彦。在审理案件时,他始终坚持以事实为依据,以法律为准绳,在法律面前不容有私情,被人民群众誉为"铁"法官。他荣获"全国优秀共产党员""全国法院模范"等光荣称号。2019 年被评选为"最美奋斗者"。

六是破解基层治理难题的邱娥国。在户籍民警这个平凡的岗位上,他积极创新基层治理模式,心系群众,公道办事,为民解忧,总结出一系列户籍民警工作方法并被推广至全国公安系统,为基层治理发挥了重要作用。作为全国公安战线的重大先进典型,曾荣获全国五一劳动奖章,荣获"全国先进工作者"和全国第三届"当代雷锋"称号。2009 年,入选"100 位新中国成立以来感动中国人物"之一。

这一时期的劳动模范人物塑造开始侧重于记录"普通人不普通的命运"。比如,在宣传上海水电修理工徐虎和公共汽车售票员李素丽时,就重点选择了他们的 17 个生活和工作片段,塑造了在普普通通岗位上做着普普通通服务工作的劳动者形象;在宣传孔繁森时,用"心里一阵阵发酸""声音哽咽""流着泪给母亲深深磕了一个头"等语言,拉近了英模人物与大众的距离。

---

① 王振川编《中国改革开放新时期年鉴(1995)》,中国民主法制出版社 2014 年版,第 299 页。

三 道德英模持续涌现

道德的高尚是选树英模人物的永恒主题。这一时期，仍然涌现出很多孤身勇斗歹徒、见义勇为、舍己救人、英勇牺牲的英模。同时，由于国家层面启动的"全国拥军优属先进个人"等先进典型选树活动，也使一些爱国拥军模范、军嫂、警嫂等作为"爱国拥军""家庭典型"的英模人物出现。具有较大代表性的道德英模有以下六位。

一是舍生忘死的"炮兵英才"苏宁。在一次手榴弹实弹训练中，38岁的他为保护战友而壮烈牺牲。1993年，中央军委授予苏宁"献身国防现代化的模范干部"称号，批准将他的画像印发全军，并在连以上单位悬挂和张贴。

二是勇斗歹徒的军人英雄徐洪刚。面对四个穷凶极恶的歹徒，在生死关头，他毫不畏惧，一心保护人民，身中数刀却继续追赶歹徒。他勇斗歹徒的壮举在全国军民中引起强烈反响，于1994年受到江泽民、胡锦涛等领导同志的接见。

三是支持丈夫戍边的"好军嫂"韩素云。她竭尽全力支持丈夫献身国防事业，婚后多年一人含辛茹苦，任劳任怨，挑起家庭重担。1995年3月被国家民政部、解放军原总政治部授予"优秀军人妻子"荣誉称号和二级英模奖章，同年被评为全国先进工作者。2009年当选为"100位新中国成立以来感动中国人物"之一。

四是战斗英雄的爱人李玉枝。她是20世纪60年代战斗英雄麦贤得的爱人，却从未向组织提过一次过分要求。在她的悉心照料下，英雄麦贤得的外伤性癫痫后遗症病情意外地好转。

五是为烈士守墓五十年的柴国义。他强忍悲痛，冒着生命危险，将烈士遗体背回，悄悄掩埋；50年来，严守诺言，义务守墓，修葺烈士墓，讲述烈士的英雄事迹。

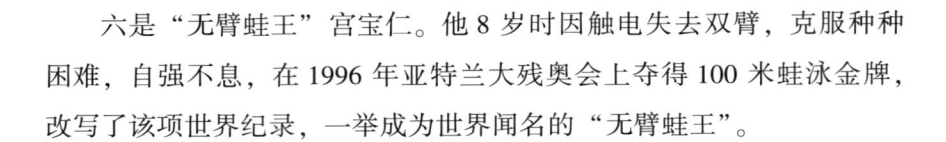

六是"无臂蛙王"宫宝仁。他8岁时因触电失去双臂，克服种种困难，自强不息，在1996年亚特兰大残奥会上夺得100米蛙泳金牌，改写了该项世界纪录，一举成为世界闻名的"无臂蛙王"。

四 文体英模引人关注

这一时期涌现出不少文体英模人物，影响较大的英模有乒乓女皇邓亚萍、步枪亚运冠军单红、射击冠军王义夫、女子铅球冠军李梅素、女足功臣高红等。文体英模人物大多是为国争光、不屈不挠的体育人士，或者德艺双馨的老艺术家，他们成为英模的理由主要是为国人争光，代表了中国人渴望接受的国际形象，或向世界证明了中国。具有较强代表性的文体英模有以下三位。

一是乒乓女皇邓亚萍。她5岁起跟随父亲学打乒乓球，以顽强刻苦的精神和不愿服输的坚强意志，成为奥运冠军，乒乓球大满贯得主。在14年的运动生涯中，共拿到18个世界冠军。萨马兰奇这样评价邓亚萍："一个自身条件并不好的女孩，能够长久称霸女子乒坛，在邓亚萍身上我看到了奥林匹克精神。"[①]

二是首个速滑世界冠军叶乔波。她是我国第一个突破女子500米速滑40秒大关的选手，在1992年第16届冬奥会上，夺得500米和1000米两项速滑的银牌，实现我国在冬奥会上奖牌零的突破。1992年，中央军委授予她"体坛尖兵"荣誉称号。她多次被评为"全国体育十佳运动员"和"全军优秀共产党员""巾帼建功先进个人"。

三是老伏枥仍存万里心的谢晋。他既是导演，又是编剧，5次捧"百花"，两度唱"金鸡"，多次在国际影坛上摘冠，荣任奥斯卡、马尼拉、威尼斯、东京等国际电影节评委。

[①] 《萨马兰奇——中国人民的老朋友》，中国日报网站，2010年4月22日，http://www.chinadaily.com.cn/typd/2010-04/22/content_9760311.htm，引用日期：2023年3月2日。

特别值得一提的是，这一时期还涌现出一些群体英模人物。1998年，长江发生了自1954年以来的又一次全流域性大洪水，嫩江、松花江洪水同样面临150年来最严重的全流域特大洪水，全国共有29个省（区、市）遭受了不同程度的洪涝灾害。在这场历史罕见的洪灾中，成千上万解放军和武警官兵奔赴抗洪前线，用汗水和生命谱写了悲壮感人的抗洪篇章。这一特殊事件中，也涌现出了一大批抗洪英模，其中以解放军战士为主流，也包括各地的干部、群众等。如，奋不顾身抗洪、壮烈牺牲的李向群、高建成；每天奔波在百余公里的嫩江、松花江大堤上，哪里任务重，就奔向哪里的汪洋湖；在抢险中殉职"用无私奉献，用血肉之躯诠释了一个人活着的价值和生命的意义"[①] 的邹开清……无数抗洪战士义无反顾、挺身而出的英模群像如山如毂，在历史前进的光轮中留下了可歌可泣的生命印记。

第三节 2002—2011年英模人物的呈现与演进

进入21世纪，我国迎来了又一个崭新的历史发展机遇期。2001年，中国加入世界贸易组织，加快了中国经济融入全球一体化潮流。2002年，党的十六大召开，把"三个代表"重要思想确定为党的指导思想并写进党章。2006年，胡锦涛提出，广大干部群众要树立以"八荣八耻"为主要内容的社会主义荣辱观。党的十六大以来，以胡锦涛同志为总书记的党中央，提出科学发展观这一重大战略思想，以加强社会主义核心价值体系为根本，推进社会主义荣辱观教育，广泛开展了一系列道德模范评选表彰和学雷锋活动。2007年，党的十七大提出加强社会主义核心价值体系。

---

① 范长敏、王建华、罗文全：《抗洪忠魂——记抗洪抢险中殉职的水利干部邹开清》，《人民日报》1998年8月18日第5版。

2005年，进城务工人员和私营企业主首次纳入全国劳模的评选范围。同年，为弘扬法制意识，加强民主监督，同时提高劳模评选的公信力，开始推行"两审三公示"的全国劳模评选公示制度。全国劳动模范和先进工作者人选实行"两审"——对人员比例和基本情况进行初审，对事迹进行复审。"三公示"——除按惯例在推荐人选所在单位和地区公示外，还在全国公示，这在劳模评选中是第一次。[1] 2007年，举办了全国首届道德模范的评选表彰活动，自此以后，全国道德模范每两年评选一次，成为全国人民所熟知的英模评选品牌。此外，中宣部集中组织开展了全国重大先进典型"时代楷模""时代先锋"评选活动；同时，国家有关部委和各省市地方等启动"最美人物"评选表彰活动。伴随着这一时期发生的重大历史事件，涌现出了2003年抗击"非典"医护英模、2008年汶川地震抗震救灾英模、2008年玉树地震救援群体、2010年甘肃舟曲特大山洪泥石流中的救援群体等等英模人物群像。

一　老一批英模再度流行

在过去的20世纪，产生了一批老的劳模，并获得了多项"殊荣"，受到了广泛报道和推崇；进入21世纪以来，他们所体现的报效祖国、一心为民、自强奋斗、改革创新等英模精神继续在时代发展中历久弥新，再度受到高度推崇。如，以惊人的意志与病残斗争的张海迪、为救老人而光荣牺牲的大学生张华、中国的"保尔·柯察金"战斗英雄史光柱、为保护战友而牺牲的士兵苏宁、两次进藏扎根雪域高原的孔繁森、一生以水稻为伴的袁隆平、为"两弹一星"事业做出突出贡献的邓稼先、中国航天事业奠基人钱学森，等等。具有代表性的"老英

---

[1] 参见《我国劳模评选重大革新 范围扩大两审三公示》，新浪网，2005年4月15日，news.sina.com.cn/c/2005-04-15/165656616665.shtml. 引用日期：2023年3月2日。

模"有以下七位。

一是精神永不褪色的雷锋。雷锋是20世纪60年代出现的英模人物，历经数十年，雷锋精神的学习始终没有间断。20世纪80年代初期，在中央的大力倡导下，全国掀起新一轮学雷锋的高潮。邓小平、江泽民等中央领导也先后题词，号召全党全军全国人民学习雷锋精神。2011年，中共中央办公厅发布《关于深入开展学雷锋活动的意见》，提出广泛开展雷锋事迹、雷锋精神和雷锋式模范人物的宣传教育活动。

二是科技界巨擘钱学森。他是著名科学家，为新中国火箭导弹和航天事业作出了卓越贡献，被誉为"中国航天之父""中国导弹之父"。2009年，中共中央组织部把雷锋、焦裕禄、王进喜、史来贺和钱学森这五位英模作为"解放50年来在群众中享有崇高威望的共产党员"的优秀代表。

三是杂交水稻之父袁隆平。20世纪70年代末，袁隆平作为杂交水稻研究领域的开创者，他成了国际知名科学家。2004年，获得"世界粮食奖"，这是国际上在农业领域方面的最高荣誉。2004年，获"感动中国年度人物"称号。2018年，党中央、国务院授予"改革先锋"称号。

四是20世纪中国的良心巴金。他是当代文坛巨匠。2003年"感动中国年度人物"栏目如是评说他："他在字里行间燃烧的激情，点亮多少人灵魂的灯塔；他在人生中真诚的行走，叩响多少人心灵的大门。他贯穿于文字和生命中的热情、忧患、良知，将在文学史册中永远闪耀着璀璨的光辉。"[1]

---

[1] 《〈感动中国〉2003年度人物——巴金》，中央国际网，2006年11月25日，http://www.cctv.com/video/wwwxinwen/2006/11/wwwxinwen_300_20061126_8.shtml. 引用日期：2019年3月6日。

五是以伤残之躯续写辉煌的丁晓兵。1984 年，他在执行一次军事任务中英勇负伤，失去了右臂；却始终以昂扬的斗志迎战军旅生活，做出了突出成绩。中国残联、人事部授予他"全国自强模范"称号，中共中央组部授予"全国优秀共产党员"荣誉称号，被武警总部树立为学习贯彻"三个代表"重要思想标兵。

六是退休后扎根大亮山的杨善洲。1988 年，杨善洲退休后，主动放弃进省城安享晚年的机会；怀着"种树扶贫"的决心，扎根大亮山，义务植树造林，使大亮山林场经济效益逐步显现。2004 年，获"全国老有所为先进个人"等荣誉，被誉为"活着的孔繁森"。2011 年，被追授为"全国优秀共产党员"，并入选"感动中国人物"。2019 年，获得"最美奋斗者"称号。

七是为官一任造福一方的谷文昌。他在抗日战争和解放战争时期，为新中国成立做出卓越贡献；新中国成立后，他为官一任，造福一方，带领东山县人民把一个荒岛变成了宝岛。2009 年，被评为"100 位新中国成立以来感动中国人物"。2009 年 6 月，18 集电视连续剧《谷文昌》正式播出。2019 年，获"最美奋斗者"称号。

每个时代都有属于自己的时代课题。任何一种思想体系都是时代的产物，都是在敏锐把握、科学解答时代课题中获得重大突破和飞跃发展。这批"老英模"并不是在进入 21 世纪后才树立的，他们之所以再次回到大众视野并受到强烈关注，是因为他们的英模精神，或者说对他们英模精神的解读回应了 21 世纪初期的时代需要。在国家意识形态的召唤下，他们也不断实现着不同历史主题的转换。

二 知识分子英模更接地气

2002 年，中共中央、国务院在《2002—2005 年全国人才队伍建设规划纲要》中，首次指出"以培养和选拔党政领导干部、企业家、学科带头人为重点""实现人才战略"。①自20世纪提出"科教兴国"到"人才强国"战略,表明党和政府对新世纪人才重视性的认识正逐步深化。2007年,《中国共产党党章》和党的十七大报告正式提出"人才强国战略",这一战略进入全面推进的新阶段。2010年,党中央、国务院制定《国家中长期人才发展规划纲要(2010—2020年)》,提出"不断提高我国科技创新能力,加快建设一支宏大的创新型科技人才队伍"②。为适应进一步加剧的人才全球化趋势,加快科技进步和人才开发,增强我国综合国力和国际竞争力,客观要求党和国家必须拥有一支浩浩荡荡、朝气蓬勃的党政领导人才、经营管理人才、专业技术人才队伍。国家对人才的需求反映到意识形态领域,由此,大量的"人才英模"响应国家政治需要应运而生。

与20世纪的知识分子英模形象相比,进入21世纪以来的知识分子英模则更接"地气"。如果说20世纪的知识分子英模形象,大多是一些响应祖国号召和需要,从事社会主义建设所迫切需要的"高、精、尖"工程的高级知识分子和著名大家,主要宣扬他们"身怀绝技"、报效祖国、爱国忠党、敬业钻研,从而为祖国的某项事业做出开创性贡献的精神;那么,进入21世纪以来的知识分子英模除了学术大伽外,有很多"守望平凡"和教书育人、传播星火的普通知识分子在列。其中,具有代表性的知识分子英模有以下两位。

一是与真理同行的方永刚。他长期在军事院校从事政治理论教学和研究工作,刻苦钻研党的创新理论,取得了丰硕的成果,为宣传党的创新理论,发展军队教育事业作出了突出成绩。2007年,被评为"全国道德模范";2009年,入选"100位新中国成立以来感动中国人物"。

---

① 王振川主编《中国改革开放新时期年鉴》,中国民主法制出版社2002年版,第362页。
② 张蔚萍主编《中国思想政治工作年鉴》,中共中央党校出版2011年版,第111页。

二是古代文学教授孟二冬。他是北京大学中国古代文学教授，为支援新疆高等教育事业的发展，2004年主动要求参加了北京大学对口支援石河子大学教学的工作。他是当代知识分子学习的楷模，熟悉他的人评说他，"在当今的社会中，功利思想严重，浮躁之风盛行，而孟老师忠诚于党的教育事业，全部身心都扑在教学科研上，甘于寂寞，敬业奉献，这正是应该大力弘扬的一种高尚精神"[1]。

同时，结合这一时期抗击"非典"、"神七"上天等重大事件，一些在这些突发事件中，或者在某个领域具有卓著贡献的英模也广泛得到人们的关注与认可。具有代表性的知识分子英模有以下三位。

一是抗击"非典"的功臣钟南山。在2003年非典型肺炎疯狂肆虐的危急时刻，他坚持真理、敢于直言，始终奋斗在医疗队伍的最前线，赢得了"抗击'非典'第一功臣"的美誉。"我们本来就是搞呼吸病研究的，抗击'非典'就是天职，正像排雷的碰到了地雷阵，你不上谁上？"他用这样质朴无华的语言，诠释了对职业道德底线的理解。[2] 2020年，他作为第一个作出新冠病毒"人传人"警告的科学家，因在抗击新冠肺炎疫情中的卓越贡献，被全国人大常委会授予"共和国勋章"。

二是"当代毕昇"王选。他是我国杰出的计算机文字信息处理专家，计算机汉字激光照排技术创始人，被称为"汉字激光照排系统之父"，因其在印刷领域的杰出贡献被誉为"当代毕昇"。2002年，获国家最高科学技术奖。2019年，入选"最美奋斗者。"2018年，获"科技体制改革的实践探索者"称号，并被党中央、国务院授予"改革先锋"称号。

---

[1] 《北大教授孟二冬——支教·治学·做人》，北京大学新闻网，2005年12月12日，https://news.pku.edu.cn/bdrw/137-104102.htm. 引用日期：2023年3月5日。

[2] 《2003年人物：抗击"非典"第一功臣钟南山》，新浪网，2008年10月30日，http://news.sina.com.cn/c/2008-10-30/031414650683s.shtml. 引用日期：2021年1月12日。

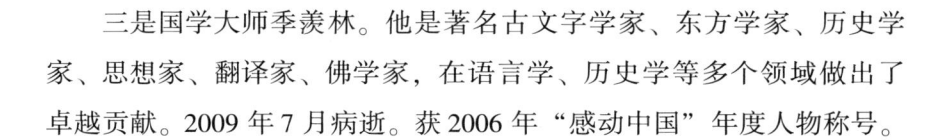

三是国学大师季羡林。他是著名古文字学家、东方学家、历史学家、思想家、翻译家、佛学家，在语言学、历史学等多个领域做出了卓越贡献。2009年7月病逝。获2006年"感动中国"年度人物称号。

三 劳动英模更加贴近基层

2008年，我国成功举办北京奥运会。2010年，我国举办上海世博会。同时，在高速铁路、超级计算机、载人航天、卫星导航、探月深潜等领域也实现了重要突破，极大地提振了国民自信心。随着"人才强国"战略实施和创新型国家建设的需要，那些富于创新精神又具备较高思想道德素质、科技文化素质和职业技能的人物更受到时代的欢迎。知识、技术和科学成为全社会共同关注的话题。以2005年全国劳动模范表彰为例，衡量劳模的指标由"无私奉献"表述为"对事业有突出贡献"，这一定位更符合时代特征，贯彻"尊重劳动、尊重知识、尊重人才、尊重创造"的方针，体现了"弘扬劳动光荣、知识崇高、人才宝贵、创造伟大的社会风尚"。① 比如，新时期产业工人的杰出代表许振超、人民的好法官宋鱼水、全国人民满意的公务员张云泉，等等。2009年，中华全国总工会组织举行"时代领跑者——新中国成立以来最具影响的劳动模范"评选活动，经过1375万余名职工投票评选和评委会评审，共评选出60名新中国成立以来的杰出劳模。涵盖了建国初期的王进喜、张秉贵、孟泰等老一批劳模，也有改革开放以来的王选、包起帆、邓亚萍、王崇伦等新一代劳模，类型涵盖为国争光型、产业生产一线型、知识创新型和科研攻关型等人物。

与此同时，国家也遇到了很多突发性危机和考验。2003年，突如其来的"非典"疫情使全国陷入恐慌，全国人民积极应对，夺取了抗

---

① 何士坤主编：《国务院关于表彰全国劳动模范和先进工作者的决定》，中国工会年鉴出版社2005年版，第395页。

击"非典"的重大胜利。2008年5月12日,四川省汶川县发生里氏8.2级特大地震。2010年4月,青海玉树发生7.1级地震。2010年8月,甘肃舟曲发生特大泥石流。经过几次大的灾难洗礼,全国人民挺过难关,在斗争中不断凝聚新时期的民族精神和时代精神;而勇敢应对危机和灾难的英模人物也得了广泛关注与高度认可。

2004年,胡锦涛在中央人口资源环境工作座谈会上讲话指出,要大力推进循环经济,建设资源节约型、环境友好型社会。2007年,党的十七大召开,全面阐述科学发展观的科学内涵、精神实质和根本要求,明确提出建设生态文明的新要求。由于生态文明愈加受到关注,因此,这一时期也产生了更多的建设资源节约型、环境友好型社会的劳模。

总的来看,这一时期涌现出很多基层工作者劳模,具有较强代表性的有以下七位。

一是雪域高原邮差王顺友。作为四川省木里藏族自治县的一名马班邮路乡邮员,20余年来,他坚持每月28天徒步跋涉在苍茫大山中,投递准确率达到100%。2005年,《中国邮政报》刊发《大山之巅的信使人生——记四川省凉山州木里县马班邮路乡邮员王顺友》等文章,报道了王顺友的故事。同年,《人民日报》刊发《20年:大凉山上的铿锵承诺——记马班上的邮递员王顺友》的一篇新闻报道,让大家广泛了解王顺友的故事;2005年,被评选为感动中国年度人物之一。2008年,被评为"100位新中国成立以来感动中国人物"之一。

二是马背医生李梦桃。他自从上海支边来到新疆生产建设兵团工作,行医四十多年常年往返于几百个放牧点,为牧场群众、牧民和边防战士送医送药,与当地牧民建立了深厚感情,被称为"哈萨克人民的好儿子"。2004年,被授予"全国先进工作者"称号。

三是"白衣圣人"吴登云。他告别家乡来到西北边陲,一干就是

36年。他先后为病人无偿献血，坚持每年到牧区巡诊和防疫，时刻把病人健康放在第一位，当地农牧民称其为"白衣圣人"。

四是带领小岗村致富的沈浩。他作为选派干部来到小岗村，为村里修建公路，引进资源，集中土地，帮扶群众，带领小岗村走上致富发展道路。小岗村村民多次以按红手印的方式把他留下。2009年，入选"感动中国年度人物"；2010年，被评为"全国优秀共产党员"；2011年，获"全国敬业奉献模范"称号。

五是信访干部张云泉。他真心诚意为民解难、为党分忧。在矛盾激烈的各类突发事件面前，不顾安危，挺身而出，积极化解群众之间的矛盾。获"全国道德模范""全国劳动模范""全国优秀共产党员"和"时代先锋""60位新中国成立以来最具影响力的劳动模范""100位新中国成立以来感动中国人物"等称号。

六是知识型产业工人代表许振超。他工作三十多年来，本着"干就干一流，争就争第一"的精神，务实创新，苦练技术，先后6次打破集装箱装卸世界纪录。2005年，被评为"全国劳动模范"。2018年，党中央、国务院授予其"改革先锋"称号。2019年，获"最美奋斗者"称号。

七是危难时刻保护学生的谭千秋。2008年5月12日汶川地震时，正在上课的他危急时刻用双臂将4名学生掩护在身下而殉职。2009年，被评为"100位新中国成立以来感动中国人物"。

此外，公仆劳模代表还有为乡亲开凿致富道路的张荣锁；带领呼和浩特经济社会快速发展，把生命奉献给草原的牛玉儒；为官数十载，从不搞特殊化的为民书记郑培民；从事纪检监察工作的"巴山红叶"王瑛；等等。在公检法系统也有一批具有较强代表性的劳模代表，如"警界女神警"任长霞、亲民爱民的警察谭东、"北京第一公诉人"方工，等等。

实现"飞天梦"的杨利伟，2003年乘神舟五号飞船首次进入太空，作为中国培养的第一代航天员，也成为这一时期的国民榜样。

在这一时期的劳动模范中，有从事高科技研究工作的院士、工程师，有铁面无私、公正廉洁的领导干部，有除暴安良、扫恶打黑、扶危济贫、维护法制和公平正义的法律工作者，有维护人民利益和一方平安的信访工作者，有为民服务的医务人员，有为国防事业做出突出贡献的军人，等等。但也有很多劳模是一些看似平凡普通、没有华丽光环与高级职务的"小人物"，他们在时代波澜不惊的岁月洪流和生活积淀中，凭借自己的努力奋斗和高尚品格赢得了时代的尊重。总体上看，这一时期依靠诚信劳动创造财富的劳模塑造得以延续。一方面，各领域涌现出一批掌握"绝活"的"行家里手"，成为新时期劳模典型代表；另一方面，具有创先争优、拼搏进取的精神，勇于挑重担、打硬仗的知识型、技术型、创新型劳模更加受到时代青睐。劳动模范的行业更加宽泛，从外交官、村干部、志愿者到赤脚医生、出租司机、邮递员等，行业领域不断细化。

四　道德英模更多平民英雄

这一时期，科学发展观的提出，西部大开发、促进中部地区崛起、创新型国家建设、和谐社会构建等战略实施。我国自主创新能力增强，经济实力和科技水平提升，人民群众的收入和生活水平进一步提高。但与此同时，伴随市场经济发展和经济能力的大幅提升，工业化带来的恶果开始显现。一是资源环境污染，二是各种利益交锋形成较激烈的社会矛盾。比如，一些领导干部政绩观扭曲，贪污腐化现象严重，官民矛盾突出；劳资、医患、警民、干群等矛盾不断激化。民生领域也有诸多矛盾爆发，教育资源分布不均，房价持续上涨，看病难，上学难，就业难，还有新生代农民工的教育等问题凸显。市场经济条件

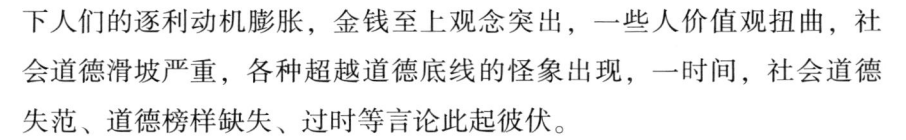

下人们的逐利动机膨胀，金钱至上观念突出，一些人价值观扭曲，社会道德滑坡严重，各种超越道德底线的怪象出现，一时间，社会道德失范、道德榜样缺失、过时等言论此起彼伏。

2001年9月20日，中共中央、国务院印发《公民道德建设实施纲要》，将每年9月20日设立为全国公民道德宣传日，开展全国道德模范人物优秀事迹的宣传和弘扬。2005年3月22日，《人民日报》开设"人生境界"栏目，坚持关注"平凡人、不凡事、非凡心"，强调"历史的车轮是靠无数平凡人推动的，平凡人生不凡经历，孕育非凡情操，一个人能力有大小，但只要毫无自私自利之心，就是一个高尚的人，一个纯粹的人，一个有道德的人，一个脱离了低级趣味的人，一个有益于人民的人。希望这些真实、真切、真挚的人生经历，打动读者，催人奋进"[①]。2006年，人民网组织读者投票，从百期报道过的人物中推选"最打动我的十个人物"。2007年以来，中央文明办、共青团中央、全国总工会、全国妇联开展全国道德模范评选，成为1949年新中国成立以来规格最高、范围最广和规模最大的全国性道德模范评选活动，评选结果在9月20日——"公民道德日"这一天隆重揭晓。这一时期具有较大代表性的道德模范有以下六位。

一是"当代雷锋"郭明义。从他参军到成为一名鞍钢齐大山铁矿的工作者，他时时处处发挥先锋模范作用，献血、资助贫困学生、成立红十字志愿服务队，每件事都以做到"最好"履行着自己作为一名共产党员的庄严承诺。2010年，获"全国优秀共产党员"称号，并获感动中国年度人物。2012年，中央精神文明建设指导委员会授予他"当代雷锋"称号。

二是青年导游文花枝。面对旅游途中突遇车祸的危急时刻，她牢记职责，以从容坚定的信念和态度鼓舞大家，而自己却由于耽误了治

[①]《人生境界——百期特别策划》，《人民日报》2006年7月17日第5版。

疗时间，导致左腿截肢。2007年，获"全国道德模范"称号；2009年，被授予"100位新中国成立以来感动中国人物"称号。

三是开创"扁担精神"的杨怀远。几十年来，他用热情周到的服务迎送了千千万万名旅客，以全心全意为人民服务的"小扁担"精神赢得了旅客的广泛赞誉。2009年，评为全国"双百"人物，同年，获得"最美奋斗者"荣誉称号。

四是托举生命的最美妈妈吴菊萍。看见一名两岁小孩突然从10楼坠落，她踢掉高跟鞋，张开双臂，冲过去接住了小孩，左臂被巨大的冲击力撞成粉碎性骨折。她被人们称为"最美妈妈"。2011年，获"全国见义勇为模范"称号。

五是义工歌手丛飞。他既是歌手，也是义工。认养资助了多名贫困生、残疾人和孤儿，为孩子们捐献了大量善款。2005年，《深圳特区报》推出第一篇有关丛飞事迹的报道——《有点伤心，但不后悔》；后来《人民日报》、《中国青年报》、"焦点访谈"、"艺术人生"、"文化访谈"等相继对他进行了报道。2005年，被评为"感动中国年度人物"。

六是最美洗脚妹刘丽。她虽然只是一名足底按摩师，却努力资助上百个孩子完成了读书梦。2010年，入选"感动中国年度人物"。另外，她成为安徽省首位当选全国人大代表的农民工。

此外，还有跋山涉水、在全国寻访恩人并当面道谢感恩的黄舸；救助艾滋病患者，无偿资助艾滋病孤儿的"防艾第一人"高耀洁；用真情帮助丈夫苏醒，用爱唤醒英雄丈夫的罗映珍；坚守良心勇敢打假的陈晓兰；从繁华城市走进大山深处的青年支教者徐本禹；一家四代信守诺言守护烈士墓的刘延宝；信义兄弟孙东林；把企业信誉看成生命、打造高质量筑路铁军的丁新民；等等。

道德模范的职业身份比较集中于大学生、医护人员、公务员、军人、教师、专业技术人才等,也有部分外籍人士,大部分都是平民英雄和在基层涌现的"凡人善举"。大学生英模主要有见义勇为、照顾伤病家人两类;军人英模集中体现了见义勇为、爱岗敬业的精神;专业技术人才英模的职业主要集中于航天、国防、医疗等高科技领域。此外,诚信类道德模范中,建材企业经理较多,说明了国家对建筑行业质量的关注,对提倡建筑行业和房地产行业诚信价值观的重视;孝老爱亲英模主要的事迹集中体现在一个人抚养多个伤残亲人(公公婆婆丈夫孩子弟弟妹妹)、极其困难同时不离不弃这一类型。总体而言,这一时期的道德模范集中体现了友善、勇敢、仁爱、正直、坚强、无私、诚实、奉献等精神品质。

五 文体英模更重社会担当

进入21世纪以来,越来越多的文体明星因其在国际上展示了良好的中国人形象,成为中国人的骄傲和偶像。这些公众人物,他们身上集中体现了当代人的爱国奉献、顽强拼搏、迎难而上等精神,并因其成名后产生的强大号召力承担起了应有的社会责任,受到了官方的权威认可和推崇。具有代表性的文体英模有以下七位。

一是篮球明星姚明。他是著名篮球运动员,2002年,被NBA的休斯敦火箭队选中,以高超的体育技能在NBA赛事中成为无数中国人的骄傲。2002年,获"感动中国年度人物"。2018年,入选"100名改革开放杰出贡献对象"以及获得"改革先锋"称号。

二是田径冠军刘翔。他是亚洲田径史上、中国体育田径史上第一个集世锦赛、奥运会、国际田联大奖赛总决赛冠军和世界纪录保持者多项荣誉于一身的运动员。

三是重返奥运之巅的中国女排。20世纪80年代,"中国女排"成了一种精神力量的象征,成了一种昂扬的精神图腾。此后,中国女排在辉煌过后归于沉寂，在世界强队纷纷崛起的时代一度萎缩。2004年雅典奥运会上，中国队在先失两局的情况下上演大逆转，再次奥运夺金。这是自1984年后中国女排时隔20年再次登上奥运之巅。

四是"常派"唱腔创始人常香玉。她是著名豫剧表演艺术家，对唱腔艺术进行了全面继承和融合，更对豫剧唱腔进行创制和拓展，怀着炽热的爱国情怀，将毕生精力贡献给了民族戏曲事业。1989年，获得首届"中国金唱片奖"；1995年，被国务院授予"全国先进工作者"称号；2004年，国务院向她追授"人民艺术家"荣誉称号。

五是禁毒形象大使濮存昕。他出演了多部脍炙人口的戏剧和影视作品，同时积极投入社会公益事业，先后出任中国禁毒形象大使和中国预防艾滋病义务宣传员，运用自己的影响力宣传禁毒的紧迫性。2002年，当选为"感动中国年度人物"；2011年，获得第三届全国道德模范提名奖。

六是艺术演绎精彩的成龙。他是中国香港演员，在好莱坞为国人争光，为世界打开了一扇了解中国文化的窗口，是中国文化的国际传播大使；同时，他积极从事义演义捐等慈善活动。2003年，"感动中国年度人物"对他的评述是"为世界打开了一扇了解中国文化的窗口""在最需要的时候鼓舞着人们的信心，传递着人与之间的温情"。①

七是从谷底到艺术巅峰的邰丽华。她两岁失聪，但她身残志坚，自强不息，顽强拼搏，以独特方式创造艺术。2004年，由她领舞的《千手观音》表演在雅典残奥会上震撼世界。2005年，被评为"感动中国年度人物"，并获中国青年五四奖章。

---

① 《〈感动中国〉2003年度人物——成龙》，央视网，2006年11月25日，http://news.cctv.com/special/C16917/20061126/100791.shtml.引用日期：2022年5月7日。

第四节　2012年至今英模人物的呈现与演进

2012年，党的十八大开启了全面推进改革开放、实现中华民族伟大复兴的新征程。党的十八大把科学发展观确定为党的指导思想，提出建设中国特色社会主义经济建设、政治建设、文化建设、社会建设、生态文明建设的"五位一体"总布局；倡导爱国、敬业、诚信、友善的社会主义核心价值观，把"友善"提升为社会主义核心价值观之一。2017年，党的十九大胜利召开，明确指出"中国特色社会主义进入了新时代，这是我国发展新的历史方位"[1]。2022年，党的二十大召开，提出"以中国式现代化全面推进中华民族伟大复兴"。[2]

这一时期，党中央非常重视公民思想道德建设工作。习近平总书记多次就加强和改进思想道德建设作出重要论述和指示，数次会见全国精神文明建设工作先进代表、全国道德模范及提名奖获得者。2013年12月，中办在《关于培育和践行社会主义核心价值观的意见》中把富强、民主、文明、和谐，自由、平等、公正、法治，爱国、敬业、诚信、友善列为社会主义核心价值观的基本内容。2014年，十二届全国人大常委会通过《关于设立烈士纪念日的决定》，将每年的9月30日设为烈士纪念日。2015年，党中央印发《关于建立健全党和国家功勋荣誉表彰制度的意见》，建立集党内、国家、军队功勋荣誉表彰一体的制度体系。2018年，十三届全国人大常委会通过《中华人民共和国英雄烈士保护法》。2019年，针对新的社会历史条件下公民道德建设新课题，中共中央、国务院颁发《新时代公民道德建设实施纲要》，对公民

---

[1] 习近平：《决胜全面建成小康社会 夺取新时代中国特色社会主义伟大胜利——在中国共产党第十九次全国代表大会上的报告》，人民出版社2017年版，第10页。

[2] 习近平：《高举中国特色社会主义伟大旗帜 为全面建设社会主义现代化国家而团结奋斗——在中国共产党第二十次全国代表大会上的报告》，人民出版社2022年版，第21页。

道德建设提出了新要求；同年，党的十九届四中全会通过《中共中央关于坚持和完善中国特色社会主义制度 推进国家治理体系和治理能力现代化若干重大问题的决定》，提出"推动理想信念教育常态化、制度化，弘扬民族精神和时代精神""实施公民道德建设工程，推进新时代文明实践中心建设"。① 这些重大论述深刻指出了弘扬社会主义核心价值观，深入实施公民道德建设工程的重大意义，并将其上升到国家发展方略的重要地位。正如习近平总书记所说："要充分发挥党和国家功勋荣誉表彰的精神引领、典型示范作用，推动全社会形成见贤思齐、崇尚英雄、争做先锋的良好氛围。"② 自党的十八大以来，从健全功勋制度以及各种形式的表彰先进、慰问英模、纪念英烈活动，清晰表明了党中央尊崇英雄、褒奖英模、缅怀英烈的鲜明立场，由此英模评选层出不穷，英模人物群英荟萃。

一 英模人物大幅增长

自2013年以来，以习近平同志为核心的党中央高度重视弘扬英模精神。在毛泽东同志诞辰120周年、中国人民政治协商会议成立65周年、中国人民抗日战争暨世界反法西斯战争胜利69周年、中国共产党成立95周年、中国人民抗日战争胜利70周年、红军长征胜利80周年、朱德同志诞辰130周年、孙中山先生诞辰150周年、中国人民解放军建军90周年等纪念活动中，在2019年、2020年新年贺词中，习近平总书记发表了重要讲话，都提及了英雄或是英模。③ 2019年9月29日，为以最高规格褒奖英雄模范，中央举行国家勋章和国家荣誉

---

① 《中共中央关于坚持和完善中国特色社会主义制度 推进国家治理体系和治理能力现代化若干重大问题的决定》，《人民日报》2019年11月6日第1版。
② 《习近平对党和国家功勋荣誉表彰工作作出重要指示强调：发挥功勋荣誉精神引领典型示范作用 推动全社会见贤思齐崇尚英雄争做先锋》，《人民日报》2016年5月19日第1版。
③ 《习近平谈治国理政》第1卷，外文出版社2014年版，第159页。

第二章 改革开放以来英模人物演进的时代图景

称号颁授仪式,习近平总书记发表了重要讲话,明确提出新时代英雄的三大"鲜明品格",即忠诚、执着、朴实,并对英雄品格进行了界定。①

这一时期,时代先锋、时代楷模、全国优秀共产党员、全国道德模范、感动中国年度人物、大国工匠年度人物、中国好人榜等评选持续开展。同时一些新的英模评选活动层出不穷,如中国数字化贡献人物、当代雷锋、改革先锋、最具改革动力企业家、全国脱贫攻坚创新奖人物、最美奋斗者、改革开放40年百名杰出民营企业家、全国优秀县委书记等。在女性英模方面,有全国巾帼建功标兵、全国杰出创业女性和全国"三八"红旗手评选等。在"最美人物"英模方面,有最美科技工作者、最美职工、最美家庭、最美基层公安民警、最美志愿者、最美老有所为者、最美基层法官、最美拥军人物等。此外,通过在全国全党范围内开展党的群众路线教育实践活动(2013)、"三严三实"专题教育(2015)、"两学一做"学习教育(2016—)、"不忘初心、牢记使命"(2019—)等主题教育,使雷锋、焦裕禄、谷文昌、杨善洲、张富清、黄大年等先进典型再次成为学习教育的生动教材。

与之前相比,这一时期的英模人物较为集中地呈现以下六种类型。

第一,生态治理英模。工业的发展带动了经济水平的增长,提高了人们的生活水平,然而资源环境恶化却成为中国社会发展的制约条件。适应生态保护的国家重大战略需求,这一时期出现很多绿化生态空间、保护生态环境、积极投身打好污染防治攻坚战的英模。比如,"沙漠愚公"苏和;为支持政府生态建设计划,不惜企业损失、关停生产线的"全国道德模范"范海涛;忍着病痛、圆满完成环保整治任务

---

① 习近平:《在国家勋章和国家荣誉称号颁授仪式上的讲话》,《人民日报》2019年9月30日第2版。

的环保工作者孟祥民；38年来科学治沙，实现从"沙逼人退"到"人进沙退"绿色篇章的甘肃省古浪县八步沙林场"六老汉"三代人治沙造林先进群体；等等。

第二，国防与军队改革英模。党的十八大后，面对新时代新形势，党中央提出建设听党指挥、能打胜仗、作风优良的人民军队的强军目标，强调部队思想政治建设的重大任务是教育引导广大官兵坚定强军目标、献身强军实践。全军广大官兵兴起学习贯彻改革强军战略思想的热潮，围绕实现爱国强军梦，一批英勇敬业、技术精湛的军人英模形象涌现。比如，"大功三连"、王锐等强军先锋；为航空工业发展披肝沥胆、鞠躬尽瘁的罗阳；入伍20多年来成为信息化建设"开路先锋"的满广志；入伍17年成为矢志强军、精武强能的"全能士官"的郭峰；等等。

第三，创新创业英模。面对白热化的国际竞争和社会竞争，创新成为时代发展的第一动力。习近平说，"必须把创新摆在国家发展全局的核心位置"①，他还指出，"实施创新驱动发展战略"②。随着国家"大众创业 万众创新"战略和"中国制造2025"战略实施，创新创业成为时代潮流，同时也催生了数量众多的市场新生力量。非公有制经济人士群体更加庞大而多元，涌现大量创新创业模范，进一步彰显了"创新是第一动力"的观念和在激烈竞争中唯有诚实劳动、创新劳动才能实现人生价值的主导思想。新时代下，投身并致力于打造"中国制造""中国建造""中国创造"的创造性劳动，成为国家急迫需要的劳动方式。

2013年，大庆油田钻井队长胡志强、国家杂交水稻专家袁隆平

---

① 习近平：《在知识分子、劳动模范、青年代表座谈会上的讲话》，《人民日报》2016年4月30日第2版。
② 习近平：《在庆祝改革开放40周年大会上的讲话》，《人民日报》2018年12月19日第2版。

第二章　改革开放以来英模人物演进的时代图景

等数位劳模参加了全国劳模代表座谈会，这次座谈会意义深远。党中央高度肯定劳模代表的创新创业精神，并传递出弘扬创新创业精神是新时代对劳模的新要求这一重要观念。这些劳模以卓越的劳动创造，忘我的拼搏奉献享有崇高声誉，备受人民尊敬，成为传递国家要求、团结群众实干的桥梁和纽带。同时，人类命运共同体理念使得全球文明交流成为新型合作趋势，劳动者正在现代科学技术合作中积极融入世界。2015年，李万君倡议："用劳动为实现中国梦添砖加瓦，在推进'四个全面'伟大实践中建功立业，争做有智慧、有技术、能发明、会创新的劳动者。"① 这一时期的英模更具自主创新精神，更具行动力和创造力、国际视野和国际气派。比如，被称为"航天器首席裁缝"的苗建印；参与国际产业链相关工作，依靠过硬技能传递中国声音，开发语音识别技术"大牛"贾磊；将爱国之情、报国之志融入国计民生主战场的黄大年、李保国；"筑梦九天写忠诚"的中国航天员群体；等等。同时，互联网行业也涌现出大量互联网代表人物及电子商务创新领袖人物，以及部分产业技术创新型工人。

第四，脱贫攻坚英模。党的十八大以来，党中央把脱贫攻坚作为全面建成小康社会的标志性指标和底线任务；党的十九大以后，把打好精准脱贫攻坚战作为全面建成小康社会的三大攻坚战之一。2019年全国脱贫攻坚奖表彰大会暨先进事迹报告会在京举行，很多在脱贫攻坚一线战线成长，为打赢脱贫攻坚战、全面建成小康社会贡献智慧和热血做出突出贡献的劳动英模涌现。比如，"乡村振兴的带头人"王传喜；使政和县从经济发展长期位列全省倒数第一到实现脱贫攻坚的"百姓信赖的老大哥"廖俊波；带领春风村脱贫致富，成为四川贫困山

---

① 《庆祝"五一"国际劳动节暨全国劳模和先进工作者表彰大会隆重举行　习近平发表重要讲话》，《人民日报》2015年4月29日第1版。

区脱贫奔小康的一面旗帜的王家元,等等。

第五,劳动英模。新时代是一个崇尚劳动,弘扬劳模精神、劳动精神的时代。习近平总书记在同全国劳动模范代表座谈时的讲话指出,"广大劳模以平凡的劳动创造了不平凡的业绩,铸就了'爱岗敬业、争创一流、艰苦奋斗、勇于创新、淡泊名利、甘于奉献'的劳模精神,丰富了民族精神和时代精神的内涵,是我们极为宝贵的精神财富"①。2015 年,习近平总书记在庆祝"五一"国际劳动节暨表彰全国劳动模范和先进工作者大会上强调,"我们要始终弘扬劳模精神、劳动精神,为中国经济社会发展汇聚强大正能量"②。2016 年,习近平总书记在知识分子、劳动模范、青年代表座谈会上的讲话指出,"劳动模范是劳动群众的杰出代表,是最美的劳动者"③。对劳动和劳动者有如此密集的褒扬与论述,在党的十八大以前是少有的。新时代背景下,很多劳动模范涌现并成为家喻户晓的人物,为社会传递朝气蓬勃的正能量起到模范带头作用。如,"点亮万家的蓝领工匠"张黎明;守岛英雄王继才;从警 21 年来忠于职守的陈清洲;大写"全心全意为人民服务"的朱彦夫、邹碧华;"52 载为国守边防"的魏德友;老百姓念叨的"车轮子县长"兰辉;从医 62 年救治数十万患者的骆抗先;等等。

劳动模范中还产生了许多"大国工匠"。自 2015 年开始,中央电视台推出"大国工匠"栏目,叙述了平凡劳动者用自己灵巧的双手,匠心筑梦的故事,表达了对以匠人之心追求技艺极致的高度肯定。这

---

① 习近平:《在同全国劳动模范代表座谈会时的讲话》,《人民日报》2013 年 4 月 29 日第 2 版。
② 习近平:《在庆祝"五一"国际劳动节暨表彰全国劳动模范和先进工作者大会上的讲话》,《人民日报》2015 年 4 月 29 日第 2 版。
③ 习近平:《在知识分子、劳动模范、青年代表座谈会上的讲话》,《人民日报》2016 年 4 月 30 日第 2 版。

些成为"大国工匠"的劳动者,很多并非名校毕业,并非高学历,而是默默坚守、孜孜以求,凭借对职业技术的极致追求,在平凡岗位上表现出高度完美的技术水准,达到难以超越的技术巅峰,从而成为"国宝级"技工。比如,创造了打磨过的零件100%合格的惊人纪录的胡双钱;30年来始终保持着成品率为100%纪录的周东红;参与生产系列型号导弹、完成学徒到高级工、技师、高级技师,最后成为全国技术能手蜕变的毛腊生;等等。

第六,道德英模。这一时期道德模范代表的类型更加广阔,从中央到地方,涵盖了政府官员、商界精英、专家学者、文体明星、军人、教师、学生、基层干部、个体工商户、自由职业者等多种身份。新时代背景下,道德英模"以传统性与现代性交织为趋势,人物形象呈现出多元立体、丰富生动的生命质感,体现出对人生价值、自我价值和社会价值相统一的现代人的追求"[1]。例如,中国大山里的"海伦·凯勒"刘芳;为民服务、兢兢业业、不辞辛苦的高宝来;坚持为国戍边、驻守无人区的魏德友;毅然选择到偏僻的"麻风"村教书育人,并成为该村的首任教师的农加贵;面对台风巨浪,为保护国家重点试验平台而壮烈牺牲的黄群、宋月才、姜开斌;等等。

二 正面形象更加聚焦

党的十八大以来,英模人物辈出,先进典型井喷式出现,正面形象更加突出。细数近年来的先进典型,他们或是国之重士,或是时代先锋,或是普通一员,正面形象都较集中表现出信念的力量、进取的锐气和大爱的胸怀,集中彰显了以祖国富强和民族振兴为己任,一腔赤诚、忘我奉献的奋斗精神。

---

[1] 柳礼泉、庄勤早:《新中国道德模范的历时性演进图景及其当代启示》,《伦理学研究》2017年第6期。

这一时期的英模人物具有代表性的知识分子英模有以下六位。

一是南仁东。他是著名天文学家，国家重大科技基础设施建设项目——500米口径球面射电望远镜（FAST）工程首席科学家。他用毕生的时间攻克难题，使我国FAST重大科学工程顺利落成。2018年，党中央、国务院授予其"改革先锋"称号；2019年，授予其"人民科学家"国家荣誉称号；2019年，被评选为"最美奋斗者"。

二是于敏。他是核物理学家，被誉为中国"氢弹之父"，在中国氢弹原理突破中解决了一系列重大问题，为中国核武器发展到国际先进水平做出重要贡献。2018年，党中央、国务院授予其"改革先锋"称号；2019年，授予其"共和国勋章"。

三是屠呦呦。她创制出新型抗疟药青蒿素和双氢青蒿素，有效降低了疟疾患者的死亡率。2015年，获得诺贝尔医学奖，这是在中国本土进行的科学研究首次获得诺贝尔奖。

四是黄大年。他带领团队为中国"巡天探地潜海"填补多项技术空白，创造了多项"中国第一"，为深地资源探测做出卓越贡献。2017年，中宣部追授他"时代楷模"荣誉称号；中共中央追授他为"全国优秀共产党员"；入选感动中国2017年度人物。

五是钟扬。他是植物学、生物信息学研究专家。他坚持学术援藏，不畏艰险盘点世界屋脊的植物家底，寻找生物进化的真实轨迹，收集上千种植物的四千多万粒种子，填补了世界种质资源库中没有西藏种子的空白。2018年，中宣部追授他为"时代楷模"；入选"感动中国2018年度人物"，并获"最美奋斗者"称号。

六是李保国。原河北农业大学教授，他三十多年来扎根太行山区，立志做"太行新愚公"。他帮助太行山走出了一条经济社会生态效益并进的扶贫道路，帮助太行山区农民实现了增收28.5亿元。获"改革先锋""人民楷模"国家荣誉称号和"最美奋斗者"称号。

第二章 改革开放以来英模人物演进的时代图景

这一时期具有代表性的劳动者英模有以下四位。

一是张富清。1948年他参加解放军西北野战军，战功卓著；退役转业后，他主动选择到湖北省偏远的来凤县工作，为贫穷山区奉献一生。2019年，入选中国好人榜，被授予"时代楷模""全国优秀共产党员"称号；全国人大常委会授予其"共和国勋章"。

二是王继才、王仕花夫妇。他们在距连云港燕尾港12海里的开山岛守岛，一守就是27年，把人生最美好的年华献给了祖国海防。获"时代楷模""全国爱国拥军模范""全国优秀共产党员""感动中国人物"等称号。

三是李桂林、陆建芬夫妇。他们扎根凉山北部峡谷绝壁上的彝寨，18年如一日教书育人，把知识的种子播种在彝寨。先后获得"全国模范教师""感动中国人物""双百人物"等称号。

四是张黎明。作为知识型、技能型、创新型劳动者代表，他长年奋战在电力抢修一线，先后实现技术革新400余项；从技校毕业生到技能专家，从普通工人到全国劳模，成为"点亮万家的蓝领工匠"。2018年，被授予"时代楷模"称号。

这一时期有代表性的公仆英模有以下七位。

一是廖俊波。作为全国优秀县委书记，他面对贫困县、革命老区的艰难任务，把担当放在首位，一心一意为群众谋福祉。2017年因公殉职。2017年，中共中央追授他为"全国优秀共产党员"，入选"感动中国年度人物"。

二是黄大发。他带着数百个村民，钢钎凿、风钻敲，前后历经30余年，在峭壁悬崖间挖出一条10公里的"天渠"，使曾经闭塞的贫困村面貌一新。当地人管它叫"大发渠"。2017年获"全国脱贫攻坚奖奋进奖"，入选第六届全国道德模范；2019年获"最美奋斗者"称号。

三是苏和。他坚持植树造林，为当地的生态文明建设做出突出贡献，被人们亲切地称为"沙漠愚公"。

四是高宝来。他坚守在社区民警这个平凡的岗位上，数十年如一日，踏踏实实为民服务，不辞辛苦。获全国敬业奉献模范以及2015年"CCTV中国法治人物"候选人。

五是马善祥。从事二十多年街道群众工作，他累计解决群众反映的各类矛盾和问题两千多件，创新"马善祥工作法"让诉求不同的个人或群体重新融和起来，凝聚新的社会正能量。获"全国时代楷模""全国优秀共产党员""改革先锋""最美奋斗者"称号。

六是李培斌。他从事三十年基层工作，调解数千矛盾纠纷，被当地群众视为党和政府的好干部，大家亲切地称他为"李司法"。2016年，中央政法委下发《中央政法委员会关于学习宣传李培斌同志先进事迹的通知》；2016年，被追授为"全国优秀共产党员"；2019年被评为"最美奋斗者"。

七是邹碧华。他投身司法事业二十六年，勇当改革奋楫者，特别是在司法改革中，敢啃硬骨头，甘当"燃灯者"。2018年入选"改革开放40周年政法系统新闻影响力人物"，并获"改革先锋"称号。

此外，这一时期有代表性的企业家英模有农民出身的科学家李登海，在探索玉米高产研究方面屡次刷新世界玉米高产纪录。

有代表性的文体英模有带领中国队重返世锦赛决赛舞台并重夺世界杯冠军的中国女排教练郎平；六十多年来扎根人民、精益求精，创作《红梅赞》《我爱祖国的蓝天》等知名文艺作品的艺术家阎肃；等等。

三　年轻一代显露头角

习近平总书记指出，"每一代青年都有自己的际遇和机缘，都要有自己所处的历史条件下去谋划人生、创造历史"①。当前,第一批"00后"已经成年。"90后""00后"青年曾是被给予多种负面标签的一代,比如叛逆、啃老、二次元、个性、注重自我、异想天开、不能吃苦、特立独行,甚至被贴上"垮掉的一代"的标签。但现实是,不管是"90后"还是"00后",并没有垮掉,而且逐步成为新时代社会发展的中坚力量,在特殊的历史环境中崭露头角,形成了自身的时代印记和群体特征。

2020年春,新冠肺炎疫情暴发,突发灾难渗透到社会的每个角落、各个层面,对国家运行的正常节奏和人民的正常生活产生深远影响。面对突如其来的疫情,我们"460多万个基层党组织冲锋陷阵,400多万名社区工作者在全国65万个城乡社区日夜值守""180万名环卫工人起早贪黑""54万名湖北省和武汉市医务人员同病毒短兵相接""346支国家医疗队、4万多名医务人员毅然奔赴前线"②,全国人民众志成城、团结一心,为夺取全国抗疫战争胜利做出了重大贡献。

在这场全民抗疫斗争中,从"30后"到"00后",从风华正茂的青少年到耄耋之年的老年人,大量的医务人员、建筑工人、基层干部、共产党员、军人,甚至快递小哥、环卫工人、学生、志愿者等挺身而出,并肩战斗,义无反顾,逆行出战。比如,"30后"的钟南山,临危受命,84岁仍奔赴前线硬核上阵;"40后"的李兰娟,勇敢提议封城;"50后"的郑扬,作为吉林省支援武汉医疗队中年纪最大的一位,夜以继日坚持驻守重症疗区;"60后"的武汉市金银潭医院院长张定宇,在身患渐冻症的情况下仍然不眠不休地从事救治工作;"70后"

---

① 中共中央文献研究室:《十八大以来重要文献选编》中,中央文献出版社2017年版,第2页。
② 习近平:《在全国抗击新冠肺炎疫情表彰大会上的讲话》,《人民日报》2020年9月9日第2版。

的退伍军人刘森波，主动请缨承担雷神山医院的建设工作；"80后"的快递小哥汪勇，为金银潭医院医务人员提供志愿服务做好医护人员出行和就餐保障；"90后"的派出所民警赵闯，连轴20天转送59名确诊患者、疑似感染者等高危人群；还有"00后"的援鄂医疗队的护士朱海秀、刘家怡、谢佳慧，志愿者余汉明、沈繁星、沈皓月、徐卓立，社区工作者张婕，临时工余森乐；等等，涌现出一系列生动鲜活和扣人心弦、感人至深的英模群像。2020年9月8日，全国抗击新冠肺炎疫情表彰大会在京举行，钟南山被授予"共和国勋章"；张伯礼、张定宇、陈薇被授予"人民英雄"国家荣誉称号，这是个人所能获得的国家最高荣誉。习近平总书记强调指出，"伟大抗疫精神，同中华民族长期形成的特质禀赋和文化基因一脉相承，是爱国主义、集体主义、社会主义精神的传承和发展，是中国精神的生动诠释，丰富了民族精神和时代精神的内涵"[1]。从精神气质上提炼、总结和升华了抗疫精神，丰富了中国民族精神和时代精神的谱系。

尤其亮眼的是，英模中涌现出诸多的"90后"，甚至"00后"青年。这些还是父母眼中的孩子，面对突如其来的疫情灾难，却逐渐成长为能够勇担重任的共和国青春脊梁。他们彰显着强烈的时代担当，用行动撕去了社会予以他们的负面标签，以令人耳目一新的生力军形象出现。有人说，"所谓白衣天使，只不过是一群孩子，换了身衣服，学着前辈的样子，和死神抢人"[2]。这句话生动概括了"00后""90后"青年的可爱面貌。在2020年全国抗击新冠肺炎疫情表彰大会上，有1499人被授予"全国抗击新冠肺炎疫情先进个人"称号；200名共产党员被授予"全国优秀共产党员"称号，其中不乏

---

[1] 习近平：《在全国抗击新冠肺炎疫情表彰大会上的讲话》，《人民日报》2020年9月9日第2版。

[2] 蔡瑞辉、刘会宾、覃丽萍等：《闻令出动 敢打必胜（军营之声）》，《人民日报》2020年2月9日第6版。

"90后""00后"青年。正是这些平凡的青春少年，因质朴而真实的故事、大难当前的责任担当、命运与共的家国情怀、阳光勇毅的青春风采，使他们的名字永远地被铭记在了2020年这段难忘的时光中。北大援鄂医疗队"90后"队员，义无反顾奔赴抗疫武汉一线抢救生命，他们说："17年前的非典，当时我们'90后'都还是孩子，我们的前辈们保护了我们，今天大家都已经长大了，应该用我们的行动去保护大家了。"[1] 还有的表示，最重要的不是"几零后"，而是"努力后、奋斗后，能够到祖国最需要的地方去，能够为国家做贡献、为人民服务，才是实现人生价值最好的途径"[2]。华中农业大学2020级硕士生、"本禹志愿服务队"研究生支教团队长王庆鲁，发起"同心战疫"线上科普志愿服务，招募大学生志愿者义务为湖北省内一线医务人员子女提供线上助学服务，为贵州的山区小学生连续开展"空中支教"助学。[3] 1990年出生的武汉协和江北医院医生夏思思，1月15日刚下夜班接到任务后，放下只有两岁的儿子返回医院参与救治，就再也没能回家。1990年出生的医生彭银华，为救治病人推迟了自己的婚礼，却永远地倒在了抗疫最前线。

在时光的不经意中，新一代青年已慢慢成长为各行各业的骨干，在诸多领域崭露头角。经过新冠肺炎疫情的打磨和淬炼，他们已经从"需要社会呵护的半大孩子，从初出茅庐的懵懂少年，变成了披坚执锐

---

[1] 《[新华网连线武汉]北大援鄂医疗队"90后"党员的心里话》，新华网，2020年3月17日，http://www.xinhuannet.com//politics/2020-03/17/c_1210518948.htm，引用日期：2020年5月9日。

[2] 《彰显青春蓬勃力量 交出合格答卷》，光明网，2020年3月17日，https://m.gmw.cn/baijia/2020-03-17/33655397.html，引用日期：2023年3月2日。

[3] 《华中农大志愿者获评"全国抗击新冠肺炎疫情青年志愿服务先进个人"》，澎湃网，2020年10月25日，https://www.thepaper.cn/newsDetail_forward_9711096，引用日期：2021年1月6日。

的战士"①。正如习近平总书记指出,"世上没有从天而降的英雄,只有挺身而出的凡人。青年一代不怕苦、不畏难、不惧牺牲,用臂膀扛起如山的责任,展现出青春激昂的风采,展现出中华民族的希望"②。实现中华民族伟大复兴的中国梦,不只是经济的发展、物质的飞跃,还有民族精神的凝聚和民族向心力的强大。致敬抗疫英模,践行抗疫精神,是中国抗疫故事的生动再现和感人续篇;"在世界正经百年未有之大变局和疫情叠加的特殊背景下,不但为构建全球抗疫的人类命运共同体贡献了中国力量,还有力地促进了世界各国在构建人类命运共同体方面达成的多维共识"③。

---

① 特约评论员:《答卷——点赞抗击新冠肺炎疫情斗争中的中国青年》,《中国青年报》2020年4月1日第1版。
② 习近平:《在全国抗击新冠肺炎疫情表彰大会上的讲话》,《人民日报》2020年9月9日第2版。
③ 孙云:《致敬抗疫英模 践行抗疫精神》,澎湃网,2020年10月16日,https://m.thepaper.cn/baijiahao_9588626,引用日期:2023年2月28日。

第三章　改革开放以来英模人物演进的呈现样态

马克思指出,"环境的改变和人的活动或自我改变的一致,只能被看做是并合理地理解为革命的实践"①。人类历史表明,人类对于生产方式的新选择,必然要求形成与之相适应的各个方面的意识及新的社会秩序。时代的变迁为精神文明建设活动的开展提供了经济社会沃土和物质条件,改革开放以来,一批又一批的英模人物营造了劳动光荣、知识崇高、人才宝贵、崇尚奋斗、朴素求真的社会氛围,为推动经济社会发展提供了强大的精神动力。时代在发展,历史在前进,变革是推动时代发展和社会进步永不褪色的主旋律。伴随改革开放的时代浪潮,国家政治需求的调整以及人们的社会心态、价值标准、道德理想的变化,英模类别、英模主体、英模职业、英模领域等也发生了相应的深刻变化,英模在时代变迁中留下了更迭的身影与演进的轨迹。

第一节　英模人物演进的典型案例与历时考察

习近平指出,"改革开放是中国人民和中华民族发展史上一次伟大

---

① 《马克思恩格斯文集》第 1 卷,人民出版社 2009 年版,第 500 页。

革命，正是这个伟大革命推动了中国特色社会主义事业的伟大飞跃"①。改革开放以来，随着劳动分工的发展，时代精神、道德规范的变迁，英模的行业、类别、价值内涵也发生深刻的变化。从全国范围内看，"全国劳动模范""全国道德模范"和"感动中国年度人物"是三个影响力较大、公信力较高、关注度较广的英模评选活动，评选出的个人或集体都是相应领域或有关方面贡献突出，或具有推广价值的先进典型，也是被国家政治意识形态所肯定并予以大力褒奖、推崇的精神符号。其中，"全国劳动模范"评选活动跨越了改革开放四十多年，"感动中国年度人物"评选和"全国道德模范"评选则相继自2002年、2007年举办至今。

一 劳动职业的波动：全国劳动模范的演进

马克思指出："随着劳动过程的协作性质本身的发展，生产劳动和它的承担者即生产工人的概念也就必然扩大。"② 劳模是在行业领域做出突出贡献并为社会创造价值的模范人物，也是为激励劳动所树立的一种职业典型。习近平强调，"劳动模范是民族的精英、人民的楷模，是共和国的功臣"③。劳模评选是新中国成立以来形成的既定传统，主要表彰在社会主义建设中做出重大贡献的行业标杆与模范人物，弘扬其敬业精神、奉献精神和业务素质，从而弘扬劳动风尚，对全体劳动者起到激励、指引、示范的作用。1949年以来，国家层面共组织举行了16次全国劳模评选表彰，其中，从新中国成立到1960年共进行了4次，达到了表彰的第一次高潮。在停顿了16年之后，中共中央、国

---

① 习近平：《在庆祝改革开放40周年大会上的讲话》，《人民日报》2018年12月19日第2版。
② 《马克思恩格斯文集》第5卷，人民出版社2009年版，第582页。
③ 习近平：《在全国劳动模范和先进工作者表彰大会上的讲话》，《人民日报》2020年11月25日第2版。

务院于 1977 年恢复了该评选表彰；1989 年以后该评选表彰活动开始推行制度化，逐渐向规范化方向发展，基本形成了每五年一次的固定届次。

1979 年，中共中央、国务院发布《关于召开全国职工劳动模范代表大会的通知》，规定了出席全国劳模代表大会的条件，其中之一为"对超额完成全国先进定额和计划指标有重大贡献者"。改革开放之初的劳模表彰具有浓郁的计划经济特点，以"计划指标完成"情况作为评价的重要依据。因此，在劳模评选中，出现了很多埋头苦干、忘我工作的工人、农民等，工农兵成为重点对象。1989 年，国务院表彰了自 1980 年以来的全国劳模和先进工作者，范围为"工业、农业、交通、财贸、建设、教育、科研、文化、卫生、体育等各行各业的工人、农民、专业技术人员、管理人员、思想政治工作者及其他工作人员"，表彰目的是"彰显先进模范人物的先进思想和模范事迹，弘扬劳动光荣、知识崇高、人才宝贵、创造伟大的社会风尚"[①]；表彰条件是"热爱祖国、坚持四项基本原则，拥护改革开放总方针，并具有下列条件之一者：（1）在企业发展生产，深化改革，改善经营管理，提高经济效益、社会效益方面做出重大贡献的；（2）在发展农业生产和农村经济方面做出重大贡献的；（3）在科研、教育、文化、卫生、体育等事业中做出重大贡献的……"[②] 1995 年，国务院决定，召开全国劳动模范和先进工作者表彰大会，表彰"1989 年以来，在改革开放、经济建设、工农业生产和各项社会事业中做出突出贡献的工人、农民、专业技术人员、管理人员、机关工作人员及其他人员"；强调"要面向基层，面向经济建设第一线。要评选坚持党的基本路线，一贯勤勤恳恳、

---

① 《中共中央 国务院关于表彰全国劳动模范和先进工作者的决定》，《中华人民共和国国务院公报》1989 年第 17 期。
② 《国务院关于召开全国劳动模范和先进工作者表彰大会的通知》，《中华人民共和国国务院公报》1989 年第 12 期。

任劳任怨、改革创新、事迹突出的先进人物。妇女、少数民族应占一定比例"①。

21世纪以来,为调动全国人民建设中国特色社会主义的积极性,国务院于2000年召开全国劳动模范和先进工作者表彰大会,表彰"1995年以来,在改革开放、经济建设、工农业生产和各项社会事业中做出突出贡献的工人、农民、科教人员、企业管理人员、机关工作人员及其他人员",要求必须是"高举邓小平理论伟大旗帜,坚持党的基本路线,勇于开拓创新并为经济与社会发展做出突出贡献、在群众中享有较高威信的先进模范人物"②,把"勇于开拓创新""享有较高威信"作为全国劳模评选的标准之一。2005年,国务院在对全国劳动模范和先进工作者进行表彰时,强调要表彰"2000年以来,在改革开放、经济建设和各项社会事业发展中做出突出贡献的工人、农民、科教人员、企业管理人员、机关工作人员及其他社会各阶层人员",表彰条件是"高举邓小平理论和'三个代表'重要思想伟大旗帜,坚持党的基本路线,勇于开拓创新并为经济社会发展做出重大贡献、取得重大成就,在群众中享有较高威信的人物"③,这里已经不再强调"工农业生产",评选范围包含"社会各阶层人员"。2015年,全国劳动模范的表彰范围为"2010年以来,在经济建设、政治建设、文化建设、社会建设、生态文明建设和党的建设等方面做出重大贡献,取得优异成绩的工人、农民、科教人员、管理人员、机关工作人员及其他做出突出贡献的社会各阶层人员",从之前强调的"改革开放、经济建设"调整

---

① 王振川主编《国务院发出关于召开全国劳动模范和先进工作者表彰大会的通知》,载《中国改革开放新时期年鉴》,中国民主法制出版社1994年版,第390页。
② 《国务院关于召开全国劳动模范和先进工作者表彰大会的通知》,《中华人民共和国国务院公报》2000年第9期。
③ 《国务院关于召开全国劳动模范和先进工作者表彰大会的通知》,《中华人民共和国国务院公报》2005年第7期。

为"经济建设、政治建设、文化建设、社会建设、生态文明建设和党的建设"。

劳动模范表彰的主要依据是"劳动",核心是劳动者的劳动精神和敬业素质。从劳动职业演进的视角来观察劳动模范的演进,可以分析出党和国家对劳动者这一群体的"英模认定"和"英模表彰"的走向。根据人力资源和社会保障部会同国家质检总局、国家统计局牵头修订的《中华人民共和国职业分类大典》(2015年版),职业分类结构为8个大类,分别是党的机关、国家机关、群众团体和社会组织、企事业单位负责人(即在上述单位担任领导职务并具决策、管理权的人员);专业技术人员;办事人员和有关人员(在公共管理中从事保安、消防、行政事务、行政执法、应急救援等工作的人员);社会生产服务和生活服务人员(从事批发零售、交通运输、仓储、邮政和快递、住宿和餐饮、信息技术服务、金融、房地产、租赁和商务、生态保护、居民服务、电气燃气及水、健康服务、文化、体育和娱乐等方面的人员);农、林、牧、渔业生产及辅助人员;生产制造及有关人员(从事农副产品加工、食品饮料生产加工、烟草、纺织、服装、木材加工、纸加工、印刷、文体用品加工制作、石油、化工、采矿、铁路、航空、船舶、电气机械、计算机通信及电设备制造、建筑施工、机械操作人员);军人;不便分类的其他从业人员。在参考这一官方的职业分类法则的基础上,为便于研究分析,结合我们常见的职业分类,著者大致分领导干部、科研工作者、企业家、教师、医生、职员、农民、工人、专业技术人员、文体明星等几个领域,对英模人物的职业进行研究阐述。鉴于著者多方查到的1978—1988年的全国劳动模范表彰名单只有名字,并未详细列出人员职业,故对该时段无法进行较为细致的对比;自1989年起全国劳动模范表彰名单均公示了入选者的职业,因此,本书对1989年及之后的全国劳动模范人物进行分析和统计。

从表3-1可见，公仆人物在全国劳动模范中所占比重整体呈下滑状态，2010年以前较为稳定，基本在300—400人波动，总体上始终处于14%~17%之间；2015年开始大幅回落（2015年为200余人，2020年仅为101人），从10.8%回落至5.98%。就公仆内部构成而言，主要为基层干部，其中村干部占比最大；其他基层干部（职业主要聚焦为地方上的税务局局长、矿业局局长、林业局局长等基层干部）等占比第二；2000年以后出现街道办或居委会主任这一职业，并逐年增多，从2005年的1个增至2010年的4个，到2020年增至18个。2020年的公仆劳模大幅压缩，基本构成为村干部（79人）、街道办或居委会主任（18人）、其他干部等（4人），不再包括有各地的税务局局长、矿业局局长、林业局局长等基层干部名额。

表3-1　　　　　全国劳动模范（1989—2020）之公仆

评选年份（年）	公仆（人） 具有一定职务的领导干部 村干部	公仆（人） 具有一定职务的领导干部 其他	普通干部	共计（人）	占比（%）
1989	202	115	33	350	17.6
1995	205	78	20	303	14
2000	271	37	28	336	17.4
2005	300	45	21	366	17.2
2010	323	33	5	361	17.1
2015	204	8	11	223	10.8
2020	79	20	2	101	5.98

从表3-2可见，企业家和个体工商户在全国劳动模范中占比较高，基本处于14%~30%之间；1989—1995年呈现快速增长趋势，其

中，1995年占比最高为30%，至2000年回落到15%左右，2005—2010年保持在22%左右，至2015年回落至最低14.1%，2020年又有小幅增长。就具体职业来看，主要为"厂长""经理""董事长"，重点集中在化工、矿业、电力、交通运输、钢铁、纺织、机械、酒类、建筑、水泥、化肥、农业生产等领域，其中经济发达地区如上海、广东等地劳模比重更大。2000年以来，建筑公司、建设公司产生较多英模；2005年以后，养殖场长、牛奶场主、果园经理等职业的个体户明显增多；2010年以后，出现许多农村专业合作社社长、养殖专业合作社社长等个体户，还有很多村支部书记兼任公司经理或董事长，如华西村主任、华西集团董事长吴协恩，辉县市孟庄镇南李村党支部书记、河南孟电集团总经理范海涛，海南琼海市博鳌镇博鳌村党支部书记、博鳌滨海旅游开发有限公司董事长王绍武等；2015年以来，职业中出现小商品批发公司经理，除了村支部书记（或村长）兼公司经理、董事长之外，一些居委会主任也兼公司董事长，如太原市郝庄社区居委会主任、太原服装城有限公司董事长王天明等。

表3-2　全国劳动模范（1989—2020）之企业家、个体工商户

评选年份（年）	企业家、个体工商户	
	总数(人)	占比(%)
1989	460	23.1
1995	648	30
2000	308	15.9
2005	477	22.4
2010	475	22.4
2015	293	14.1
2020	311	18.4

从表3-3可见，工人这一职业在全国劳动模范中始终占比很高，其中2000年占比最高为31.5%，1989—2000年基本维持在30%左右，至2005年回落至23.3%，此后一直维持在20%出头。2010年以来，工人中出现了保洁员、家政服务人员等行业。"农民"在1989—2005年以前始终处于6%~8%，2010年比例大幅下降至3%，之后逐年下降，到2020年仅1.8%。专业技术人员的比例在1989年以来的全国劳模中整体呈上升趋势，2020年以前一直较为稳定，始终在5%~8%；2020年出现大幅增长，增至16.1%。整体上看，他们主要集中在生产、制造、通信、电力、石油、交通等领域，大部分是工厂和企业的高级工程师、高级经济师、技术员等。

表3-3　　全国劳动模范（1989—2020）之工人、农民及专业技术人员

评选年份（年）	工人 总数(人)	工人 占比(%)	农民 总数(人)	农民 占比(%)	专业技术人员 总数(人)	专业技术人员 占比(%)
1989	607	30.5	153	7.7	108	5.4
1995	612	28.3	131	6	135	6
2000	609	31.5	157	8	165	8
2005	495	23.3	169	7.9	190	8
2010	423	20	75	3	145	6
2015	501	24.2	56	2.7	145	7
2020	391	23.1	32	1.8	273	16.1

从表3-4可见，科研工作者在1989年占比最高，之后回落（这里强调的"科研工人者"主要指高级知识分子即专职从事科研人员，区别于"专业技术人员"）。"职员"这部分人员主要指在公司或企事业单位的工作人员（非工勤人员）。自2010年开始，职员行业越来越

第三章 改革开放以来英模人物演进的呈现样态

宽泛，比重不断上升，出现质量监督员、质检员等职业；2015年，新增海上救助员、博物馆讲解员、文员、互联网经理、证券公司经理等，还出现了一些新兴职业，比如互联网公司、语音公司首席架构师等。总体上看，教师、医生在1989年为20—30人，达到了占比的最高点，之后数量一直不多，仅在2005年教师、医生人数升至两位数，在全国劳模中整体占比不高。

表3-4　　全国劳动模范（1989—2020）之科研工作者、教师、医生、职员等

评选年份（年）	科研工作者 总数(人)	占比(%)	教师 总数(人)	占比(%)	医生 总数(人)	占比(%)	职员 总数(人)	占比(%)
1989	64	3.2	29	1.4	22	1.1	97	4.8
1995	11	0.5	4	0.1	2	0.09	92	2.8
2000	33	1.7	3	0.1	6	0.3	234	12.1
2005	16	0.7	14	0.6	12	0.5	341	16
2010	6	0.2	3	0.1	6	0.2	556	26.2
2015	9	0.4	1	0.04	3	0.1	604	29.2
2020	17	1.0	3	0.18	12	0.71	457	27.1

经统计发现，全国劳模中的服务行业工作者主要集中在厨师、服务员、邮递员、驾驶员等职业（故上表将这几种职业单列）。从表3-5可见，2000年以前服务业在全国劳模评选中始终相对稳定且具有一定比例；同时，驾驶员这一行业在全国劳动模范中始终处于稳定的热度（基本保持在1.8%～3.6%）。2015年，新增理发员、发型师、家政服务员、保安、小区物管、会议中心服务员等职业。记者、编辑等媒体从业者和警察的比重比较小，法院、检察系统的公职人员仅在1989年、2000年、2005年纳入评选。

表 3-5　　　　全国劳动模范（1989—2020）之其他行业分布

评选年份(年)	服务业从业者(厨师、服务员、邮递员、驾驶员等)				媒体从业者(记者、编辑等)		警察		法院、检察系统公职人员	
	厨师、服务员、邮递员等总数(人)	占比(%)	驾驶员总数(人)	占比(%)	总数(人)	占比(%)	总数(人)	占比(%)	总数(人)	占比(%)
1989	117	5.8	72	3.6	5	0.2	7	0.03	18	0.9
1995	121	5.6	55	2.5	1	0.04	2	0.09	—	—
2000	75	3.8	44	2.2	7	0.3	2	0.1	29	1.5
2005	41	1.9	40	1.8	5	0.2	7	0.3	29	1.3
2010	32	1.5	50	2.3	6	0.2	1	0.04	—	—
2015	46	2.2	50	2.4	9	0.4	—	—	—	—
2020	23	1.4	38	2.3	2	0.12	—	—	—	—

从表 3-6 可见，自 1995 年开始，演员这一职业被纳入全国劳动模范表彰范围，运动员这一职业自 2005 年进入全国劳动模范表彰范围，律师这一职业自 2015 年被纳入全国劳动模范表彰范围。军人多年为单列指标。

表 3-6　　　　全国劳动模范（1989—2020）之军人、
　　　　　　　　　　演员、律师、运动员

评选年份(年)	军人总数(人)	演员总数(人)	律师总数(人)	运动员总数(人)
1989	单列	—	—	—
1995	单列	1	—	—
2000	单列	2	—	—
2005	单列	3	—	1
2010	单列	1	—	—
2015	—	2	2	1
2020	单列	1	3	—

第三章　改革开放以来英模人物演进的呈现样态

从整体上看，全国劳动模范的行业领域主要集中在生产、化工、矿业、电力、交通运输、工业生产等领域，其中，占比达到300人以上的有工人、企业家、职员、公仆四种职业类型，而"职员"人数整体呈增长趋势且增幅最快，如图3-1所示。

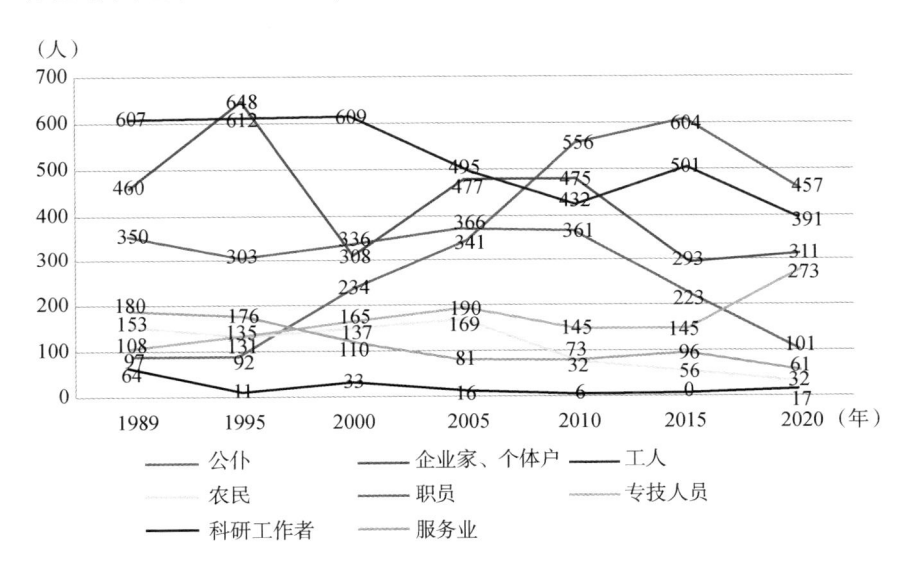

（人）
	1989	1995	2000	2005	2010	2015	2020（年）
	607	648	609	495	556	604	457
	460	612	477	475	501	391
	350	303	336	366	432	293	311
	180	176	308	341	361	223	273
	153	135	165	234	190	145	101
	108	131	137	169	145	96	61
	97	92	110	81	73	56	32
	64	11	33	16	32	0	17
					6		

——公仆　——企业家、个体户　——工人
——农民　——职员　——专技人员
——科研工作者　——服务业

图3-1　全国劳动模范（1989—2020）占比最高的职业演进对比情况

第一，关于"职员"。就全国劳模评选来看，整体呈上升状态的仅有"职员"（自1995年以后"职员"呈大幅增长状态，于2015年达到600人以上，2020年远超"工人"）。就整个职业构成来看，"职员"的职业是最多元化的（含公司或企事业单位的工作人员、自由择业者等）。"职员"数量的大幅增长充分说明了全国劳模行业领域的多样化。与"职员"相比，传统的"工人""企业家""公仆"劳模的职业占比日趋减少。

第二，关于"工人""农民"和"公仆"。就全国劳模评选来看，"工人""农民"两个职业处于波动发展状态。总体而言，"工人"在全国劳模中占比始终处于高位,"农民"在全国劳模中总体占比远低于"工人"。

第三,关于"企业家、个体户"。就全国劳模评选来看,1989—1995年是其增长最快的时期;至2000年,相较很多新兴职业,"企业家、个体户"比例大幅回落;2000—2010年,又有一定幅度的增长;2010—2020年,再次大幅回落。总体而言,"企业家、个体户"劳模在20世纪90年代初期呈"井喷"状态,此后回落,在2000年以后基本保持在290—500人之间。

第四,关于"科研工作者""专技人员"和服务行业工作者。就全国劳模评选来看,这三种职业占比相对较低并始终保持稳定,基本保持在200人以内。科研工作者总体占比最低,20世纪80年代为配合党的知识分子政策的落实、调动知识分子建设"四个现代化"的热情,知识分子劳模在1989年一度为最高(占比3.2%),此后回落,1995—2000年有小幅增长,基本保持较低的比例。从事服务行业的人员占比处于下落趋势(从近200人到100人左右)。"专技人员"占比相对稳定,基本在100—200人以内,但在2015年后处于大幅上升趋势(从2015年的145人上升至273人)。可以看到,改革开放以后,知识分子逐渐进入劳模行列;20世纪90年代中期以后,知识型劳动者逐渐成为劳模主体,劳动模范典型不再局限于简单的体力劳动者,除了知识分子(包括学科带头人、某个领域攻坚克难做出开创性突破的人士、有突出贡献的专家、全国优秀科技工作者等)之外,许多处于生产经营一线的智能型职工、技术工匠、专技人员、经营者、管理者等均囊括其中;2015年以后明显加大了对各类专业型、技术型、应用型人员的表彰力度。

二 道德类型的丰富:全国道德模范的演进

道德模范是具有高尚道德修养,对于引领广大民众树立正确价值导向、践行良好道德实践发挥示范带头作用的先进典型人物。21世纪以来，各个层面的道德模范评选活动逐渐形成常态化机制，道德模范的职业涵盖了商界精英、政府官员、专家学者、教师、文体明星、个体工商户、学生、军人、自由职业者等身份，在不同时期产生了广泛的示范效应，见表3-7。改革开放以来的道德模范不仅承续了无私奉献、敬业乐业等传统优秀道德品质而且所代表的"道德类型更加宽阔，人物形象呈现出多元立体、丰富生动的生命质感，体现出对人生价值、自我价值和社会价值相统一的现代人的追求"[①]。

表3-7　　　　第一届至第八届"全国道德模范"职业分布

职业	人数(人)	职业	人数(人)	职业	人数(人)	职业	人数(人)
农民	66	职员	25	导游	3	主持人	1
干部	67	居民	15	法官	2	画家	2
教师	38	科研工作者	21	社会工作者	4	养老院院长	1
工人	34	警察武警	10	孤儿院院长	2	律师	1
企业家个体户	26	乡邮	5	服务员	2	运动员	1
学生	26	打工者	5	家属	2	编辑	1
医护	30	驾驶员	4	白领	3		
军人	28	歌手演员	3	售票员	1		

2007年，经党中央批准，由中央宣传部、全国总工会、中央文明办、解放军总政治部、共青团中央、全国妇联等部门联合举办"全国道德模范"大型评选活动，每两年举办一次。"全国道德模范"人物评选表彰活动具有较高的权威性。习近平在对第五届全国道德模范评选

---

① 柳礼泉、庄勤早：《新中国道德模范的历时性演进图景及其当代启示》，《伦理学研究》2017年第6期。

表彰活动的批示中指出,"隆重表彰全国道德模范,对展示社会主义思想道德建设的丰硕成果,彰显中华民族昂扬向上的精神风貌,凝聚全国各族人民团结奋进的力量,具有重要意义"①。

  从官方看,2007年以来开展的全国道德模范评选分"助人为乐模范""见义勇为""诚实守信""敬业奉献""孝老爱亲"五类,但仅此五种简易分类,显然难以准确概括道德模范所体现的道德品质,大量的道德模范均体现了一种或多种突出的道德元素,更多的是体现出"交叉型"的道德特征。比如,医生李素芝,抢救垂危病人、实施重大手术600多例,获科技成果奖30项,他的身上不仅体现了踏实敬业精神,还体现了开拓创新精神;乡邮员王顺友,自1985年以来在雪域高原送邮26万多公里,却从未延误过一期邮班、丢失过一件邮件,他的身上不仅体现了高度的敬业精神,还体现了默默无闻、甘于奉献的精神;"板凳妈妈"许月华,以残缺之躯当好138个孤儿的妈妈,她的身上不仅体现了济危助孤精神,还体现了坚忍顽强的精神;教师张丽莉,在一辆失控客车冲向学生的生死攸关时刻,挺身而出保护少年,她的身上不仅体现了临危不惧的精神,还体现了爱生如子的园丁精神……因此,在对全国道德模范的道德类型进行统计时,著者并未简单按照"助人为乐""诚实守信""见义勇为""敬业奉献"和"孝老爱亲"五类进行分类,而侧重于将其主要体现的道德品质进行划分统计,如图3-2所示。从统计上看,"踏实敬业、业务高超"人物在全国道德模范中占据了最大比重,依次排名前列的是"临危不惧、见义勇为""救困扶危、济危助孤""坚韧担当、真情陪伴""开拓进取、创新作为""始终如一、坚守信念""淡泊名利、甘于奉献""成就显著、贡献卓越""与人为善、助人为乐""信守承诺、无怨无悔""诚信待人、

---

  ① 《凝聚民族复兴的精神伟力——以习近平同志为核心的党中央重视思想道德建设关心关爱道德模范纪实》,《人民日报》2019年9月5日第1版。

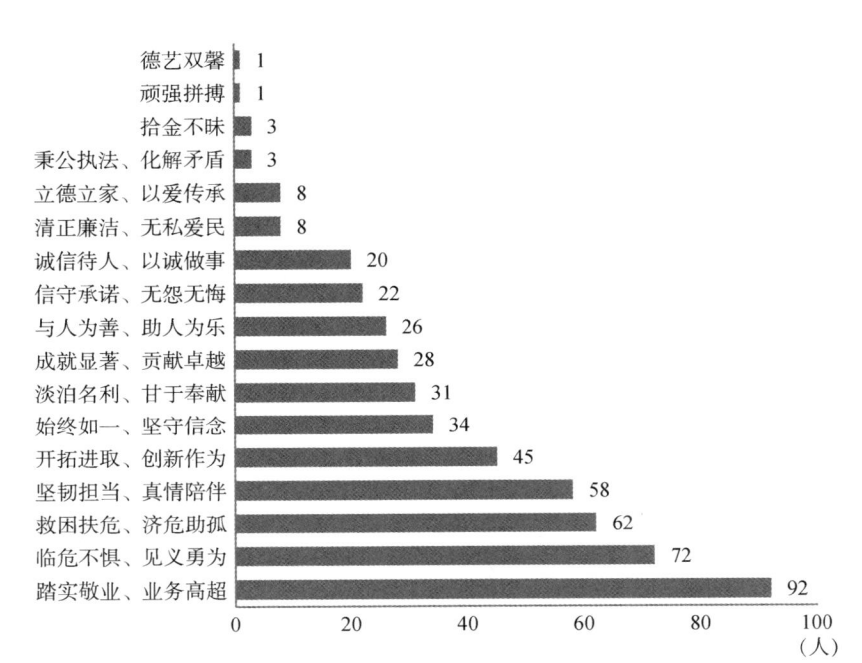

第三章 改革开放以来英模人物演进的呈现样态

以诚做事""清正廉洁、无私爱民"等人物品质。

道德类型	人数
德艺双馨	1
顽强拼搏	1
拾金不昧	3
秉公执法、化解矛盾	3
立德立家、以爱传承	8
清正廉洁、无私爱民	8
诚信待人、以诚做事	20
信守承诺、无怨无悔	22
与人为善、助人为乐	26
成就显著、贡献卓越	28
淡泊名利、甘于奉献	31
始终如一、坚守信念	34
开拓进取、创新作为	45
坚韧担当、真情陪伴	58
救困扶危、济危助孤	62
临危不惧、见义勇为	72
踏实敬业、业务高超	92

图3-2 第一届至第七届"全国道德模范"人物
体现的道德类型

从上述对改革开放以来道德模范的职业分类和道德类型分析，可以发现以下特征。

第一，道德模范的角色身份趋于多元。道德模范的身份和角色不断拓展，从主体的职业划分来看，职业类型越来越多，身份也越来越丰富。比如慈善家、改革家、科学家、企业家、学生、文体明星以及普通劳动者；普通劳动者中，又含多种层次和工种，比如邮递员、个体户、公司职员、基层干部、农民、自由职业者等。从人物身份来看，可以是儿子、媳妇、女儿、兄弟、朋友，抑或是陌生人，有的甚至只是把一种角色（如妻子、儿子、丈夫、兄弟等）做到了极致的人。

第二，道德模范的角色类型趋于多样。主要体现在同一职业内部的道德模范人物呈现显著分化。改革开放以来特别是21世纪以后，以创新和技术升级为主要特征的国际竞争和行业竞争日趋激烈，改革创新和科研开拓精神显得尤为重要，因而知识型、创新型模范数量大幅增加。同时，道德模范主体并不以社会分工和财富占有为标准，道德模范涵盖了越来越多的社会职业，角色分工有时在社会地位和社会分工上跨度极大甚至悬殊。

第三，道德模范的角色个性趋于立体。随着改革开放实践的深化，道德模范的形象愈加多面综合，不再是单一的阶级画像或品格画像，往往身兼多种"形象"，既是信仰坚定者，也是敬业实干者、甘于奉献者、坚守承诺者，是多种道德元素的混合体和携带者。更重要的是，道德模范的气质也有所变化，"由激情浪漫趋于理性平实、鲜活立体，释放出更强烈的'人性'气质；人物形象不再按政治目的设定——神化、高大、完美的化身，而是鲜活、真实、立体的人，以'人情味'凸现出道德行为和道德选择的真实性，彰显人本主义精神"[1]。

三 情感共鸣的找寻：感动中国人物的演进

自2002年以来，由CCTV创办并由CCTV新闻中心社会专题部活动直播组承办的《感动中国》栏目已持续举办了20年。该栏目聚焦"感动公众、感动中国"，并随着时代变迁不断对"感动"进行深度挖掘和延伸扩展，已成为全国范围内影响较大并具有代表性的英模评选表彰活动。比如，2002年确定的评选标准是，"他们或者用自己的力量，推动中国社会的进步和发展，诠释着一个人对这个国家、对这个社会，应该担当起怎样的责任，以坚强的民族精神挺起国人的民族脊梁""他们或者用自己的故事，解读人与人之间应该有着怎样的情感，

---

[1] 柳礼泉、庄勤早：《新中国道德模范的历时性演进图景及其当代启示》，《伦理学研究》2017年第6期。

带给人们感人至深的心灵冲击"①。2013年"感动中国人物"评选推选人物，则明确人物"需具备以下一种或几种特点。一是为推动社会进步、时代发展做出杰出贡献，获得重大荣誉并引起社会广泛关注；二是在各行各业具有杰出贡献或重大表现，国家级重大项目主要贡献者；三是爱岗敬业，在平凡的岗位上作出了不平凡的事迹；四是以个人的力量，为社会公平正义、人类生存环境作出突出贡献；五是个人在生活、家庭、情感上的表现特别感人，体现中国传统美德和良好社会风尚"②。从评选活动开启以来的一百多名"感动中国人物"来看，年纪上呈老年、中年、青年、少年分布状态，比如，在生命的最后三个月毅然决定捐献器官的12岁桂林小女孩何玥；7岁被确诊为先天性肌肉不良、生命已进入倒计时却坚持行走全国只为向恩人当面道谢的16岁男孩黄舸；尽自己最大的力量推动着人类防治艾滋病这项繁重工程的75岁老人高耀洁；著名爱国人士、慈善家、75岁的企业家霍英东；现代气象学和全球变化学科的奠基人之一、90岁的气象学家叶笃正；等等。同时，人物还涵盖了外国人，比如，作为"中国人战争受害者索赔要求日本律师团"团长，参与了40年来所有对日诉讼案件的日本律师尾山宏；与西藏残联合作建立盲人康复及职业培训中心，为西藏盲人的教育和康复事业做出贡献的德国医生萨布利亚·坦贝肯。2012年1月17日，在美国纽约时报广播播放的中国国家形象宣传片中，共有59位登台亮相人物，其中15人曾是"感动中国人物"，超过了1/4。

与其他英模评选相比，"感动中国人物"综合性、全民性的特征十分明显。从职业上看，"感动中国人物"有知识分子于敏、钟南山、巴金、袁隆平、黄旭华、师昌绪，有干部廖俊波、赵久富、杨善洲、买

---

① 《"感动中国——2002年度人物"评选活动简介》，中央国际网，链接日期：2001年12月30日。http：//www.cctv.com/lm/915/1.shtml，引用日期：2021年5月8日。
② 《2013感动中国年度人物评选推选规则》，新浪网，2013年11月28日，http：//news.sina.com.cn/c/2013-11-28/230828840217.shtml，引用日期：2021年5月20日。

买提江·吾买尔、黄大发,有文体工作者濮存昕、成龙、巴金、丛飞、阎肃、姚明、王宽、张艺谋奥运团队等,有企业家张瑞敏、霍英东,有军人、干警费俊龙、聂海胜、丁晓兵、方永刚、翟志刚、王伟、何祥美、湄公河"10·5"惨案专案组,还有默默无闻的群众张前东、洪战辉、谢延信、罗映珍、王万青、王茂华、张纪清、微尘、唐山13农民……当前,"感动中国人物"评选已成为规格很高、全民关注度很高的模范人物评选范式。著者试图从职业和人物类型方面,对《感动中国》中的英模人物演进做一对比分析。

通过统计,除去团体奖项外,"感动中国人物"中科研人员(25人)最多,依次递减的是干部(22人)、军人(18人)、教师(16人)、农民(14人)、工人(11人)、医护人员(10人)、明星(8人)、警察(6人)、运动员及教练(6人)、学生(4人)、家属(3人)、律师(3人)、市民(2人)、乡邮员(2人)、企业家(2人)、职员(1人)、打工者(1人)、作家(1人)、社会工作者(1人)、航海家(1人)、机长(1人)、快递员(1人)、私营主(1人),见表3-8。"感动中国人物"的职业具有多样性特点,与其他评选相比,所选树的英模大多来自普通百姓,拉近了榜样宣传与大众接受的距离。

表3-8 "感动中国人物"(2002—2021)人物职业分析

职业	人数(人)	职业	人数(人)	职业	人数(人)	职业	人数(人)
干部	22	军人	18	工人	11	明星	8
家属	3	乡邮	2	职员	1	航海家	1
快递员	1	教师	16	医护	10	运动员及教练	6
科研人员	25	市民	2	作家	1	打工者	1
律师	3	农民	14	警察、武警	6	学生	4
私营主	1	企业家	2	机长	1	社工	1

在人物评选上,《感动中国》注重用"感动"触动大众情感,用典型故事带给人们心灵震撼。从道德类型可见,敬业务实典型是感动中国年度人物的最大构成(共62人),这部分既包括了从事"高精尖"工作的人物,也包括了平凡敬业的普通劳动者;其次是行业精英,即在行业领域内成就卓越、做出重大贡献且具相当社会地位的代表性人物(43人),他们因突出的业绩为国家争光、为人民带来福祉;再次是为社会奉献爱心的人士(28人)和具有开拓创新精神的劳动者(29人);然后是危难时刻挺身而出、见义勇为的群众和守护真情、扎根基层默默奉献的平凡人(分别有10人以上);最后是清正廉政的官员和坚持正义、临危不惧、不计回报得失的人物(处于5—10人之间);此外,诚实守信、公正无私、心怀感恩、维护民族团结的人物分别有3人,德艺双馨的艺术家有2人,另有2人为维护生态、促进两岸交流的人士,见表3-9。上述21种道德类型,基本概括了当代中国所倡导的职业道德和日常美德,即希望每个公民踏实敬业、开拓突破,即使是扎根基层也能够几十年如一日地奋斗;希望每个公民遵循勤劳、勇敢、正义、无私、感恩、诚信、友善等传统美德,坚守传统伦理道德等。当然,也部分地涵盖了改革开放以来不同历史时期对典型人物塑造的要求,比如,20世纪90年代以来出现反腐倡廉英模、守信重诺英模,近年出现的生态保护英模、推动两岸文化交流英模等。同时,可以看到,《感动中国》选择了很多"交叉型"英模,他们已不完全是传统、单一和脸谱化的人物,体现出多种道德的交融和呼应。

表3-9 "感动中国人物"(2002—2021)道德类型统计

道德类型	总数(人)	道德类型	总数(人)
敬业务实	62	坚持正义	8
成就卓越	43	不计回报	8

续表

道德类型	总数(人)	道德类型	总数(人)
奉献爱心	28	坚守承诺	3
开拓创新	29	顽强拼搏	7
挺身而出	20	公正无私	3
扎根基层	19	民族团结	3
守护真情	15	感恩善良	3
见义勇为	10	德艺双馨	2
扶贫致富	12	两岸交流	1
危难担当	9	生态保护	1
清正廉政	8	—	—

通过分析《感动中国》年度人物，可以发现，《感动中国》人物内涵特征与21世纪以来中国社会主流价值观嬗变高度吻合。比如，21世纪以来，中国社会发生了显著变化，社会成员的价值观念、社会方式及文化呈多样性，身份呈"职业化"转向等，《感动中国》都比较准确地捕捉到了这些变化。有学者认为，2003年的《感动中国》展示了一个民族同舟共济抗击"非典"的奋斗历史；2005年的《感动中国》表达了个人和国家超越条件局限所创造的奇迹和展示的"中国实力"；2006年的《感动中国》通过差异性的个体在专业领域的努力实现对社会的贡献，每一个人都是成功者；2007年的《感动中国》以开播以来最多的"传统形象"召唤传统道德价值观的复归，由此累积起推动社会进步的巨大精神财富。[①] 在价值观多元化和各种社会思潮争锋

---

① 薛国林：《形象塑造与社会认同：正面人物宣传报道的社会效果研究》，暨南大学出版社2012年版，第125页。

的中国社会,"感动中国人物"以"感动"的方式撼人心灵、彰显人性,为人们明确了普通人安身立命的行为准则。

值得一提的是,《感动中国》将有效的情感性作为大众接受的催化剂,每届《感动中国》颁奖典礼都在 CCTV 综合频道黄金时段播出,由知名主持人担任主持,每位英模都有属于自己的颁奖词,大气庄美、凝结传神,通过观看电话、聆听颁奖词、走近英模的故事,大众能够较深入地感受到英模精神之美、英模人格之德,受到强烈的精神冲击。应该说,经历 20 年的发展,《感动中国》年度人物评选在凝聚精神、传递能量、抒发情怀方面发挥了较好的作用;不过,毕竟经历 20 年,电视受众的年龄、视野和思想观念已发生了重大变化,如何打破传统窠臼,消除人们审美上的疲劳,重新引发社会关注热点,以焕然一新的方式走向未来,也是《感动中国》年度人物评选所要面对和探索的问题。

第二节　英模人物演进的趋势呈现与主要特质

马克思说,"首先要研究人的一般本性,然后要研究在每个时代历史地发生了变化的人的本性"[①]。时代发展和社会变迁对英模人物塑造产生了深远的影响。1978 年以后,随着社会主义市场经济体制的建立与日趋完善成熟,经济发展取得历史性成就;经济全球化趋势使得知识经济席卷中华大地,中国加快与国际接轨的步伐,政治经济、思想文化等领域都呈现出交融交锋、多元复杂的发展局面;中国社会内部也经历了从集中到分散、从计划到市场、从封闭到开放、从固定到流动的社会变革,出现了许多新兴阶层,并在经济和社会发展中发挥越来越重要的作用。可以说,这一时期"从一个曾经是高度集中、相同

---

① 《马克思恩格斯文集》第 5 卷,人民出版社 2009 年版,第 704 页。

同质性的社会结构体系逐渐分化为资源、地位、机会和利益相对分散、相对独立的结构体系。整个社会正在逐渐分化为一个阶级阶层化的社会，或者说是从过去国家建构的简单的两个阶级、一个阶层框架或'身份等级'社会转变为复杂的阶级阶层社会"①。

自20世纪90年代以来，英模人物塑造呈现出明显的复苏与提速迹象，主管部门越来越注重英模的作用，有计划、有步骤地推出典型、设置议程、引导舆论流向。为适应社会多元化的发展要求，科学精英、创新人才、知识技能型工人、企业精英、文体明星等各行各业的英模不断涌现，英模的主体扩展、结构优化、职业和身份更加宽泛。英模的塑造标准逐渐拓展到关注人自身的发展、人的民主权利、人的健康心理、人的综合素质等方面，除了关注人与社会，还关注人与人、人与自然的关系等，英模人物经历了身份、形象、人格和个体的诸多转变。

一 从单一统一走向多元多样

英模是不同时期和社会背景下由主流意识形态独特刻绘的人物，传统先进人物典型塑造中最显著的特征在于"先进性"与"高尚性"。那时的英模主要奋战在工业、农业、军事等战线上，表现着整齐统一的价值观体系，更像是"行动样板"，舍小家顾大家，克制个人欲望服从集体和国家诉求，成为全社会遵循和学习的道德标杆。改革开放以来，英模人物的社会形象逐渐由相对单一的"画像"转向特征丰富的个体形象，身份涵盖各个阶层和各行各业；随着社会分工的细化、社会阶层的变动和各行各业的竞相发展，各种行业甚至自由职业、各类身份的普通老百姓也开始大量涌现。从公仆、科学家、工人、农民、

---

① 李路路：《改革开放40年中国社会阶层结构的变迁》，《武汉大学学报》（哲学社会科学版）2019年第1期。

律师，到管理者、技术员、IT 精英、歌唱家、音乐家、教授、讲师、美容师、设计师，以及母亲、儿子、兄弟、妻子等，英模职业类别更加多元化，身份类别更加多样，英模人物由单一的正面典型向"泛典型"等多元形象并存转化。

从改革开放以来几个时期的英模塑造来看，20 世纪 80 年代的英模可以分为四大类别。第一，传统的拼搏奋斗型和见义勇为型道德楷模，如身残志坚的张海迪、英雄少年赖宁；第二，行业中的精英，勇攀科学高峰、为国家现代化做出突出贡献的科学家，如为党为国燃烧奋斗的知识分子罗健夫、蒋筑英等；第三，锐意进取、敢于创新的企业家、改革者英模，如敢闯敢拼、直面改革难关的鲁冠球、步鑫生等；第四，一线工人、农民、干部、体育明星中的精英，如赵春娥、包起帆、杨善洲和中国女排、体操王子李宁等。到 20 世纪 90 年代后，各行各业的社会分工日趋细化，英模的身份和职业领域也不断延伸并日趋多元。进入 21 世纪，英模人物产生的领域更加宽广，更多的基层工作者如环卫工人、保洁员、家政服务人员、出租车司机、志愿者、社区工作者人物涌现；同时，很多新兴行业人物如质量监督员、质检员、博物馆讲解员、海上救助员、互联网经理等出现，甚至出现外籍人士……

就同一行业的英模来看，20 世纪 80—90 年代，选树关广梅、步鑫生这样的企业家英模，为的是鼓励大家勇于探索经营形式改革，从而为经济改革助威鼓劲；到 1995 年，随着社会主义市场经济的发展，劳动模范中的企业家群体进一步扩大，民营企业家开始崭露头角；而 21 世纪以来，特别是创新创业成为时代主流，出现了更多投身新兴行业、改革创新的创业模范，其中包括很多互联网行业代表人物及电子商务创新领袖人物，产业技术创新型工人在工人劳模中的比重更大。就公仆模范而言，从勤政为民的默默奉献者（如县委书记的好榜样焦裕禄）到信念坚定、有思有谋、敢于创新、具有较高科学文化素质和竞争意识，甚至具有国际视野和国际胸怀的实干家（如向世界传播湖北文化、成功申报人类非物质文化遗产代表作名录的全国"人民满意的公务员"谭斌；坚持以事实为依据审理案件的谭彦；"阳光"法官宋鱼水；花甲之年临危受命的外交官孙必干等）。就军人模范而言，无论是在西部大开发、三峡工程、西气东输、青藏铁路、北京奥运会的工地上，还是在抗击各种自然灾害中，比如大兴安岭森林扑火、"九八"抗洪、抗击非典、抗击雨雪冰冻灾害、汶川地震抗震救灾中，到处都有军人模范的身姿，他们始终发挥着主力军和突击队的作用，体现了危急关头冲锋陷阵、爱党、爱祖国、爱人民的革命英雄主义精神。近年来，为适应培养造就适应军队信息化建设的新型军事人才的需求，在受表彰的军人模范中，除了见义勇为、为保护人民奋不顾身的英雄之外，更多能够体现"强军梦"的军人形象受到重视，越来越多的普通官兵成为耀眼的"创新之星"，涌现出越来越多推动国防事业、航天事业发展，推进军事现代化信息化的技术型、创新型军事模范，如航天英雄杨利伟、歼15总负责人罗阳等，体现了对科技强军战略的贯彻落实；同时，根据国家促进国际和平与安全的战略需求，出现了维和战士等英模形象。此外，同一行业的英模人物也从单一形象逐渐转变为呈现出多重、多元形象。以2003年开始的"全国模范法官"评选为例，模范法官呈现出道德模范形象、"铁人"形象、"父母官"形象、人民调解员形象、专家学者形象及现代法官形象等多重角色。

二 从遥不可及走向真实平凡

1949—1966年，英模人物以战士和劳动模范为主，阶级立场鲜明，社会主义信仰坚定，带有浓烈的集体主义印记，是道德高尚、目标统一明确、政治觉悟极高的先进典型，缺少现实生活的立体真实感，即使提及平凡的事迹也要刻意拔高到伟大、崇高的意识层面，让人觉得高大却遥不可及。1978年以来，从打破思想坚冰、现代化建设加速腾飞、改革开放全面深化到加快实现中华民族伟大复兴，伴随这一激越的历史进程而诞生的英模人物，从标准化、统一的"画像"向更加真实平凡的"画像"渐变和发展。

比如，12岁起就扛起家庭生活重担的洪战辉；割肝救子的"暴走妈妈"陈玉蓉；会同妻子共同照顾瘫痪的初恋女友三十多年的韩惠民等道德模范。所谓行行出状元、行行出英模，从他们的身上，我们看到榜样之所以为榜样的理由；"英雄不问出处"，英雄不是他们做了我们完全无力做到的事情，而是他们做了我们想做却没有勇气去做、能做却不想去做或者觉得自己做不到的事情，他们让我们看到了人生选择和道德选择的多种可能。在英模选树过程中，更多带着人民现实的世俗追求、与我们日常生活密切关联的人物出现，人物形象着重挖掘平凡、真挚与朴素，不再是那么的"高大上"，而是真正与现实对接而"卷入平凡的日常生态"，一些非常普通的"小人物"——诊所医生、打工者、乡村教师、邮递员、环卫工人、出租车司机等平凡岗位上的英模人物纷纷涌现。同时，依载这些最广泛真实的人物群体，英模精神以鲜明的时代特色标志着当代中国人在主流意识形态引领下精神领域所达到的高度。比如，改革开放初期的知识分子典型基本上是勇攀科学高峰、刻苦钻研、安于清贫的高端科学家模范，如"哥德巴赫猜想第一人"陈景润、"中国式保尔"罗健夫等；20世纪90年代以后，随着改革开放的推进，知识分子从高端领域逐步贴近平常人的生活，高级知识分子因其卓越贡献继续被大力推崇，但不同的是，知识分子英模由普遍化地宣传从事"高、精、尖、深"专业的高级知识分子逐步向普通知识分子转变，更多的散落在民间从事普通工作的知识分子,因传播知识、传播火种、责任义举受到广泛关注。由此,诸多普通知识分子被选树为英模,如党的创新理论的传播者方永刚、到艰苦地区支教的志愿者徐本禹、"全国模范教师"北京大学教授孟二冬等。从内容上来讲,英模形象也更加真实。比如,对孔繁森这一英模的塑造。一方面,突出表现了孔繁森的坚强党性、公正廉洁和全心全意为人民服务的高贵品德;另一方面,注重展现朋友、亲人和同事心中的他,展现了他的多个侧面和人们对他的深切缅怀(见报道《繁森,你真的走了吗》《继承爸爸遗志实现人生价值》《女儿心中的孔繁森》《繁森,您永远活在故乡人民心中》等)。

此外,进入21世纪,传统观念和价值体系遭到巨大冲击,政治多极化、经济全球化、文化多元化成为新时期的时代特征,传统的艰苦奋斗、无私奉献的人物形象不再应者云集。在英模人物塑造过程中,对于个体独特性、个体权利、个体主体性、个体之间差异的强调更加引人重视,在国际上展示中国人新形象的文体明星成龙、张艺谋团队、刘翔、姚明等也受到了大众的追捧和认可。

值得注意的是,同一个英模人物在不同历史时期的形象演进也有所不同,这一现象颇具意味。如,韩素云,1961年出生在山东省梁山县马店村一个普通农民家庭——作为一名任劳任怨地挑起家庭重担、默默支持丈夫献身国防事业的好军嫂,20世纪90年代,因为体现了人民群众拥军优属的深情篇章,她被授予全国"三八红旗手""优秀军人妻子"的称号,并受到江泽民的接见。而2009年9月,她当选"100位新中国成立以来感动中国人物"时,她的名言却是——"荣誉是暂时的,做人是永久的"。从对她在不同时期的选树过程来分析,20世纪90年代的她,是因为克服一切困难、挑起家庭重担,默默支持丈夫的"好军嫂"身份而受到表彰;而2009年的她,受到表彰时说,"我就是我，我还是我""我只是平凡的人，我回报社会的方式，就是把自己要做的事，坚持下去。"[1] "人性"味更加浓郁，情怀更加饱满真实。

三 从超凡入圣走向丰润生动

改革开放以前，塑造的先进人物典型几乎是十全十美的，英模人物为了革命理想可以牺牲自我、牺牲家庭，甚至牺牲亲人。在这种传统的固有思维定式下，要求英模"超凡入圣"，成为高于常人道德水准甚至没有缺点、具有非凡意志和不近人情的品德的"完人"。改革开放以来，以人为本、突出人文精神的关怀，成为英模人物塑造的一个显著特征，英模的人格和情感的复杂性、立体性和多维性增加，形象更加饱满，情感更加丰富，英模人物身上闪耀着朴素的人性光辉，呈现出人作为一个复杂个体的个性魅力。

尤其是党的十六大以来，党中央提出以人为本的重要理念，并提出"三贴近"原则，即"贴近实际、贴近生活、贴近群众"。与"三贴近"原则相适应的是，党报话语也开始转型创新，先进人物典型报道要求不再用放大镜看典型，要用民众易于接受的方式进行宣传推广。人们对英模的宣传开始注重还原英模的本色和个性，倡导人性关怀，同时尊重英模的个体价值和利益需求。由此，英模人物更加丰润，性格更饱满，生命更有质感，英模作为"人"的个体得到了回归。在英模人物塑造中，个人的价值、权利和利益日益受到重视，带有实用主义色彩的价值取向和行为追求得到了人们的普遍认可，在强调个人利益且不损害集体利益、国家利益的同时，能够带来实际利益而非远大理想抱负越来越得到凸显。英模人物不再是被完全抹杀个性的"完

---

[1] 《记"100位新中国成立以来感动中国人物"——韩素云》，广西新闻网，2009年9月28日，http://news.gxnews.com.cn/staticpages/20090928/newgx4abfec36-2308741.shtml，引用日期：2020年1月8日。

人"，不再是为了突出其先进性往往忽视甚至不涉及其平凡的一面，而是有着鲜明的个人特质，尽可能地还原英模作为"人"的本来面貌。在挖掘英模的闪光点的同时，也表现了英模作为普通人和正常人的需求，展示英模的内心世界和成长经历，体现出人与时代的关系、人与社会的矛盾、人与自我的矛盾。正如2004年创刊的《南方人物周刊》的办刊宗旨——他们关注的是那些"对中国的进步和我们的生活产生重大影响的人、在与命运的抗争中彰显出人类的向善力量和深邃驳杂的人生魅力的人"[1]，这清晰体现了时代对普通小人物更多的关注。

英模人物生活在我们的周围，他们贴近生活、亲近人心、充满人性色彩，让英模的精神面貌崛起于平凡生活中，让人们不仅知道"英模是谁"，更知道"他为什么会这么做"。在英模的报道中，出现了许振超的汽车、牛玉儒喝酒的豪爽等；同时，展示了英模的成长过程、内心情感，甚至挣扎和苦楚、情感经历以及克服困难、成就不凡的努力和付出。在报道执法为民的任长霞时，提到了她作为一名普通女性的特点，她特爱美、爱照相，老喜欢买些好一点的衣服，特别爱穿红色的，几件衣服换来换去地照相。还有《感动中国》的郑培民，他生前是湖南省委副书记，已经身居高位，然而，妻子却一直是新华书店的一名普通职员。尤为让人记忆犹新的是，他在北京突发心脏病，在生命的最后时刻——赶往医院的路上，嘴里还不忘嘱咐司机"别闯红灯"[2]……这些点滴琐碎的细节动态宣传，在朴素的生活场景中展现了英模人格的崇高，又传递出其丰富真实的人物情感，唤起人们内心深处的感动。可以看到，在英模的塑造中，越来越多地了解、尊重、满足人的基本权利，充满强烈的人文关怀和人性色彩，从而升华为超越

---

[1] 《南方人物周刊》编辑部：《关于我们》，《南方人物周刊》2022年第27期。
[2] 《评论：有感于郑培民至死不闯"红灯"》，新浪网，2006年6月2日，http://news.sina.com.cn/o/2006-06-02/18009103351s.shtml，引用日期：2022年3月2日。

第三章 改革开放以来英模人物演进的呈现样态

平凡的深刻情感与价值。

人们对英模人物的认识也在不断深化。英模人物的缺点和不足,也逐步受到人们的关注,甚至是部分理解。2004年雅典奥运会上,我国田径运动员刘翔凭借实力,为国争光,一举获得了奥运会田径项金牌,同年获评"感动中国年度人物",成为"亚洲飞人和万众瞩目的明星英模";四年后,2008年北京奥运会上,刘翔却因伤退赛,此事让人们议论纷纷,网上争议不断,但大部分人还是表示理解和支持。这从侧面说明,大家已经从内心认识到,英雄也是凡人。2016年里约奥运会上,参加女子100米仰泳半决赛的游泳运动员傅园慧并没有获得金牌,却因为率真的个性和乐观的性情走红网络。"我已使出洪荒之力""我对明天没有充满希望,因为我对今天满意!"傅园慧接受采访时说的金句让人忍俊不禁,博得人们喜爱。我们看待奥运、看待金牌、看待运动的心态也变得不同:"逐鹿赛场,比赛结果自然重要,但是对于失利运动员的评价,网友也愈发理性平和。"[1] 又如企业家步鑫生,在20世纪80年代一度作为改革企业家形象受到广泛宣传推广,之后他却被免职,引起争议。对此,《人民日报》评论说,"改革者的沉浮有各方面原因……事实上一个个别的改革者的失误和'落马',并不能抹去中国改革者的光彩"[2]。说明当代社会对于英模人物身上的优点、成就与缺点、不足也有了更加理性的认识,能够一分为二地认识和对待,一个不那么"完美"的理想型英模并不会抹去其身上的人格光彩,人们呼唤的英模也不再是毫无瑕疵的"完人"。

四 从重义轻利走向先义后利

改革开放以前选树的英模有鲜明的重义轻利、为社会主义现代化

---

[1] 管璇悦:《过去为"失去金牌"叹息,今天为"斩获银铜"喝彩》,《人民日报》2016年8月10日第11版。
[2] 吴政:《也说步鑫生"落马"》,《人民日报》1988年2月8日第2版。

事业奉献终身的强烈政治、道德和伦理色彩。"利"这个字与那个时代所推崇的精神要素格格不入，甚至是绝口不提的。改革开放以来，积极鼓励人们通过诚实劳动、合法经营最终实现共同富裕。由此，财富标准随着人们财富观念的变化而变化，拥有财富和功名成了一种成功的标志，经济功利色彩日益占据主导地位，更多的成功人士、名家（企业家、明星、IT精英等）进入英模的评选和塑造，呼应着当代人对成功与财富的追求，义与利不再是完全对立的壁垒，体现了先义后利的价值选择，诠释着当代人对奋斗的重新定义。

仅从全国劳动模范评选上看，改革开放之前选树的劳模更强调其道德示范意义，比如赵梦桃、马恒昌等，用这些埋头苦干、不屈不挠、精益求精、废寝忘食的生产能手的人物形象，激励广大劳动者努力工作、敬业劳作，促进经济社会发展。改革开放以后，在评选出的全国劳动模范和先进工作者中，利用知识技术引领行业发展、攻克技术难关、推动技术革新并做出突出经济贡献的企业骨干、负责人占比更多，成为新时期的劳模领军人物。诸多企业家因其对推动行业领军和经济发展做出的贡献也成为全国劳模和先进工作者。同时，更多非公有制经济人士作为"中国特色社会主义事业建设者"得到推举，尤其是一些通过艰苦奋斗成为"成功人士"的企业家越来越受到社会和人们的关注和热捧。据此前对"全国劳动模范"的统计对比，企业家是改革开放以来历届劳模与先进工作者评选中占比较高、增长较快的群体，在"全国劳动模范"中所占比例始终处于14%~30%的较高区间，说明了劳模的经济价值、带来的经济效益在其形象价值中的占比得到了有力的提升和凸显。同时，21世纪以来，大量诚信英模人物的出现，也弘扬了以义为利的正确义利观。

从行业精英和文体明星的比例来看，自20世纪80年代开始，国家逐步树立了许多致富典型，比如华西村等集体致富典型和王乐义等带动群体富裕的个体致富典型,从回避个人财富到提倡个人财富,体现了时代发展对人们财富观的深刻影响。此外,受社会娱乐化和功利化影响,更多的企业精英和文体明星因成功实现了个人价值和个体财富的双丰收而成为青少年追捧的对象。在企业家领域里,任正非、蒂姆·库克、比尔·盖茨等创业精英、创新人杰、社会英才,成为众多年轻人心中的榜样;很多的文体明星也由于阳光、健康、正面的形象受到推崇,如"超女"李宇春、TFBOY、成龙、濮存昕、姚明等。一代人有一代人的梦,追求卓越、追求财富和追求个体知识价值、人格价值、社会价值的充分实现,成为一代人的新追求;个体的"利"不再与英模的"德"对立起来,而是走向了充分肯定的一面。普通家庭出身,依靠个人奋斗获得财富和功名,同时不忘社会、回馈社会并体现出社会正义感的模范,成为大众心中的"真心英雄",纷纷入选"感动中国"等各类英模人物评选活动。2009年,南方报业传媒集团和南方都市报主办"改革开放30年风云人物",伴随王选、袁隆平、丁磊、杨利伟、张艺谋、余秋雨、易中天等入选的还有"超级女生"李宇春,因此受到质疑。有人认为:"这是把政治娱乐化,背后隐藏着庸俗的商业目的";有人认为:"她的成功是今天中国公众意识崛起的标志,他们认同以一种公众化的参与方式,接受了多元的文化价值观。"[①] 李宇春的当选,说明了中国社会转型时期和开放进程中,由于公众广泛参与而选择的一个个体明星对社会所产生的广泛影响。

第三节 英模人物演进的现代转型与历史赓续

马克思认为,"历史不外是各个世代的依次交替。每一代都利用以前各代遗留下来的材料、资金和生产力;由于这个缘故,每一代一方

---

① 林华:《从李宇春被列为"改革开放30年风云人物"说起》,《思与想》2009年第1期。

英雄模范人物的时代演进及塑造

面在完全改变了的环境下继续从事所继承的活动,另一方面又通过完全改变了的活动来变更旧的环境"①。历史总是在承续过去的同时指向未来。时代前进中总会不断出现新问题,这些新问题反映在社会发展进程中,凸显为各种各样的矛盾,同时需要从价值观层面去引领和化解这些新矛盾。可以说,四十多年来英模人物的演进,不断适应新的形势变化做出现代转型与赓续,在回答不同时代课题中,实现不同历史主题的转换。

一 适应社会时代背景的转型与赓续

任何一种思想体系都是时代的产物,都是在敏锐掌握和科学回答时代课题中获得的重大突破和飞跃发展。英模人物演进的最鲜明特征就是时代性。四十多年来,英模人物随着时代嬗变不断增添着新的时代符号和特点。

1978年以来,经济社会发展逐步摆脱极"左"政治意识形态的羁绊,英模身份和出身相对不再过度看重。邓小平在全国科学大会开幕词中强调,"四个现代化,关键是科学技术的现代化"②,并强调"为社会主义服务的脑力劳动者是劳动人民的一部分"③。为了发展社会主义经济,科学知识的重要性凸显,知识分子英模明显增加。1980年以后,扩大企业自主权工作在国企中全面推开。1982年,党的十二大提出"建设有中国特色的社会主义"的重大命题,此后,城乡经济体制改革继续深入,改革重点由农村转向城市,并从经济领域逐渐向科技、教育、精神文明等领域拓展,对外开放进一步扩大。④ 1985年,国务

---

① 《马克思恩格斯文集》第1卷,人民出版社2009年版,第540页。
② 《邓小平文选》第2卷,人民出版社1994年版,第86页。
③ 《邓小平文选》第2卷,人民出版社1994年版,第89页。
④ 刘景泉、杨丽雯:《改革开放的历史阶段和基本特征》,《天津日报》2018年10月29日第3版。

院发布《关于深化企业改革增强企业活力的若干规定》，党中央作出《关于科学技术体制改革的决定》，提出伴随城乡经济体制改革的逐步展开，必须相应地改革科学技术体制，经济建设必须依靠科学技术的战略方针。1988年，第七届全国人大一次会议将"允许私营经济在法律规定内存在和发展，私营企业是社会主义公有制经济的补充"写入宪法。[1] 与这一时期科学技术体制改革所对应的是，出现了一大批科技英模人物，他们掌握先进的技术知识，用科学技术知识积极投入"四个现代化"建设；同时，随着国有企业改革和国家对私营企业合法地位的认可与支持，这一时期的各条战线的英模人物，以践行"以经济建设为中心"理念、大力投身社会主义现代化事业发展的工人、农民、公仆、军人、企业家等为重点。

20世纪90年代以来，改革开放和现代化建设进入从计划经济体制向社会主义市场经济体制转变的新阶段。1993年，党的十四届三中全会进一步明确了社会主义市场经济体制的基本框架；1995年，中央提出科教兴国战略；1999年，江泽民在全国技术创新大会上强调，必须把科技创新摆在经济建设的首要地位。1997年召开党的十五大，特别强调"以公有制为主体、多种所有制经济共同发展是中国社会主义初级阶段的一项基本经济制度"[2]。以社会主义市场经济体制建立和"科教兴国"战略实施为契机，这一时期崇尚敢为人先、开拓创新的精神。英模包括企业家、公仆、工人、建设者、知识分子、文体名人等，其中多种经济形式背景下的企业家大幅增长，从国有企业厂长、总经理到私营企业等非公有制经济的总经理、金融投资者等。劳动模范不再局限于农业、工业生产一线辛勤劳作的行家或技术标兵，拼搏于科技

---

[1] 中央党史和文献研究院：《改革开放四十年大事记》，《人民日报》2018年12月17日第10版。

[2] 刘景泉、杨丽雯：《改革开放的历史阶段和基本特征》，《天津日报》2018年10月29日第3版。

界、工商界、知识界的模范人物也大量地涌入"全国劳模"的荣誉殿堂，企业家、个体工商户等英模人物在劳动模范中的占比得以快速增长。

进入21世纪，党的十六大把"三个代表"重要思想确定为党的指导思想并写进党章。2003年，胡锦涛明确提出要牢固树立协调发展、全面发展、可持续发展的科学发展观。2004年，党的十六届四中全会提出构建社会主义和谐社会的战略任务，我国社会发展的目标从政治、经济、文化"三位一体"跃为社会主义物质文明、政治文明、精神文明、和谐社会"四位一体"；全会强调要"坚持马克思主义在意识形态领域的指导地位""进一步加强和改进思想政治教育。要坚持尊重人、理解人、关心人的方针……既要统一思想又要尊重差异，既要解决思想问题又要解决实际问题"。[①] 2006年，党中央提出增强自主创新能力，努力建设创新型国家；胡锦涛提出，要引导广大干部群众树立以"八荣八耻"为主要内容的社会主义荣辱观。2007年，党的十七大召开，指出加强社会主义核心价值体系的途径，并首次把建设生态文明作为实现全面建设小康社会奋斗目标的新要求。[②] 2009年，党的十七届四中全会指出"大力弘扬以爱国主义为核心的民族精神和以改革创新为核心的时代精神，带头践行社会主义荣辱观"[③]。这一时期，国内生产总值持续增长，国民经济保持平稳较快发展，经济效益明显提高。与科学发展观和社会主义和谐社会建设相对应的是，英模群体也蓬勃壮大，普通知识分子英模、创新创业英模、资源节约型英模和环境友

[①] 中共中央文献研究室编：《十六大以来重要文献选编》中，人民出版社2006年版，第271—296页。

[②] 参见中共中央文献研究室编《十七大以来重要文献选编》上，中央文献出版社2013年版，第802—803页。

[③] 《中共中央关于加强和改进新形势下党的建设若干重大问题的决定》，《人民日报》2009年9月28日第1版。

好型英模纷纷涌现，道德模范持续呈旺盛增长状态。

2012年，党的十八大召开，首次正式提出全面建成小康社会，提出经济建设、政治建设、文化建设、社会建设、生态文明建设"五位一体"战略布局。党的十八大以来，着眼于全面建成小康社会，党中央把脱贫攻坚摆到治国理政的突出位置，以前所未有的力度推动贫困地区和贫困群众加快脱贫致富奔小康的步伐。2013年，中央在《关于培育和践行社会主义核心价值观的意见》中，明确了24个字的社会主义核心价值观基本内容。2015年，中共中央、国务院印发《国家创新驱动发展战略纲要》和《关于大力推进大众创业万众创新若干政策措施的意见》，开始大力推动创新驱动发展战略。2020年，习近平总书记在浦东开发开放30周年庆祝大会上的讲话中指出，"科学技术从来没有像今天这样深刻影响着国家前途命运，从来没有像今天这样深刻影响着人民幸福安康。我国经济社会发展比过去任何时候都更加需要科学技术解决方案，更加需要增强创新这个第一动力"[1]。随着创新驱动战略的实施，国家对创新实力和创新能力的重视提升到一个新的高度，很多推动科技强国、投身自主创新的科学家、企业家、军人占据了英模的主流地位；同时，还涌现出大量为全面建成小康社会贡献智慧力量的扶贫干部、职工等。由于生态文明建设被提高到战略层面，"绿色发展""共享发展"等理念的兴起，更多投身生态治理的劳模出现。针对市场经济发展过程中出现的道德冷漠和行为自私现象，自2013年中共中央办公厅下发《关于培育和践行社会主义核心价值观的意见》以来，"友善"被列为公民基本道德规范，作为个体层面的社会主义核心价值观之一，成为道德模范评选表彰的重要标准。

---

[1] 习近平：《在浦东开发开放30周年庆祝大会上的讲话》，《人民日报》2020年11月13日第2版。

英模人物是时代的符号，也是社会的标志，他们与时代精神保持着高度一致，并呈现出所处历史阶段的鲜明时代风姿。改革开放以来，英模人物演进的时代性体现在身份和行业随时代变化，精神与诠释随时代前行。行业从新中国成立以来的工人、农民、干部、军人等到工人、农民、公仆、科学家、军人、企业家、自由职业者、家庭妇女、个体户、体育家、娱乐明星等。此外，不断融入新的时代价值元素。比如，当代中国将"友善"提升为核心价值观，这是其他任何时代都没有的。新时代的友善不再主要停留于传统社会中个体和宗亲的领域，"强调在更广泛的社会关系中对善的构建，是一种个体化、普遍化、规范化的公民道德，从规范个体关系、熟人关系、宗法关系升华为一种面向陌生人的、带有公共性质的新的道德规范"①。由此，新时代树立的"友善"英模体现着新时代、新实践对公民的新的道德要求，对新的历史条件下人们增进同理共情，为个体正确处理与他人的关系、与社会的关系、与生态的关系、与陌生人的关系提供了价值指南。

二 响应主流意识形态的转型与赓续

马克思曾指出，"如果从观念上来考察，那么一定的意识形式的解体足以使整个时代覆灭"②。主流意识形态对社会的整合程度直接影响社会的和谐与稳定发展。改革开放以来，以邓小平为核心的党的第二代中央领导集体提出"走自己的路、建设中国特色社会主义"，拓展了社会主义意识形态主导性建设的深度；以江泽民为核心的党的第三代中央领导集体提出"三个代表"重要思想，破解了"建设一个怎么样

---

① 柳礼泉、庄勤早：《弘扬榜样文化与培育友善价值观论析》，《学术论坛》2019年第3期。
② 《马克思恩格斯文集》第8卷，人民出版社2009年版，第170页。

的党，怎样建设党"的重大问题，为社会主义意识形态主导性奠定了强大基础；而后，以胡锦涛为总书记的党中央将马克思主义基本原理和我国实践相结合，提出科学发展观、社会主义核心价值体系、社会主义和谐社会等一系列富有创新性的理论成果，破解了"实现什么样的发展、怎样发展"的关键问题，为坚持和发挥社会主义意识形态主导性提供精神力量和基本规范。党的十八大以来，面临许多新情况、新问题、新要求，党中央着力于不断增强社会主义意识形态凝聚力和引领力；党的十九大报告提出习近平新时代中国特色社会主义思想，把它作为新时代社会主义意识形态建设的指导思想。实践证明，以马克思主义为指导的社会主义意识形态是我们统一全党思想、凝聚民族力量和推进社会和谐发展的思想保证；以社会主义核心价值体系引领和整合多样化的社会思潮，保持党和人民的团结一心，是我们国家始终沿着正确方向前进的根本思想保障。

改革开放以来，国家意识形态一直致力自身表达功能的不断拓展。英模人物塑造作为统治阶级实现意识形态功能的一种重要手段，在价值取向上始终与意识形态所体现的核心价值观保持同频共进，反映了时代思想和价值观念，也反映了主流意识形态的根本要求。1981年，共青团中央、全国总工会等发起《关于开展文明礼貌活动的倡议》，号召在全国人民特别是在青少年中开展以"五讲四美"（讲文明、讲礼貌、讲卫生、讲秩序、讲道德，语言美、心灵美、行为美、环境美）为主要内容的群众性精神文明创建活动。在"五讲四美"于全国大力开展的同时，许多地方又兴起"热爱党、热爱社会主义、热爱祖国"的"三热爱"教育活动。1983年，中共中央提出要把"五讲四美"与"三热爱"结合起来。由此，全国开展了持续多年的"五讲四美三热爱"活动。1985年全国共青团思想政治工作会议提出"四有新人"（有理想、有道德、有文化、有纪律）的公民思想政治教育目标。1996

年，党的十四届六中全会指出"社会主义道德建设要以为人民服务为核心，以集体主义为原则，以爱祖国、爱人民、爱劳动、爱科学、爱社会主义为基本要求"①。

2001年，中共中央颁发《公民道德建设实施纲要》，提出"爱国守法、明礼诚信、团结友善、勤俭自强、敬业奉献"的20字公民道德规范。这一规范与之前的"五爱"规范相较，新增了"守法""明礼诚信""勤俭自强""团结友善"等内容，反映了21世纪初期在继续强调处理好公民个人与国家关系之外，道德规范开始重视公民与社会、公民与公民之间关系的约束。2006年，胡锦涛提出以"八荣八耻"为主要内容的社会主义荣辱观，即坚持以热爱祖国为荣、以危害祖国为耻，以服务人民为荣、以背离人民为耻，以崇尚科学为荣、以愚昧无知为耻，以辛勤劳动为荣、以好逸恶劳为耻，以团结互助为荣、以损人利己为耻，以诚实守信为荣、以见利忘义为耻，以遵纪守法为荣、以违法乱纪为耻，以艰苦奋斗为荣、以骄奢淫逸为耻。社会主义荣辱观将中华民族传统美德与时代精神联系起来，指出每个人应有的价值取向和行为准则，对市场经济条件下出现的不良社会风气，旗帜鲜明地提出了是非、善恶的界限，体现了21世纪以来社会主义的基本道德规范要求。2006年，党的十六届六中全会提出"建设社会主义核心价值体系"这一重大命题，要求用社会主义核心价值体系"引领社会思潮，尊重差异，包容多样，最大限度地形成社会思想共识"②。2012年，党的十八大报告首次分别从国家、社会、公民层面，以12个词概括了社会主义核心价值观的基本内容。改革开放以来，从社会主义"四有新人"到20字公民道德建设纲要，从

---

① 《中共中央关于加强社会主义精神文明建设若干重要问题的决议》，《人民日报》1996年10月14日第1版。
② 《关于构建社会主义和谐社会若干重大问题的决定》，《求是》2006年第20期。

"八荣八耻"的社会主义荣辱观到 12 个词的社会主义核心价值观，社会道德规范体系建设随时代发展不断做出相应调整与补充丰富，并以此作为不同时代树立英模人物和推动公民道德建设的重要参考和依据。

社会道德规范是对人们的道德行为和道德关系的普遍规律的概括，它源于一定历史时期人们的道德生活和社会实践，是一定社会道德意识现象的集中反映，具有历史性、阶级性和传承性。伴随时代前进，道德规范也在不断发展、调整和变化。改革开放以来的每一个历史阶段，英模人物的典型事迹都体现了高尚的道德选择和先进的道德意识，彰显了时代和社会对公民道德规范的期望和要求，以一种高于普通人日常生活的道德行为，践行着社会主义先进道德的实践规范。不同时期的英模，以鲜活的道德实践和可行的道德方式，成为践行特定历史时期所要求的道德规范的典范，从而使道德规范在实践中发展完善，推动着现代道德范式的确立。

"文革"末期得到平反的张志新，反映的是不畏强暴、坚持真理的知识分子精神，批判和控诉极"左"路线对人民的残酷迫害。20 世纪 80 年代初，为快速改变国内经济发展缓慢的现实，培养尊重知识的社会价值观，出现了关于蒋筑英、罗健夫等科学家的集中报道，作为对长期视知识分子为改造对象的思想逻辑的拨乱反正。成为全国人民学习对象的张海迪，之所以能在 80 年代迅速流行，正是因为她遭遇人生挫败却目标明确、信心坚定，她的出现用正面的教材教育了青年一代，使青年一代在改革开放初期的迷茫中重新找到了人生的奋斗方向。20 世纪 90 年代的孔繁森、杨善洲等英模人物，表达了人们对官员腐败的厌恶，对人民公仆应有的淡泊名利、实干为民的品德的呼唤。21 世纪以来，郭明义、孟二冬等英模人物，塑造的是不计得失、敬业奉献的普通劳动者形象，还有创新攻关、为祖国某项事业某个领域做出开拓性贡献的钟南山、南仁东，平凡朴实、默默践行诺言的守墓人李江福、陈俊，等等。

  从20世纪80年代对价值观的反思、人们自我意识的觉醒，到20世纪90年代社会主流价值受到市场经济的深刻影响、人们主体意识逐渐从抽象的群体意识向现实的个体意识转移，到21世纪以来价值观念差异性以及价值冲突愈加明显，再到党的十八大以来，"随着国家意识形态的重新整合和不断加强，人们从价值观念多元化向着社会主流价值观念聚合"①。当前，推动社会主义核心价值体系成为社会思想共识，取得一定的积极成果；然而，新的社会问题也变得更加突出。在从乡村社会向城市社会、从农业社会向工业社会、从伦理社会向法理社会的转型中，社会的快速变革引发了观念的变革。在世俗化、功利化和实用化的背景下，由于社会资源的有限性和市场竞争的激烈性，导致思想观念的差异、社会心态的多样、价值评价的多维，出现了"见利忘义""损人利己""诚信缺失""内心冷漠"等现象，迫切需要新的价值观去规范和引导。同时，由于人们对作为政治话语的意识形态产生的抵触心理，日常生活观念从"泛意识形态"逐渐转变为"淡化意识形态"，甚至"去意识形态"。当代中国的主流意识形态对人们日常生活的控制形式与传统意识形态有了较大差别，不再是单一地运用政治形式和宣教模式，而是转向微观的工具化、符号化和消费化，以消费的、娱乐的、日常的意识形态取代了传统的政治意识形态。比如，"人本主义"倾向日益明显，在国家意识形态统摄下的英模人物散发出更加强烈的人性光辉。一年一度的《感动中国》就是运用带有情感性甚至带有消费情感性质的宣传方式，采用极富煽情的"颁奖词"和当事人的事件还原评述，使整体性的政治控制和道德规训转向对个体生命的呵护和主体性的道德化育，体现了英模人物塑造过程中人的主体

---

① 周昭成：《改革开放以来我国的主流价值构建》，《探索》2018年第5期。

性渐次凸显的变迁过程。

以雷锋这一穿越各个历史时期且家喻户晓的英模人物演进为例。从20世纪60年代树立雷锋这一英模人物到今天，他的形象在不同时代变迁中展现了不同的时代精神和意识形态色彩，雷锋精神也成为不同时期加强精神文明建设、社会道德建设和社会文化建设的产物。吴海刚在《雷锋的媒体宣传与时代变革》一文中，对此做了详细分析。该文把雷锋作为一个典型符号宣传的时期划分为六个阶段。1973年前为第一阶段，学雷锋的重点是其爱憎分明的阶级立场。1973—1976年为第二阶段，学雷锋的重点是"理论联系实际的革命学风、公而忘私的共产主义风格"。1977—1982年为第三阶段，雷锋精神在"爱憎分明的阶级立场、言行一致的革命精神、公而忘私的共产主义风格"基础上增加了"刻苦钻研、勤奋学习、对业务精益求精的精神"；"维护社会公德，培养文明行为，注意品德修养"取代了爱憎分明的阶级立场。这一转变的背景是即将逐步展开的经济体制改革。1983—1989年为第四阶段，雷锋精神被概括为先人后己的"傻子精神"和"螺丝钉精神"。1990—1993年为第五阶段，雷锋精神经过新一轮的道德整合而相对稳定，被概括为奉献精神和牺牲精神。1991年，江泽民指出"雷锋精神的实质是全心全意为人民服务，为了人民的事业无私奉献"。1993年之后为第六阶段，"螺丝钉"精神被提炼为"立足本职，忠于职守"。2012年，中共中央办公厅在《关于深入开展学雷锋活动的意见》中，将雷锋精神阐释为"热爱党、热爱祖国、热爱社会主义的崇高理想和坚定信念，服务人民、助人为乐的奉献精神，干一行爱一行、专一行精一行的敬业精神，锐意进取、自强不息的创新精神，艰苦奋斗、勤俭节约的创业精神"。显然，雷锋已经演变为一种具有丰富内涵的道德模型；雷锋在作为政治符号和道德符号的同时，也加入了"创新精神""创业精神"等时代精神的符号。其中，雷锋作为"政治符号和道德符号的两个部分互相渗透"①。

三 呼应民众价值取向的转型与赓续

社会结构的深刻变化是价值观念变迁的根由，价值观念的变迁又是思想政治工作实现转型的根据，而社会主导思想价值观的确立，则是思想政治教育过程的起点。通过塑造英模人物来传导社会主导价值观，首先是因为社会需求和国家需要，但同时必须考虑"教育过程中与民众的个人需要或与个人思想价值实现对接"②。民众的价值取向随着物质生产方式和生活方式的变化而变化，是一种系统的、动态的观念机制。有人认为，中国社会价值观从改革前到改革后经历的变迁表现出总体的镜像，即"从一元价值观向多元价值观转变、从神圣价值观向世俗价值观转变、从精神价值观向特质价值观转变"③。在市场化潮流的冲击下，在西方文化思潮、价值观念及生活方式的入侵下，世俗化价值观使人们不再沉迷于"神圣的理想""革命的理想"，取而代之的是"世俗的理想""生活的理想"；个体的主体地位得到充分尊重，个人利益获得了道德价值的认同，"物质价值观成为一种社会基本价值观"④。正如邓小平站在唯物史观的高度肯定了人们物质利益需要的世界观和价值观意义，他说："不讲多劳多得，不重视物质利益，对少数先进分子可以，对广大群众不行，一段时间可以，长期不行。革命精神是非常宝贵的，没有革命精神就革命行动。但是，革命是在物

---

① 吴海刚：《雷锋的媒体宣传与时代变革》，二十一世纪出版社2001年版，第288页。
② 姜建蓉：《论榜样教育在构建社会主义核心价值体系中的作用实现机制》，《思想政治教育研究》2009年第1期。
③ 廖小平：《改革开放以来价值观的变迁及其双重后果》，《科学社会主义》2013年第1期。
④ 廖小平、孙欢：《价值观变迁对国家治理现代化的诉求》，《伦理学研究》2016年第3期。

质利益的基础上产生的，如果只能牺牲精神，不讲物质利益，那就是唯心论。"①

同时，价值取向逐步从以集体为中心向强调个体主义演进，从注重义务奉献向强调利益获取演进，从追求理想向强调实际的方向演进，价值观本身的辩证性和丰富性得以挖掘并不断还原，产生了"一元"与"多元"的交错、"主流"与"主导"的差别；社会心态也从封闭化走向开放化，从单一化走向多样化。有学者在研究青年价值观嬗变时认为，改革开放以来，"青年价值观始终围绕自我价值的探寻、社会价值的探寻以及由此伴随的寻找精神支点这三个基本主题展开""其思想和价值取向演变轨迹经历了1977—1983年、1984—1991年、1992年至今的三个'波动周期'"。②

民众价值取向的变迁总是与社会政治形势的发展同频共振。从英模人物的演进趋势来看，党的十一届三中全会召开后，人们对过去极端压抑人民思想和个性的价值观进行了深刻的反思。1979年《人民日报》对张志新事迹做了多次专题报道，塑造了一位追求真理、捍卫真理的英雄形象，同时罗健夫、马祖光等一批投身祖国科技事业的知识分子英模产生。20世纪80年代以来，随着对过去"左"的价值观的反思，人们经历了一次思想解放，但此时新旧价值观正处于共存博弈的状态，人们的思想解放程度迫切需要加大，实践改革力度迫切需要加强，这一时期，"勤劳致富""致富光荣"等价值取向逐渐盛行，追求物质和对自我价值实现的需求日盛，在利益分配上开始批判"平均主义"和"大锅饭"，同时"深圳速度""步鑫生""傻子年广久"成为美谈，步鑫生、关广梅等炙手可热的改革家形象涌现，体现了强烈

---

① 《邓小平文选》第2卷，人民出版社1994年版，第146页。
② 杨静、寇清杰：《改革开放40年来青年价值观的转型与嬗变》，《中国青年社会科学》2018年第4期。

的改革精神和致富意识。

20世纪90年代，社会主义市场经济的蓬勃发展深刻改变了原有的经济结构，利益主体走向多元化，人们的主体意识开始从抽象的群体意识转移至现实的个体意识，呈现出多元化、个人化、世俗化和物质化特征。[①] 这一阶段逐步孕育出与市场经济相适应的新的价值体系和社会心态，人们的价值选择更趋理性和自我，价值观呈现出更加务实多元的特性。据1994年《中国青年价值观状况研究报告》显示，对"主观为自己，客观为他人"的观点表示完全赞同或基本赞同的比例分别达到11.8%和34.51%。这一时期，"市场经济的发展增强了青年的竞争意识和自强意识，价值观多元化更为突出，功利化、世俗化倾向明显增强，理想主义和精神价值明显隐退"[②]。这一时期，精明强干的企业家英模数量大幅增加，如求伯君、王永民等；部分从事新兴电子信息产业、技术型的英模骨干人物增多；英模人物选树更加注重平凡人物与不平凡的事迹，行业更具代表性和普遍性，如李素丽、徐虎、马永顺等。面对市场经济大潮的冲击，为对抗金钱至上的功利主义、物质主义思想，抵御浮躁和实用主义倾向，塑造了坚持诚信经营、诚实为本的企业家和个体工商户英模人物；一些服务基层社会治理的英模也得到了塑造。面对较为突出的腐败案件，塑造了孔繁森这样的英模人物，使其成为净化社会风气、弘扬政风的一剂良药。

进入21世纪，以"神舟飞船""探月工程""北京奥运""上海世博"等为标志，改革开放以来的巨大成就为主流意识形态建设奠定了重要的基础。然而，我国社会阶层的构成也不断发生着新的变

---

① 周昭成：《改革开放以来我国的主流价值构建》，《探索》2018年第5期。
② 杨静、寇清杰：《改革开放40年来青年价值观的转型与嬗变》，《中国青年社会科学》2018年第4期。

第三章 改革开放以来英模人物演进的呈现样态

化。党的十六大报告指出,"在改革开放和发展社会主义市场经济过程中产生的新的社会阶层,包括民营科技企业的创业人员和技术人员、受聘于外资企业的管理技术人员、个体户、私营企业主、中介组织的从业人员和自由职业人员等6个方面的人员""这些人员主要由非公有制经济人士和自由择业知识分子组成,广泛分布在新经济组织、新社会组织中"[①]。与此相对应的是,"新兴社会组织、中介服务机构员工和自由职业者等社会新型劳动者的价值观、职业观、思想观念和诸多利益诉求呈现多元倾向和新特征,迫切需要新的思想观念来予以引导"[②]。随着改革开放的不断深入和经济全球化、信息化的日益提升,西方文化的大量涌入与中国传统文化相互碰撞,中国社会进入更开放多元的时代,人们思想活动的选择性、独立性、差异性增强,思维方式从过去单向、僵化的一维模式转向多向、弹性的多维模式,价值观念由一元化走向多样化。然而,由于市场经济逐利本性带来的负面影响、社会转型时期新旧道德观念的更迭,导致社会道德出现某种滑坡、混乱和无序状态。金钱欲望的膨胀,贫富差距的扩大,自私自利的喧嚣,道德评价的错位,都增加了当代人道德选择的难度,产生了不同程度的精神失守、道德滑坡、公德意识薄弱等问题。因此,在英模人物的选树上,需要有针对性地应对这些道德观念的问题,充分发挥典型人物的思想道德引领作用,比如选树廉政干部、诚信经营者、友善邻里等,以先进人物典型的道德精神来净化社会精神生活环境。

党的十八大以来,随着我国进入全面建成小康社会的新时期,"中国梦""中华民族伟大复兴"这些提振人心的战略口号的提出,进一步

[①] 江泽民:《全面建设小康社会 开创中国特色社会主义事业新局面——在中国共产党第十六次全国代表大会上的报告》,人民出版社2002年版,第24页。

[②] 韩承敏:《改革开放四十年英模文化变迁的历史逻辑》,《学校党建与思想教育》2018年第11期。

增强了民族凝聚力，使意识形态更易于被民众所接受。同时，在一定条件下，主流价值观也不断吸收民众多元价值观中积极、鲜活、有生气的成分，在反哺中形成主流文化多样化发展的态势。随着以人民为中心的执政理念在实践中渐次落实，关爱生命，关注人的生存状态，改善人民的生活条件、增强人民的幸福感等话语一次次在党和国家的重大政治生活中被提及，重视个体的生命与价值，关注人的生命及人的生存状态在社会层面达成广泛的共识，成为全社会的价值诉求，"价值取向从张扬主体性走向倡导共生性"①。这一时期，尊重个性、尊重多元、尊重个体权利、追求成功也成为英模人物塑造的主题。随着经济全球化趋势不断发展以及"一带一路"倡议、构建人类命运共同体的推进，人们的价值观体现出更加鲜明的合作意识、共享意识和世界意识，环保意识、风险意识、平等意识、公共秩序意识逐渐形成，多元价值观进一步强化了公民权利和责任意识，培育了竞争意识和契约精神，但也使物质利益追求的浮躁性心理再度显现，同时带来了诸如享乐主义、极端个人主义思想等精神危机，个人本位、诚信危机、仇富仇官等社会心态交织混杂。因此，一方面，劳模人物集中体现了意识形态的主导性，激励人们正确地处理理想与现实、个人与集体、义与利、奉献与索取的关系；另一方面，英模塑造又遵循多样化原则，着力于树立不同价值群体的精神楷模，着眼于推出体现个性色彩、追求个人权利和功成名就的人物典型，注重培养和弘扬务实创新的作风、平和友善的心态、淡泊名利的精神、积极进取的态度、团结共享的氛围、健康向上的精神风貌。

值得注意的是，"最美"人物系列评选自21世纪以来由中央电视台举办，一开始只包括"最美乡村医生""最美乡村教师""最美消防

---

① 李建国：《教化与超越：中国道德教育价值取向的历史嬗变》，中国社会科学出版社2014年版，第241页。

员""最美孝心少年""最美村干部"等，后来范围逐步扩展到"最美公务员""最美基层干部""最美逆行者""最美奋斗者"等评选，反映了审美与人们日常生活更紧密的勾连。"最美人物"评选有意识地在社会公众中倡导美的文化，以其独特的道德实践对道德规范和核心价值观内涵进行了新的诠释，伴随社会道德规范体系建设不断展露新的道德要素——"美"的这种表达方式，"'最美人物'所承载的社会主流道德并非目的性很强的政治教条，或是外力强加于我的道德规范，而是人性的自然内涵"[①]。在时代迭进的英模评选中开始注重凸显英模人物的"美"的人性气质，把当下这样一个大众文化时代和消费时代的审美引向人性，将追求美的动力返归现实观照，让人性审美和人物审美不再是观念的简单呈现，而是来源于现实生活的先进人物的实践。

---

① 陈继红：《榜样之美与社会主流道德传播的主体转向》，《南京社会科学》2014年第9期。

第四章　改革开放以来英模人物演进的价值特征

　　变与不变,是运动与静止这两个概念在哲学里的朴素表达。变是永恒的发展主题,不变是变这一主题的稳定中心,世界的运动属性是无条件的、是永恒的,静止是有条件的、是暂时的;在世界的无条件变化中,如果没有一条恒定的主线作为变化运动的着力点,那么所有的变化的结果便毫无逻辑、毫无章法,最终泯灭生机。完善人格是英雄模范精神世界的基础,优秀品质是英雄模范精神世界的中坚,先进价值是英雄模范精神世界的灵魂。无论英模人物如何演进,不变的是英模的人格魅力和道德本质,这为英模人物演进提供了相对静止和稳定的内核与主题,使英模人物演进在时代变革和内部自我演变中始终联结历史与现实。四十多年来,英模精神在与时俱进中,始终"融会贯通着中华优秀传统文化的英雄观、经典马克思主义英雄观及中国共产党的英雄观,蕴含了历史性、实践性和时代性的统一"[①]。在同外部世界持续进行信息动态能量交换的同时,英模人物的演进是稳定的,是具有向心力和持续性的演进,体现了运动与静止、变与不变的辩证逻

---

① 代金平、卢成观:《新时代英雄精神的文化底蕴、实践基础和理论价值》,《探索》2020年第2期。

辑，演进轨迹彰显了个体价值与社会价值的统一、民族精神与时代精神的统一、工具价值与本体价值的统一。

第一节 英模人物演进体现了个体价值与社会价值的统一

马克思指出，"既然人天生就是社会的，那他就只能在社会中发展自己的真正的天性；不应当根据单个个人的力量，而应当根据社会的力量来衡量人的天性的力量"①。一个人的价值可以分为社会价值和个人价值两个方面，个人价值即自我实现，表现为个体需求的满足和个人存在意义的呈现，即社会、他人对个人的认可、尊重、需要以及个人对社会、他人的贡献和作用；社会价值表现为个人对整个社会的作用和意义，对社会需求实现的满足和对社会物质需要和精神需要所做出的贡献。战争年代，那些毅然走向绞刑架的伟岸，泰然甘守牢狱的清贫，凛然面对铡刀的英勇，坦然赴汤蹈火的勇猛，固然可歌可泣；和平时期，做到在灯红酒绿中永不堕落，在安逸生活中永不懈怠，在糖衣炮弹中永不沉沦，同样令人景仰。改革开放以来，不同的时代赋予了英模人物不同的政治形象和人格特征，然而不变的却是英模人物演进中体现出的个体价值与社会价值的统一，具体表现为国家荣誉感与职业成就感、社会责任感与家庭幸福感的统一。

一 国家荣誉感与职业成就感的统一

英国学者德里克·希特认为，"公民不只是一种标签，不管一个人的法律地位到底怎样，如果没有对他与其同胞的公共纽带（Civic Bond），或者没有对于公共利益的意识，那他就并不是一个真正的

---

① 《马克思恩格斯文集》第1卷，人民出版社2009年版，第335页。

公民"①。国家认同是具有平等、自由、独立人格特征的公民对自身责任、权利、地位的自觉认同,对家庭、社区、民族以至社会结构、国家这一政治体制的情感认可与肯定性评价,是一种人们对国家的忠诚感和持久性的爱。基于国家认同感的国家荣誉感具体表现为个人能够与祖国同甘共苦、与同胞共赴艰难,并由于个人在集体和社会中发挥的作用,以及集体和社会取得的荣誉而产生的由衷的自豪和骄傲的情感。职业成就感是个体在达成职业目标的奋斗过程中的收获感和欣慰感。英模人物信仰坚定,求真求实,为推动本行业和本领域的发展进步谱写了光彩的篇章,为国家和社会做出了引领性贡献或者示范性带头作用,满足了时代、社会、国家和他人对其个人的需要,同时收获了职业口碑、个人口碑,展示了非凡的个人魅力与职业素质。英模在职业追求中充分实现了个人价值和个体梦想,呈现出敬业、乐业、勤业和精业精神,体现出高度的国家荣誉感和职业成就感的统一。

被誉为"世界杂交水稻之父"的袁隆平,在国内率先开展水稻杂种优势利用研究,提出杂交水稻育种发展战略,作为杂交水稻研究的开创者,他毕生的梦想,就是让所有人远离饥饿;安徽省凤阳县小岗村党支部原第一书记沈浩,秉持着为党为民、守誓践诺的至诚精神,带领村民办工业、兴商贸、科学种田,谋划小岗村发展路子,村民先后三次按手印强烈要求把他留下来;干就干一流,争就争第一的产业工人许振超,务实创新,练就了"一钩准""一钩净""无声响操作"等绝活,打破集装箱装卸世界纪录,使"振超效率"令世人赞叹,"振超精神"名扬四海;身居高位而心系百姓,以"做官先做人,万事民为先"为行为标准的郑培民,被湖南人民封为不唱高调、不做表面文章、不搞政绩工程的"三不书记"和爱民、亲民、一心为民的"三民

---

① [英]德里克·希特:《公民身份:世界史、政治学与教育学中的公民理想》,郭台辉、余慧元译,吉林出版集团有限责任公司2010年版,第182页。

书记"……改革开放四十多年来,这些英模人物作为科学家、公仆、工人、干部等行业的杰出代表,将朴素的报国思想践行在一言一行中,在自己的行业和领域、地域打响了具有影响力的个人品牌,成功实现了个体职业发展的极致目标追求,彰显了高度的职业成就感和满足感。

二 社会责任感与家庭幸福感的统一

社会由无数的独立个体集合而成,是一个不可分割的整体。社会责任感是指公民在一定的社会环境下形成的,对社会和他人所应负担的责任的自觉意识以及参与社会生活的程度。公民的社会责任感因个体认知、道德、意志和不同的社会环境而产生差异。有学者认为,我国目前正处于经济社会发展的转型时期,"是否关注国家、社会的前途命运,是否支持改革开放的不断深入,是否能够推动法治社会的建设,是否能够主动实现中国传统文化的传承与发展,是否能够加入到节能减排、保护环境的社会实践中来是衡量当代公民社会责任意识强弱的标准"[1]。家庭幸福感是公民在家庭中得到的亲情的温暖。改革开放四十多年来,不乏甘于奉献、上善若水、心怀大爱的英模人物。为了让社会变得更加美好,他们坚守社会责任,用爱心和善意温暖人间;他们奉行一诺千金,用道义和担当树立丰碑,用实际行动回馈社会、奉献公益、播撒善心,体现了个体对社会和其他社会成员的情感关怀和责任担当,同时用他们高尚的道德和仁爱的胸怀在这份责任担当中体会着温暖和幸福。

四十多年间涌现出的很多英模人物,他们肩负社会责任,同时传递出家庭伦理的温情能量。比如,开国将军甘祖昌夫人龚全珍,离休后扶贫助学、支援农村建设,她的家庭被全国妇联评选为全国"最美家庭";默默支持丈夫献身国防事业的军嫂韩素云,用朴实的行动挑起

---

[1] 李瑛:《如何增强公民的社会责任感》,《人民论坛》2017年第24期。

英雄模范人物的时代演进及塑造

家庭重担，谱写爱的凯歌；将4个民族、19个孩子含辛茹苦地照料长大的阿里帕·阿力马洪，让这个多民族的大家庭里始终洋溢着感人至深的民族团结情谊；130多名孤儿的"板凳妈妈"许月华，靠两个小板凳"走路"，却给予了福利院孩子们完整的母爱；立下赫赫战功却深藏所有功名，对子女也只字不提，克己奉公、为民造福的张富清，他的家庭被全国妇联授予"全国五好家庭"；17年如一日照顾丈夫起居生活的扎西白珍，背母上学的孝子刘霆，32年照顾亲人的谢延信，用爱延续父亲生命的大学生曹于亚，对儿媳不离弃的黄代小……他们面对生活的艰辛，没有怨天尤人，展现了知恩图报的美德、坚毅不屈的精神。他们用乐观、坚强挑起了家庭重担，不抛弃、不放弃，用对家庭和亲人的深情克服困难，用浓浓的爱书写了亲情的符码和人间的大爱，扛起了个体对他人、对社会的责任担当。

诚然，有时候家庭幸福感与职业成就感是会发生一定冲突的。在中国古代，最典型的例子就是大禹治水三过家门而不入的故事。但是，英模是一座丰碑，英模人物对社会的责任担当、对国家的奉献付出，能够激发人们和其后代成员的尊敬和爱戴，他们身后往往有着家庭成员的理解和情感支持。同时我们也看到，很多英模也善于处理各种家庭关系，在他们身上充分体现了尊老爱幼、夫妻和睦、男女平等、勤俭持家、邻里互助等家庭美德风范，可以强烈地感受到家庭道德的感召力。他们创造的精神财富以及良好的家风，让后辈在成长道路上受益匪浅。

塑造英模人物，是加强公民道德意识培养，提升公民的国家荣誉感、社会责任感的路径之一。我们要通过发挥英模人物的功能和价值，激荡惩恶扬善、崇德向善的社会正气，树立恪尽职守、爱岗敬业的职业操守，注重家教、家风，大力发扬家庭美德，培育社会主义核心价值观，坚持弘扬主旋律、汇聚共同奋斗的正能量。

第二节　英模人物演进体现了民族精神与时代精神的统一

习近平总书记指出，"人无精神则不立，国无精神则不强。唯有精神上站得住、站得稳，一个民族才能在历史洪流中屹立不倒、挺立潮头。同困难做斗争，是物质的角力，也是精神的对垒"①。塑造英模人物，弘扬英模精神，就是要树立"国魂"，树立道德标杆，旗帜鲜明地开展社会主义精神文明建设。英模精神体现了民族精神和时代精神的统一。民族精神是一个民族的心理特征、文化传统、礼仪传承、生活习惯和思想情感的综合反映，是一个民族在长期的共同生活、共同语言与文化熏陶以及共同社会实践的基础上形成和发展的并为本民族绝大多数成员所共同接受、认同、内化于心的思想观念、价值取向和行为规范。中华民族历来就有"天道酬勤""愚公移山""精卫填海""业广惟勤""克勤于邦，克俭于家""大道之行也，天下为公""天行健，君子以自强不息""君子敬而无失，与人恭而有礼，四海之内皆兄弟也""勇于义而果于德，不以贫富贵贱死生动其心"等精神品格。2018 年，习近平总书记首次对"中华民族精神"做了凝练概括与深刻阐发。他说，所谓中华民族精神，就是"中国人民在长期奋斗中培育、继承、发展起来的伟大民族精神"；这一"历久弥新"的中华民族精神，涵括"四种伟大精神"，亦即"伟大创造精神""伟大奋斗精神""伟大团结精神"与"伟大梦想精神"。② 具体地讲，民族精神以爱国主义为核心，承续了各个时期英模的时代特征并赋予其持久的生命力，使每个时代的英模人物以其经典形象不仅影响同时代的人，而且还跨

---

① 习近平：《在全国抗击新冠肺炎疫情表彰大会上的讲话》，《人民日报》2020 年 9 月 9 日第 2 版。
② 习近平：《在第十三届全国人民代表大会第一次会议上的讲话》，《求是》2020 年第 10 期。

越时空，生生不息地影响和辐射后人。

时代精神是某种特定的历史时期所强调，引领时代进步潮流，为社会成员所普遍接受的思想观念、道德规范，集中表现为社会生活的各个领域所凝聚的时代进步思想和各方面积极要素。改革创新是时代精神的核心，与时俱进、求真务实、攻坚克难、开拓进取、创先争优是时代精神的重要内容。中华民族开拓进取的思想品格与改革开放和社会主义现代化建设实践相结合的伟大成果，形成了当前以改革创新为核心的时代精神，在不同时代变迁中凝练表现为大庆精神、"两弹一星"精神、铁人精神、雷锋精神、抗洪精神、青藏铁路精神、抗震救灾精神、北京奥运精神、抗疫精神、创新创业精神等。民族精神是时代精神形成的重要基础，时代精神是民族精神的时代性体现。有学者将英模精神的内涵概括为"忠贞报国、勇赴国难的爱国主义精神，开拓创新、奋勇争先的进取精神，毫不利己、专门利人的奉献精神，勤政为民、鞠躬尽瘁的公仆精神，众志成城、共克时艰的协作精神以及恪尽职守、忘我工作的敬业精神"[1]。纵观改革开放四十多年，英模人物的演进充分体现了民族精神和时代精神的统一。

一 矢志爱国的精神与报效祖国的凛然正气

中华民族在漫长历史中孕育出优秀传统文化，形塑了伟大精神品格，英模精神是对中华民族精神谱系的发展。习近平总书记在纪念中国人民抗日战争暨世界反法西斯战争胜利 75 周年座谈会上的讲话指出，"爱国主义是我们民族精神的核心，是中国人民和中华民族同心同德、自强不息的精神纽带"[2]。爱国主义是一个历史范畴。从古至今，

---

[1] 柳礼泉、张红明：《英雄模范的精神及价值示范》，《思想政治工作研究》2009 年第 8 期。

[2] 习近平：《在纪念中国人民抗日战争暨世界反法西斯战争胜利 75 周年座谈会上讲话》，《人民日报》2020 年 9 月 4 日第 2 版。

在爱国精神的哺育下，中华儿女的爱国行为传颂千古。"爱国价值观是贯穿中华优秀传统文化最稳定的价值基因。"① 在革命战争年代，英模人物为了民族独立、人民解放付出了鲜血和生命；在社会主义革命和建设时期，英模人物艰苦奋斗、忘我劳动，为社会主义新中国的巩固壮大奉献智慧和力量；在改革开放时期，英模人物怀着振兴祖国的崇高志向，在各自的工作岗位上兢兢业业、开拓奋进，为建设社会主义现代化国家的伟大实践做出了突出贡献。

英模人物的爱国主义精神表现为对民族和国家利益的极度忠诚。从职业上看，英模中的军人、警察、公仆占有较大比例。西藏自治区山南市隆子县玉麦乡牧民卓嘎和妹妹央宗，在父亲桑杰曲巴的影响和带领下，接过缝过的五星红旗，始终秉持"家是玉麦，国是中国，放牧守边是职责"的坚定信念，在海拔约3600米、每年大雪封山半年多的边境高原上，默默守护着祖国的领土，因为她们的爸爸说，有国旗的地方就是我们的国家。2008年，北京奥运会火炬接力传递途中，极少数的"藏独"分子企图干扰奥运火炬传递，残疾击剑运动员、火炬手金晶面对突如其来的冲击，毫不畏惧，以柔弱之躯顽强顶住了"藏独"分子抢夺奥运火炬的意图。王继才和妻子王仕花自1986年起，毅然担起守卫黄海前哨开山岛的重任，以海岛为家、与艰苦为伴，坚持每天升起国旗、按时巡岛，守卫孤岛整整33个年头。本着对祖国和人民的热血和赤诚，他们表现出保卫国家主权完整、保障国家和人民声誉地位的凛然正气，这是普通人对爱国主义精神最深刻的诠释。

英模人物的爱国主义精神也表现为英勇无畏、义无反顾地保护人民生命财产安全。在1998年的长江特大洪水抗洪抢险中，数百万人民解放军和武警部队官兵奋起抗洪，用血肉之躯抵挡滚滚洪魔。2010年

---

① 庄勤早、柳礼泉：《爱国价值观助力青少年提升文化自信的四维功能》，《思想教育研究》2018年第7期。

舟曲特大泥石流灾害，武警王伟带领中队战士舍生忘死，第一时间奋力抢救遇险群众。2020年春天新冠肺炎疫情肆虐，白衣天使们逆行援鄂，防疫人员日夜辛劳……在灾害来袭时，中华儿女团结一致、众志成城、不畏艰难，展现出的伟大抗震救灾精神、抗洪抢险、抗疫精神，就是中华民族爱国主义精神在不同时代的具体体现。英模人物为维护人民生命财产安全和社会公共秩序以血肉之躯打造出的铜墙铁壁，是对爱国主义精神最生动的诠释。

英模人物的爱国主义精神还表现为勤奋敬业、报效祖国的实践行动。在改革开放和社会主义建设的过程中，一大批英模人物扎根祖国最需要的地方，为祖国和人民奉献毕生精力。孔繁森两次进藏工作，勤政为民，探索带领群众脱贫致富的路子，与藏族群众结下了深厚友谊。牛玉儒把全部精力奉献给了他所热爱的人民和草原，直到生命最后一刻。被誉为"警界女神警"的任长霞，把人民群众的疾苦和安危放在心上，解决了十多年来的控申积案。被誉为"中国导弹之父"的钱学森，冲破重重阻碍回国效力，对中国航天事业做出了卓越贡献。生物学家钟扬，为盘点世界屋脊的生物"家底"，一次又一次走进西藏，为国家的种子库储存绵延后世的"基因"宝藏。"铁"法官谭彦，在身患重病的情况下，仍然执法如山、认真办案、勤奋工作……他们不贪名、不图利，默默奉献，尽职尽心，将毕生献给了钟情的事业，展现了报效祖国、脚踏实地、甘于奉献的高尚精神，这是对爱国主义精神最鲜活的诠释。

二 敬业乐业的精神与刚健进取的坚韧意志

习近平总书记说："大力弘扬劳模精神、劳动精神、工匠精神。在长期实践中，我们培育形成了爱岗敬业、争创一流、艰苦奋斗、勇于创新、淡泊名利、甘于奉献的劳模精神，崇尚劳动、热爱劳动、辛勤

第四章 改革开放以来英模人物演进的价值特征

劳动、诚实劳动的劳动精神，执着专注、精益求精、一丝不苟、追求卓越的工匠精神。劳模精神、劳动精神、工匠精神是以爱国主义为核心的民族精神和以改革创新为核心的时代精神的生动体现。"[1] 中华民族历来具有刚健进取、不屈不挠等品格和气质。改革开放以来，大批敬业务实的英模人物涌现，他们刚健有为、锲而不舍，体现了良好的职业素养、职业道德和争创一流、勇立潮头、追求卓越的创新精神，成为行业的标杆。他们是一个时代劳动者、从业者的鲜明"人物画像"。

这些英模人物是农民、公务员、军人、教师等各行各业的业内领军人。比如，被誉为"中国紧凑型杂交玉米之父"的农民发明家李登海，选育了八十多个玉米高产品种，多次刷新玉米高产纪录；活一天就要给老百姓干一天事的李润五，哪里的群众有困难哪里就有他的身影；甘坐冷板凳的教授孟二冬，潜心治学，直到最后倒在讲台上；信访干部张云泉，坚守信访岗位30年，在矛盾激烈的突发事件前挺身而出，维护人民群众的利益；优秀县委书记廖俊波，用自己的"辛勤指数"换来群众的"幸福指数"；"太行山愚公"李保国，带领太行山人民走出扶贫新路。还有长期奋斗在维护社会治安第一线的打拐英雄施华山，身怀绝技的军人何祥美，最美基层干部菊美多吉，几十年如一日随叫随到的民警高宝来……其中，还包括伴随改革开放成长起来的新一代产业技术工人英模。比如，航天特种熔融焊接工高凤林，在新一代运载火箭长征五号研制中，面对极其困难的操作环境成功修复发动机内壁，避免经济损失上百万元；从一名普通焊工成长为中国高铁焊接专家的李万君，在外国对中国封锁高铁技术面前实现"技术突围"，被誉为"中国第一代高铁工人"。

---

[1] 习近平：《在全国劳动模范和先进工作者表彰大会上的讲话》，《人民日报》2020年11月25日第2版。

改革开放以来,绝对平均主义观念从根本上受到了冲击,自我意识和竞争、进取意识逐渐浓厚,容许尝试、鼓励探索和开拓进取变成一种人们普遍接受的理念和观点。因而,拥有头脑、拥有文化和技术资本、拥有勇气和魄力从而能够更好更快地抵达目标或者实现利益最大化的人占据了越来越重要的社会地位。英模人物不再局限于改革开放前的敬业"老黄牛"形象,而是努力在社会价值和行业利益的追求中实现个人价值的形象。一批企业家英模相继涌现,并集中体现了不甘平庸、敢做敢闯的勇立潮头精神。比如,以"铁匠铺"起家的浙商教父鲁冠球,当改革开放的春风吹起时,他敏锐地嗅出汽车产业发展的商机,成为萧山县承包企业的第一人,缔造了一个横跨汽车、能源、房地产等多个产业、营收破千亿的商业帝国。"回想我们这代人的创业梦,从被当作'资本主义尾巴'东躲西藏,到在计划经济夹缝中'野蛮生长',再到改革开放中'异军突起',以及全球化中无知无畏闯天下,可以说是跌宕起伏。"① 这是鲁冠球生前对自己创业历程的总结。开创了"步鑫生神话"的企业家步鑫生,20世纪80年代打破"大锅饭",使企业迅速发展,由此轰动全国。海尔集团董事局主席张瑞敏,接任濒临倒闭的青岛电冰箱总厂厂长,以创新的企业家精神引领海尔集团创造辉煌。

从新中国成立,敬业精神就一直是英模人物特别是劳动模范最突出的精神品质;改革开放以来,敬业精神的内涵随时间发展而不断丰富,不仅包括了埋头苦干、无私奉献精神,也包括了独立创新、勇于拼搏、敢想敢闯精神。敢为人先、开拓创新精神是改革开放以来英模人物表现得特别强烈的一种精神气质,是新时代全体中国人民奋力实现中国梦最重要的精神源泉之一。

---

① 《为什么鲁冠球作为最坚韧的改革者比作为企业家更值得怀念?》,澎湃网,2017年10月30日,https://www.thepaper.cn/newsDetail_forward-1843252,引用日期:2021年6月9日。

三　自强不息的精神与坚信光明的执着信念

中华民族自古就有顽强拼搏、自强不息的精神品格。习近平总书记在会见第四届全国道德模范及提名奖获得者时指出，"自强不息、厚德载物的思想，支撑着中华民族生生不息、薪火相传，今天依然是我们推进改革开放和社会主义现代化建设的强大精神力量"[1]。自强不息，指一个民族在长期发展过程中形成的无畏艰难、越挫越勇的顽强品质。新中国的改造与建设、航天梦的实现、脱贫攻坚战役的全面胜利……每一场战斗的胜利，都需要中华儿女百折不挠、坚忍不拔的执着追求。这是成就一个国家、一个民族和一个个体的重要素质，也是新中国成立，乃至改革开放以来诸多英模人物的共性特质。

这种顽强拼搏的精神在体育界英模中表现得异常突出。其中，非常具有代表性的是中国女排群体。从20世纪80年代开始，中国女排集体就成为拼搏的代名词，她们以拼搏精神赢得三连冠和五连冠，代表着中国正逐步走向世界舞台的不容忽视的力量。中国女排在比分落后的情况下，毫不气馁、越战越勇的精神，也激发了大家的民族自信心和自豪感，成为国人为国争光、为国效力的动力源泉。在2016年里约奥运会上，中国女排面对强敌，在先失一局的不利条件下不屈不挠、顽强拼搏，时隔12年再获奥运冠军；2018年，夺得女排世锦赛季军……女排精神再次成为勇敢拼搏、勤学苦练、无所畏惧、顽强战斗的精神符号。除此之外，奥运冠军、乒乓球大满贯得主邓亚萍，身高仅1.55米的她似乎不是天生打乒乓球的材料，但她克服自身不足，以勇敢拼搏的精神获得了世界的尊敬，成为20世纪90年代中国人的骄傲。还有传承"女排精神"的铁榔头郎平，从球员到教练，始终保持一颗决绝争胜的战斗之心，凭借卓越的执教才华，重新振奋球队的士

---

[1] 《习近平谈治国理政》，外文出版社2014年版，第158页。

气，使中国女排再一次成为王者之师。体育英模们凭着勇敢拼搏的精神，不断给予全国人民巨大的精神鼓舞。当代文艺界、政界也有许多这样的英模人物，比如张海迪，再比如聋哑人舞蹈家邰丽华，两岁失聪，但她以独特的方式创造艺术，以一支"千手观音"闻名遐迩，15岁成为中国残疾人艺术团的领舞演员。她们的经历告诉我们，人必须热爱生命，并且有勇气与生活中的不幸抗争，用努力奋斗和执着信念去实现属于自己的人生价值。

如果说许多英模人物凭借顽强拼搏的精神走向了令人瞩目的人生巅峰，那么更多的英模人物则是将苦难当作人生的修炼，在平凡的生活中克服了常人所难以承受的困难，勇敢坚强、走出逆境。全国道德模范谢芳秋，舍命从火车轮下救出一位聋哑老人，虽然高位截肢，却乐观坚强继续生活。"向上向善好青年"杨怀保，就读大一时便背着重病父母和弟弟读大学，一人扛起了照顾全家的责任，在学习和照顾家人之余还用爱心奉献社会。少年从军保家卫国的朱彦夫，参加过上百次战斗、三次立功、十次负伤，他没有四肢，没有左眼，右眼的视力只有0.3，退伍后拖着残躯带领乡亲建设家园。全国自强模范丁晓兵，在赴中越边境侦察中英勇失去一条手臂，入伍三十多年来，战胜伤残、战胜自我，以残缺之躯为国防事业建功立业。他们向人们传递着人生信念，面对艰难和苦难，只有不屈服、不服输，积极乐观，勇于突破，才能走出困境，走出人生新的风景。

四　和合仁爱的精神与勇于奉献的人格风范

"和合"是中华民族千百年来追求的理想境界，"和合"理念的核心即是"仁"。改革开放以来，不同历史时期，涌现出许多助人为乐、义行善举的英模人物，他们时刻想着帮助他人、方便他人，尽自己所能做一切有利于社会、有利于人民的事情，以无私的奉献精神，带给

第四章 改革开放以来英模人物演进的价值特征

周围人、社会和陌生人以温暖。他们遍布各个行业,像一个个晶莹的浪花,忽隐忽现却又一直存在。他们心怀善念、扶危济困,用奉献与爱心挺起了中国人仁德、友善的精神脊梁,传递了每个时代的良知、善良和温情。他们中有工人、教师、村干部、退休干部、歌手、居民、警察、法官、企业家、农民、牧民、学生、社会工作者、医务人员、个体工商户、律师、公司员工……

比如,导游文花枝,面对旅游途中一场突如其来的车祸,重伤的她牢记职责,坚持先救游客,自己却由于延误了宝贵的救治时间,不得不做了左腿截肢手术。基层医生王万青,自愿来到条件极为艰苦的甘南藏族自治州玛曲县工作,书写了为藏族群众解除病痛的感人故事。具有奉献服务精神的裴春亮,自己出资为村里建学校、安路灯、修路、打井,只为村里人能过上好日子。还有14年间收教近百名残疾孩子的农村妇女高淑珍,办起中国唯一一所艾滋病患儿学校的校长郭小平,辞职到偏远山区支教的孙影,替兄弟践行承诺偿还债务的马国林……在这样一个个温馨的故事里,人们看到了仁爱,看到了友善,看到了"雷锋精神"、助人为乐精神在不同时代的不朽魅力。在这个世界上,有一种花,它没有种子,不会生根,不会发芽,却可以让我们感受到它的存在,并在不同时代都绚丽开放、永葆鲜艳。

康德说,"德性之所以有那么大的价值,只是它招来了那么大的牺牲,不是因为它带来任何利益"[1]。英雄人物在关键时刻或危难时刻舍己为人、舍生取义的大无畏精神,是对生命价值作出的最好诠释。比如,驾驶员吴斌,遭重创时临危不惧,用毅力完成安全规范操作,用生命践行"一切为了顾客"的诺言;军人英雄徐洪刚,为保护人民群众生命安全勇斗歹徒;装修工人魏青刚,三次入水救人;年仅28岁的军人孟祥斌,因奋不顾身地搭救一跳江女青年而壮烈牺牲;12岁中学

---

[1] 李连科:《世界的意义——价值论》,人民出版社1985年版,第172页。

英雄模范人物的时代演进及塑造

生周美玲,从渣土车车轮下勇救3岁幼童;大学教师官东,在"东方之星"救援过程中,让出自己的潜水器具,险被急流冲走;由业余冬泳爱好者组成的武汉长江救援志愿队,发扬奉献、友爱、互助、进步的志愿精神,恪守行善立德的志愿理念,长年累月值守江边,挽救了数以百计的生命和家庭……

见义勇为、舍己救人是人的最高道德境界。改革开放以来,为弘扬中华传统美德,倡导见义勇为精神,把扶危济困、见义勇为的英模力量转化为群众的生动实践,"全国见义勇为英雄模范"评选表彰活动已经举行了十四届;"全国道德模范"评选表彰中,也专门设立了见义勇为模范的人物表彰序列。他们中有公务员、工人、农民、医生、教师、民警、武警、士兵、学生、志愿者等,他们在危急时刻,挺身而出,作出高尚的人生选择,书写了大写的"人"字,用可歌可泣的故事树立了榜样,弘扬了正气,体现了中华民族和合仁爱的精神与甘为国家、民族和人民无畏牺牲的人格风范。

第三节 英模人物演进体现了本体价值与工具价值的统一

马克思曾指出,"人们自己创造自己的历史,但是他们并不是随心所欲地创造,并不是在他们自己选定的条件下创造,而是在直接碰到的、既定的、从过去承继下来的条件下创造"[①]。英模人物代表着社会的前进方向和价值取向,同时也是传统英雄、道德典范与时代的结晶,是与新中国成立以来社会主义世界观、价值观和方法论相契合的产物。本体价值和工具价值是英模人物所承载的一种价值属性。有些价值必须依赖于主体性,本体价值是一种价值承诺,是其他一切价值的存在基础及最终依据;工具性是人所能对别人发挥作用的有用性,工具价

---

① 《马克思恩格斯文集》第2卷,人民出版社2009年版,第470—471页。

值是英模人物在塑造过程中和塑造后所体现的对他人的价值。英模人物本身具有先进价值，承续历史传统，砥砺民族风骨，体现了对中华民族先进思想品格的传承，同时又是党和政府进行榜样教育、引领社会舆论和加强思想道德建设的载体，从而体现出本体价值与工具价值的统一。

一　传统文化先进思想品格的历史传承

中国传统文化以儒家思想为内核，包含了仁爱孝悌、厚德载物、精忠报国、刚健有为、爱好和平、谦和好礼、修己慎独、勤劳勇敢、勤俭廉政、勇毅力行、独立自强、诚信知报、开放包容等先进思想品格，蕴含着丰富的哲学思想、审美品格、价值观念、道德情操和人生智慧，塑造了中华民族醇厚中和、刚健自强的人文品格，为中国人的世界观和行为方式的形成奠定了良好的基础，而且对人类文明的发展产生重要而深远影响。① 在这些先进思想品格的培育和塑造下，中华民族历史上涌现了一批又一批为振兴中华而上下求索、矢志不渝的杰出人士，中华儿女总是在自觉传承着传统文化，并不断赋予传统文化以新的内涵和活力，从而使中华文化在创新中传承，在传承中创新。

价值观是文化最深层的内核，价值观自信是文化自信最本质的体现，"中国独特的文化传统、独特的历史命运、独特的基本国情，注定我们必然坚守一份根植于中华文化沃土而又具有当代中国特色的价值观"②。正如百年前，近代中国思想家严复提出的一个具有深刻思想内涵的观点："非新无以为进，非旧无以为守；且守且进，此其国之所以骏发而又治安也。"③ 完善的价值观是在继承发展中华民族优秀传统思

---

① 参见高斌《中华优秀传统文化：我们最深厚的文化软实力》，《湖北日报》2013年10月14日第10版。
② 黄坤明：《培育和践行社会主义核心价值观》，《人民日报》2017年11月17日第2版。
③ 王拭编《严复集》第1册，中华书局1986年版，第119页。

想品格基础上发展的价值观。我们当前的社会主义核心价值观，继承和吸收了中华民族长期积淀下来的思想精华和道德精髓，"既要反映世界社会主义运动的价值追求，又要体现中国文化的优良传统和人类文明的进步成果，同时还要反映当代中国发展的时代性，最大限度地表达社会主体对重大问题的价值共识"①。从改革开放以来选树的英模人物演进轨迹可以看到，随着时代变迁，虽然英模的价值标准、知识标准、财富标准等呈现出动态发展与演进的过程，但英模的精神内核没有变，英模身上始终体现着历久弥新的中华民族的崇高精神。这种英模精神既包括了忠于职业、艰苦朴素、舍己为人、自力更生、精益求精、无私奉献等老一批英模精神，也包括了勇于创新、敢为人先、攻坚克难、仁爱友善、团结互助、和衷共济、大爱无疆等新时代的英模精神，彰显了时代性特征和民族性特征的统一。无论时代如何变迁，选树的英模人物始终体现出中华民族优秀传统文化"讲仁爱、重民本、守诚信、崇正义、尚和合、求大同的时代价值"②，以此作为公民道德建设的重要资源，因而具有代表性和示范性、时代性和典型性。

英模人物身上的先进品格，是对中华民族生生不息的价值追求和思想文化传统的延续。英模人物形象虽推陈出新，却符合广大民众的潜在心理期待和潜意识的民族心理认同，从而具备成为经典的可能。英模人物不仅可以影响和他们同时代的人，而且还可以跨越时代、穿越时空激励后代人，具有广泛而持久的历史穿透力和精神感召力。他们不仅是某个具体时代的产物，还可以对当前的、未来的社会生产生活产生莫大的影响，从而成为推动中华民族发展进步的精神动力。

---

① 郑海祥、王永贵：《正确认识社会主义核心价值观与先进文化建设的关系》，《思想理论教育》2011年第12期。
② 2014年2月24日，习近平总书记在中共中央政治局第十三次集体学习时的讲话，将中华优秀传统文化概括为"讲仁爱、重民本、守诚信、崇正义、尚和合、求大同"六方面内容。

二 不同时期榜样典型教育的生动范例

榜样教育，就是由施教者以榜样的言行、事迹向受教育者施行的道德教育与审美教育。新中国成立以来，党和政府非常重视榜样教育。作为对广大群众进行正面教育和正面引导的基本方式之一，榜样教育的最大优势在于"榜样这一价值载体的可见性、真实性、生动性和形象化，引人注意、易于模仿，将抽象的道德规范、概念与鲜活生动的人性结合起来融化为德性，并通过在现实生活中可观可感的具体行为事例对人产生影响"[①]。榜样教育通过挖掘榜样、培养榜样、树立榜样、宣传榜样，实现对广大群众的教育和对社会风气的净化改善，是一种比较有效的思想政治教化手段，而英模正是不同时期榜样教育的显著成果和生动范例。

改革开放之初，勇攀科学高峰的科学家华罗庚、蒋筑英、陈景润等，吹散了一度漠视知识的沉郁风气。20世纪80年代，"中国的保尔"张海迪，以正面的教材教育了青年一代，使青年一代在遭遇挫折时找回人生方向；顽强拼搏的中国女排，以"五连冠"的战绩让国人扬眉吐气。20世纪90年代，人民好公仆牛玉儒、孔繁森、杨善洲、郑培民，敬业服务的徐虎、李素丽，见义勇为的徐洪刚。21世纪以来，司法体制改革先锋邹碧华，把论文刻在太行山上的李保国，淡泊名利的黄大年，攻克难关的屠呦呦……英模人物作为榜样教育的集中体现者、承载者，展现了不同时期榜样教育的丰硕成果，在不同时代发挥了重要的榜样示范效应，广泛而深刻地影响了一代人的思想和行为，成为引导人们积极向善、奋力拼搏的人生灯塔。榜样教育通过将学习宣传英模与提高大众的思想觉悟、道德水准、行为规范相结合，引导

---

① 曾长秋、李盼强：《树立道德模范人物与提升公民道德价值观》，《中州学刊》2012年第3期。

和带动广大人民群众自觉以英模为榜样,从而成为思想政治教育的有效途径。

三 意识形态引导社会思潮的重要手段

无论何种国家意识形态,尽管所指向的共同信念的解释不同,但对国家的重要性却是公认的。"现代国家的合法性问题,就是共同理想支配现实社会实践活动的程度,这是现代国家合法性的要害。"① 哈耶克指出:"我们这个时代的共同信念将把我们引向何处,并不是哪一党的问题,而是有关我们每一个人的问题,一个具有最重大意义的问题。"② 英模表彰评选制度从建立伊始,究其实质就是"一种国家意识形态指导下的英模伦理教化及灌输过程的程式化、固定化"③。

自新中国成立以来的第一批英模人物诞生至今,从保家卫国功臣和先进工农业生产者,到"文革"期间的样板化英模,再到企业家英模、创新创业英模、劳动模范、生态治理英模等,各个不同历史阶段树立的英模人物之所以成为英模,固然是由于其高尚的道德情操,然而更重要的是,迎合了国家政权和意识形态建设需要,有利于将主流政治理念和价值取向传递给普通民众,将国家期望的价值理念内化为其他社会成员的思想,从而推动实现国家与个人思维方式的对接。在这一过程中,"增强民众对置身其中的政治制度、政治价值的认同感,提高政治系统内部的凝聚力,从而维护国家与社会的稳定,巩固政权的合法性"④。在四十多年的岁月变迁中,意识形态话语经历了"从

---

① 侯惠勤:《马克思的意识形态批判与当代中国》,中国社会科学出版社 2010 年版,第 5 页。
② [英] 哈耶克:《通向奴役的道路》,滕维藻、朱宗风译,商务印书馆 1962 年版,第 11 页。
③ 孙云:《国家话语权中的英模表彰制度研究》,南京大学,博士学位论文,2011 年。
④ 赖静萍:《英模塑造与政治脉搏——当代中国政治社会化的另类视角》,南京大学,博士学位论文,2006 年。

'阶级斗争'话语逐渐式微、'建设'话语最终成为占主导地位",到"'建设'话语和'改革'话语和高度统一",再到"'建设'话语与'改革'话语相互交织,'发展'话语、'复兴'话语、'生活'话语日益凸显为占主导地位的话语形式","意识形态话语具有内涵和外延不断扩大、从封闭逐渐走向开放的特点"。与此对应的是,国家意识形态话语的演进体现在英模人物的塑造标准与演进轨迹之中,又通过英模人物的示范效果不断得到强化。

改革开放以来,社会思潮交锋从未间断。人们首先完成了思想大解放的洗涤,思想观念和精神面貌由拘谨刻板、保守低效等向现代的开放活跃、进取拼搏、独立自主、紧张高效转变。生活在传统、现代性和后现代的三重时代背景中,面对的不再是一种价值选择,而是包括功利主义、享乐主义、个人主义和经验主义等在内的异质文化,以及民粹主义、民族主义、泛娱乐主义、消费主义、文化保守主义、历史虚无主义、新自由主义、激进"左"派、普世价值等社会思潮,它们与中国传统文化、中国化的马克思主义在同一个平面交锋、碰撞。有学者指出,最近四十年的当代中国有八种社会思潮,包括官方的和民间的思潮;除了居于主导地位的中国特色社会主义思想外,还有老"左"派思潮、新"左"派思潮、自由主义思潮、民主社会主义思潮、民族主义思潮、民粹主义思潮和新儒家思潮。[①] 而当代中国社会思潮呈现出"正确思潮与错误思潮同时共存""潮来潮去的相互变动""国外思潮向国内思潮的不断转化""殖民文化思潮的沉渣泛起""思想侵蚀的潜移默化"等特点。[②] 英模评选表彰制度在不同的历史时期,在体现国家政治意志、动员和教育民众、满足个体政治诉

[①] 参见马立诚《最近四十年中国社会思潮》,东方出版社2015年版,第2页。
[②] 唐昆雄主编:《马克思主义与社会主义核心价值体系研究》,中国社会科学出版社2010年版,第82—83页。

求等方面贡献巨大。这种激励措施和奖赏制度的运行及其实践，事实上形成了对国家管理体系的有力补充。英模人物发挥正面引导作用，因其榜样激励、朋辈效应等，将党的政治意志柔性地渗入民间，更容易激发人们对主流意识形态的理论认同、情感认同，因此，"英模选树制度仍是当下加强意识形态建设、构建社会主义核心价值体系的重要方式之一"①。

四 社会主义思想道德建设的具象载体

道德是社会生活的重要支撑和内驱动力，为人们的生活选择明确规矩、指引遵循。思想道德建设是社会主义精神文明建设的灵魂，决定着精神文明建设的性质和方向，是一个一脉相承而又与时俱进的思想体系和实践历程。

20世纪80年代，随着社会主义市场经济的加速发展，社会经济成分、分配形式、利益关系等呈现出多样化的趋势。1982年，党的十二大提出在建设高度物质文明的同时，要努力建设高度的社会主义精神文明。1986年9月，党的十二届六中全会通过《中共中央关于加强社会主义精神文明建设指导方针的决议》，首次提出了"社会主义道德建设"与"树立和发扬社会主义道德风尚"的命题，对作为"公民"的道德的重要性、内容、层次性、各行业的道德要求做了明确规定；提出了"爱祖国、爱人民、爱劳动、爱科学、爱社会主义，培育有理想、有道德、有文化、有纪律的社会主义公民"的社会主义道德建设的基本要求。80年代，伴随着"五讲四美三热爱"活动的广泛开展，涌现出"学习雷锋的光荣标兵"朱伯儒、"知识分子的优秀代表"蒋筑英、"党的好女儿"赵春娥等。

1996年10月，党的十四届六中全会明确社会主义道德建设的主要

---

① 孙云：《中共英模表彰制度的肇始及演变》，《党的文献》2012年第3期。

第四章 改革开放以来英模人物演进的价值特征

内容是以为人民服务为核心，以集体主义为原则，以爱祖国、爱人民、爱劳动、爱科学、爱社会主义为基本要求，开展社会公德、职业道德、家庭美德教育，在全社会形成团结互助、平等友爱、共同前进的人际关系。20世纪90年代各行各业涌现出大量英模人物，如"爱岗敬业、奉献社会"的徐虎、"好军嫂"韩素云、"岗位做奉献、真情为他人"的李素丽、"人民好警察"邱娥国等。这一时期，社会转型特别是经济体制加快向市场化转变，而政治体制改革滞后，导致权力领域出现腐败化和堕落化。由此，推出了孔繁森、吴金印等清正为民的公仆英模人物。

2001年，中央在《公民道德建设实施纲要》中明确指出公民道德建设的方法、手段和机制，同时指出"社会的一些领域和一些地方道德失范，是非、善恶、美丑界限混淆，拜金主义、享乐主义、极端个人主义有所滋长，见利忘义、损公肥私行为时有发生，不讲信用、欺骗欺诈成为社会公害，以权谋私、腐化堕落现象严重存在"[①]。我国的思想道德建设进入公民道德建设阶段。此后，全国范围内开展了丰富多样的公民道德实践活动。2006年，胡锦涛提出"八荣八耻"的社会主义荣辱观。2011年，党的十七届六中全会提出"要把社会主义核心价值体系融入国民教育、精神文明建设和党的建设全过程，坚持用社会主义核心价值体系引领社会思潮"[②]，这一时期广泛开展道德模范评选表彰及学雷锋活动，杨善洲、郭明义、张丽莉、沈浩等英模人物接连涌现。

2012年，党的十八大报告明确提出"三个倡导"，即倡导富强、民主、文明、和谐，倡导自由、平等、公正、法治，倡导爱国、敬业、

---

① 《公民道德建设实施纲要》，《人民日报》2001年10月25日第1版。
② 《中共中央关于深化文化体制改革 推动社会主义文化大发展大繁荣若干重大问题的决定》，《人民日报》2011年10月26日第1版。

诚信、友善，这是对社会主义核心价值观的最新概括。2013年，中共中央办公厅在《关于培育和践行社会主义核心价值观的意见》中，明确指出积极培育和践行社会主义核心价值观"是我们党凝聚全党全社会价值共识作出的重要论断"①。党的十八大以来，公民道德建设全方位、多层次推进，公民道德建设成效明显，涌现出"沙漠愚公"苏和、"百姓依赖的老大哥"廖俊波、"守岛英雄"王继才、"大山里的海勒·凯勒"刘芳、"优秀的人民调解员"马善祥、敬业模范骆抗先等英模人物。

任何一种社会结构和生活方式都需要道德的引领，也必然产生相应的道德诉求，"当我们从单一性的社会转型为多维度社会，道德体系的构建就不能只适应某一方面的诉求，而应该增加民主政治、社会治理、生态文明、法治社会等元素，并且找寻社会不同主体之间的价值最大公约数"②。改革开放以来的公民道德建设呈现出"从重德性伦理到德性伦理、制度伦理共重""从注重先进性为主到先进性与广泛性相结合""从重政府主导到全社会的共同参与"等特点。③ 思想道德建设需要英模人物的阐释、落实、印证和实践。当前，思想道德建设的基本任务是为实现中国梦提供强大思想支撑和精神动力。社会主义核心价值观反映了所有社会成员的"最大价值公约数"，然而"在宏观层面的理论要求和秩序规范只有'下沉'到基层和生活化的社会实践中才能逐一实现，于是就需要英模人物及其精神的载体"④。在社会主义思想道德建设中，以英模为鉴，可以将世界观、人生观、价值观的内涵、

---

① 中共中央文献研究室：《十八大以来重要文献选编》上，中央文献出版社2014年版，第578页。
② 李建华：《社会全面转型过程中的道德引领》，《光明日报》2016年2月17日第13版。
③ 朱金瑞：《新中国成立以来公民道德建设的历史演进》，人民出版社2015年版，第182—187页。
④ 张明：《英模精神与培育和践行社会主义核心价值观——全球地域化视角》，《学习论坛》2016年第10期。

意义清晰地呈现在人们面前,让人们体验、内化,激起身边人见德思齐的自觉。这不是空洞的说教,而是落实到具体生活中的直观感受。运用英模人物的力量弘扬传统美德和时代精神,只要"方法应用得当,富有艺术性,就可以取得事半功倍的效果,推进社会主义核心价值体系建设,促进公民道德素质和社会文明程度提升"[①]。

---

① 曾长秋、李盼强:《树立道德模范人物与提升公民道德价值观》,《中州学刊》2012年第3期。

第五章　改革开放以来英模人物塑造的现实审视

马克思指出,"历史把那些为共同目标工作因而自己变得高尚的人称为最伟大的人物;经验赞美那些为大多数人带来幸福的人是最幸福的人"①。纵观英模人物的演进历程,可以发现,改革开放四十多年来的英模塑造积累了非常丰富和成功的经验,对凝聚人心、引领风向、促进精神文明建设发挥了重要作用。对于当代社会转型,有人戏说、丑化历史,有人嘲笑崇高、抹黑英雄,进而解构历史,企图抹杀英雄的历史功绩,消解中华民族的民族精神;而英模人物塑造也面临着感召力下降、认可度不足、评价标准不明晰等问题。如何正确看待这些现实挑战,客观评析英模人物的形成机理、塑造成效,理性透析英模认同度下降的成因,对新时代进一步匡正谬误、澄清事实,探寻英模塑造的有效路径具有重要作用。

第一节　英模人物塑造的过程

习近平总书记指出,"新时代是需要英雄并一定能够产生英雄的

---

① 《马克思恩格斯全集》第 1 卷,人民出版社 1995 年版,第 459 页。

时代"①。英模来源于人民，产生于广大人民群众之中。从人民中挖掘英模，让他们的带头模范作用辐射至更大的范围和空间，就需要对英模进行积极的树立、展示、宣传、推广。从某种意义上讲，塑造英模人物的过程也是对英模进行展示、宣传和推广的过程。

一　英模人物的树立

英模的产生和选拔是英模人物塑造机制的主要环节。英模人物具有鲜明的时代性和政治性，作为一种特殊的社会文化符号，必须旗帜鲜明地传递国家意识形态，明确地表达支持什么、反对什么、鼓励什么，然后通过一定形式的运作和培育、系统化的宣传、推广，达到示范引导、振奋人心和启发自觉的效果。改革开放四十多年来，我国在这方面已然形成了一套成熟而规范的运行机制，其中涵盖了英模的推选、表彰、宣传教育和保障机制等。特别是党的十八大以来，党中央高度重视功勋和荣誉认定、评选和表彰工作。2015年，中共中央颁发《关于建立健全党和国家功勋荣誉制度的意见》，为做好功勋荣誉表彰工作提供了依据和遵循；同时，中共中央成立党和国家功勋荣誉表彰工作委员会，牵头组织有关功勋荣誉表彰的评选、颁授和典礼等工作。2016年，《中华人民共和国国家勋章和国家荣誉称号法》正式实施。2017年，《中国共产党党内功勋荣誉表彰条例》《国家功勋荣誉表彰条例》《军队功勋荣誉表彰条例》等经中央批准实施，标志着我国建立了党、国家、军队功勋簿。2018年，全国人大常委会审议通过《中华人民共和国英雄烈士保护法》，明确指出："教育行政部门、各级各类学校应当将英雄烈士事迹和精神纳入教育内容，组织开展纪念教育活动；文化、新闻出版、广播电视、电影、网信等部门要鼓励和支持以英雄

---

① 习近平：《在"七一勋章"颁授仪式上的讲话》，《人民日报》2021年6月30日第2版。

烈士事迹为题材、弘扬英雄烈士精神的优秀文学艺术作品、广播电视节目以及出版物的创作生产和宣传推广；广播电台、电视台、报刊出版单位、互联网信息服务提供者，应当通过播放或者刊登英雄烈士题材作品、发布公益广告、开设专栏等方式，广泛宣传英雄烈士事迹和精神。"① 2019年，党中央首次组织开展国家勋章和国家荣誉称号评选颁授活动，以"人民科学家""人民英雄""人民教育家""人民艺术家"等名称授予在相应行业、领域做出杰出贡献的人士。可以说，中央正致力于从基本任务、内容范畴、着力方向等方面，对英模人物的塑造和宣传进行系统顶层规划，推动形成完备的道德建设体系。

（一）政府机构推选

中华人民共和国成立后逐步建立由政府有关部门组织开展英模人物评选表彰活动的生成机制。1950年9月，为了国家政权和经济建设的需要，召开全国战斗英雄会议和全国工农兵劳模会议，评选出新中国第一代英雄和劳模。以本次大会为契机，在彰显新制度、新观念、新价值的同时，也促使"国家的英模表彰活动逐步走向程序化、制度化和常态化"②。改革开放以来，英模评选表彰在这条常态化、制度化和规范化道路上稳健推行，其中政府机构推选便是英模树立的主要路径之一。

从英模人物产生来看，行政机构的权威认可和推举发挥了重要作用。很多英模首先是在基层产生了一定的积极影响，然后由当地的权威机构向上推送，再由更高的平台推向全国，从而进一步扩大其社会影响力。影响较大的有全国劳动模范、全国道德模范、优秀共产党员、三八红旗手、感动中国人物、时代先锋、时代楷模、全国五一劳动奖

---

① 《中华人民共和国英雄烈士保护法》，《中华人民共和国全国人民代表大会常务委员会公报》2018年第3期。
② 孙云：《1950年全国英模表彰大会的召开及意义》，《当代中国史研究》2013年第3期。

章获得者评选活动等。比如，中共中央、国务院连续多届举行的全国劳动模范评选于1950年启动，1989年后每5年一次，已经成为规律性的大型评选活动；2009年5月，中宣部、中组部等部门联合开展"100位为新中国成立作出突出贡献的英雄模范人物""100位新中国成立以来感动中国人物"；党的十八大以来，由中宣部组织宣传开展全国重大先进典型评选，针对具有较强先进性、代表性、时代性、典型性的人物设立"时代楷模"，等等。通过这些由官方机构主导组织的英模评选活动，树立了一批又一批的先进人物，对倡导社会主旋律、引领正确的政治导向和传播社会正能量发挥了积极作用。

以全国劳动模范评选为例。根据授予单位的行政级别，劳动模范可分为若干等次，依次是全国劳模——省（部）级劳模——地（市）级劳模和县级劳模——基层单位"岗位标兵""生产能手""先进生产（工作）者"等。前一等次的劳模往往来自下一个等次，全国劳模往往有着担任省（部）级劳模、地（市）级劳模等的人生经历。这一评选过程体现着上下互动，上级有关部门先要决定召开劳模表彰大会，逐级把名额比例分配至下级部门；下级从下往上逐级推荐候选者。比如，2015年全国劳动模范和先进工作者评选，党中央、国务院专门成立了表彰全国劳动模范和先进工作者大会筹备委员会，下设办公室负责推荐、审核、表彰等工作。中央办公厅、国务院办公厅发布关于做好表彰工作的通知，在评选程序上严格按照自下而上、逐级推荐、差额评选、层层审核的方式，推荐人选通过所在单位、省级和全国三级公示；经过初审和复审后，对拟表彰人员在《人民日报》和人民网、新华网等中央媒体进行公示，其中绝大多数人选曾获得过省部级以上表彰奖励。此外，中央、国务院各部委也定期或不定期通过由上往下分配、由下往上推荐的形式组织开展本系统的劳模评选。一个人能否被评为劳模，受多种因素的影响，但能不能得到推荐是关键因素。地方基层单位往往也效仿上级部门，定期开展各种形式的先进人物评比表彰活动。

（二）媒体发掘推送

21世纪以来，除了官方机构外，更多的媒体比如中央电视台、《人民日报》等利用媒体的强大优势，也加入英模人物的评选活动，从报纸到网络，从传统媒体到新兴媒体，从中央到地方，打造了一批脍炙人口的英模选树品牌栏目。同时，为提高评选的公信力和知名度，广泛吸引群众参与投票和评选，成了政府机构推举英模这种"常规"形式之外的有力补充。比如，新华社开设了"创新中国·科技领航者"专栏，推出科技典型人物，展示在科技战线上默默奉献的科研领航者风采；中国文明网开设"好人365"专栏，每日讲述一名中国好人的感人故事，等等。

随着社会的不断进步和民主意识的不断增强，英模人物的选拔方式越来越趋向于民主推选，评选过程强烈地体现出大众参与、群评群议、遵从民愿的特点，经过民主方式推选出的英模也更具特色、吸引力和公信力。比如，《感动中国》的评选方式是媒体发布新闻宣布活动启动，由具有广泛社会影响力的名人为推选委员并组成推选委员会，由推选委员推选出合适的候选人物，并写明推举理由以及他们的事迹材料；同时，组委会也搜集相关资料，形成组委会的推荐人选，推选委员可以在组委会搜集的推荐人选中投票，推举出认为合适的候选人物，并填写推举理由；最后，组委会将根据推委会的推选情况，再经公众投票和最终评议确定，公众可通过短信、信件、网络电话等形式投票。2002年首届感动中国人物评选，就邀请了各行业的杰出人士组成近40人的阵容强大的推选委员会（其中，包括外交部发言人、国家统计局副局长等政府官员，还有知识分子官员代表——清华大学党委书记、中国农业大学校长等，此外还有余秋雨、金庸、敬一丹、濮存昕、白岩松、崔永元等文艺、媒体领域的知名人士），公众通过央视国际网站和《中国电视报》参与公开投票，最后由中央权威新闻媒体负责人组成评委会，结合推委会推举及公众投票情况确定入围人选。2007年，中央宣传部、中央文明办等部门启动评选第一届"全国道德模范"。评选程序是主办单位成立评选表彰活动组委会，各省、自治区、直辖市等在本地区、本系统层层推荐的基础上提出拟推荐的候选人名单，在媒体公示、征求意见后报全国活动组委会办公室；全国活动组委会在中央主要新闻媒体和重点网站展示介绍候选人基本情况及主要事迹，听取群众意见，接受社会监督；此后，组织"万名公众代表"和全国活动评委会投票，根据投票结果，提出全国道德模范及提名奖获得者建议名单，由中央文明委审定建议名单后，作出表彰决定并举行颁奖仪式。

很多英模人物因媒体的发现和报道而引起社会关注，进而被塑造为知名典型。比如，1981年12月《人民日报》头版头条报道了张海迪不屈抗争、勇斗病魔的事迹；此后，当地的党报、共青团组织、妇联等也纷纷报道了她的故事；1983年，《中国青年报》头版发表《是颗流星，就要把光留给人间》，再次报道了张海迪的感人故事；此后，全国上下掀起"向张海迪学习"的热潮，全国妇联授予张海迪"三八红旗手"称号。20世纪90年代，《广西武装》杂志社记者根据军嫂韩素云的感人事迹写成了报道《心的呼唤，爱的奉献》投给了《广西日报》和《羊城晚报》；1993年12月，《羊城晚报》在七版头条以"心的呼唤，爱的奉献"为题介绍韩素云的事迹；1994年，广西军区政治部根据韩素云的感人事迹，组织了一系列跟进宣传，中央人民广播电台、中央电视台、新华社和《人民日报》《解放军报》等国内外大小媒体都进行了连续专题报道；此后，以韩素云为原型的电影《军嫂》在全国公映，韩素云爱国拥军先进群体事迹报告团先后在北京、上海、山东、广东、广西等地举行报告会，引起了极大的社会反响，韩素云也因此多次荣获"优秀军人妻子""模范军属"及二级英模奖章、全国先进工作者、全国劳动模范、全国三八红旗手等各级荣誉。

目前，还有很多专题宣传报道英模的网站，如中央宣传部、中央文明办共建的"中国文明网—先进典型频道"（http：//www.wenming.cn/wmsjk/xjrw/），北京市委宣传部、首都精神文明办共建的"北京榜样"（http：//bjby.bjwmb.gov.cn/），河北省委宣传部建立的"时代楷模网（http：//xianfeng.hebei.com.cn/）等。

（三）身份符号授予

通过被发现和推举，普通群众最终要获得"英模"这一身份认定，主要表现为两种形式。一是官方或媒体，总之是具有强势话语权的机构以举行仪式或颁发红头文件的形式进行身份认定；二是引起高层领导的关注、接见或题词，从而获得明确的身份认可。

成为英模人物的核心环节之一，除了人物自身素质之外，更重要的是权威机构对其身份的认定。比如，1978年，中共中央、国务院召开全国科学大会，授予1213人"全国先进科技工作者"称号；1995年，党中央、国务院举行全国劳动模范和全国先进工作者表彰大会，授予2877人"全国劳动模范""先进工作者"称号，此后，每隔5年都要举行全国劳动模范和先进工作者表彰大会。比如，1993年，苏宁被中央军委追授"献身国防现代化的模范干部"；2001年，王伟被中央军委授予"海空卫士"荣誉称号和一级英模奖章，被海军党委批准为革命烈士，被共青团中央和全国青联追授"青年五四奖章"；2003年，在中国首次载人航天飞行庆祝大会上，江泽民向中国首位航天员杨利伟授予"航天英雄"的光荣称号，颁发"航天功勋奖章"……荣誉称号的授予和奖章的颁发意味着官方机构对英模身份的认可。2019年9月29日，在庆祝中华人民共和国成立70周年之际，习近平总书记向国家勋章和国家荣誉称号获得者授予"共和国勋章"和国家荣誉称号奖章，在以国之名义颁授"国家勋章"的英模中，有一辈子扎根农村、倡导并推动"男女同工同酬"写入宪法的申纪兰，填补我国原子核理论空白、为氢弹突破做出卓越贡献的于敏，研究发现青蒿素、解决了抗疟治疗失效难题的屠呦呦，长期扎根大漠、潜心石窟考古研究的樊锦诗。2021年6月29日，举行"七一勋章"颁授仪式，习近平总书记将其授予新中国纺织工人的优秀代表黄宝妹等有杰出贡献的共产党员……

中华人民共和国成立以来的不同时期，由高层领导人接见或题词（批示）也是英模身份确认和英模精神界定的重要方式。中央领导先后为欧阳海、王杰、邱少云、向秀丽、朱伯儒、徐洪刚、周国知、郑培民、李向群、任长霞等英模人物做过题词或批示。1983年，聂荣臻对朱伯儒先进事迹题词"向朱伯儒同志学习"，叶剑英对朱伯儒先进事迹题词"人民公仆 模范党员"。1990年，中国少年先锋队第二次全国代表大会在北京举行，江泽民发出号召："向赖宁学习，做社会主义事业接班人"。1994年，江泽民、李瑞环等中央领导接见了见义勇为的英雄战士徐洪刚，江泽民指出，"徐洪刚等人的事迹，体现了我们共产党的传统，也体现了中华民族的传统美德"。1995年，李鹏在第八届人大三次会议上的政府工作报告中指出，"革命烈士""优秀领导干部"张鸣岐是全国人民学习的榜样。1995年，江泽民题词"向孔繁森同志学习"。同年，江泽民和李鹏、乔石、李瑞环等党和国家领导人接见韩素云。2007年年初，胡锦涛在新华社《国内动态清样》"政治教员方永刚用生命传播党的创新理论"一稿上作出批示，并亲切接见方永刚。2010年8月，胡锦涛对郭明义先进事迹作出重要批示："郭明义同志是助人为乐的道德模范，是新时期学习实践雷锋精神的优秀代表。"

党的十八大以来，习近平总书记多次接见英模并作出批示。2013年，习近平接见第四届全国道德模范；2015年，习近平对邹碧华先进事迹作出批示："邹碧华同志是新时期公正为民的好法官、敢于担当的好干部。"① 2016年，习近平对李保国先进事迹作出批示："广大党员、干部和教育、科技工作者要学习李保国同志心系群众、扎实苦干、奋发作为、无私奉献的高尚精神，自觉为人民服务、为人民造福，努力做出无愧于时代的业绩。"② 2017年，习近平接见参加全国精神文明建设表彰大会的600多名代表。2017年，习近平对黄大年先进事迹作出指示："我们要以黄大年同志为榜样，学习他心有大我、至诚报国的爱国情怀，学习他教书育人、敢为人先的敬业精神，学习他淡泊名利、甘于奉献的高尚情操。"③ 习近平对廖俊波先进事迹指示强调："广大党员、干部要向廖俊波同志学习，不忘初心、扎实工作、廉洁奉公，身体力行把党的方针政策落实到基层和群众中去，真心实意为人民造福。"④ 2018年，习近平对王继才先进事迹指示强调："王继才同志守岛卫国32年，用无怨无悔的坚守和付出，在平凡的岗位上书写了不平凡的人生华章。我们要大力倡导这种爱国奉献精神，使之成为时代奋斗者的价值追求。"⑤ 2019年，习近平在指示中强调，"老英雄张富清60多年深藏功名，一辈子坚守初心、不改本色，事迹感人"⑥。2019

---

① 《习近平对邹碧华同志先进事迹作出重要批示》，《人民日报》2015年3月3日第1版。
② 《习近平对李保国同志先进事迹作出重要批示》，《人民日报》2016年6月13日第1版。
③ 《习近平对黄大年同志先进事迹作出重要指示》，《人民日报》2017年5月26日第1版。
④ 《习近平对廖俊波同志先进事迹作出重要指示》，《人民日报》2017年4月15日第1版。
⑤ 《习近平对王继才同志先进事迹作出重要指示强调要大力倡导爱国奉献精神 使之成为新时代奋斗者的价值追求》，《人民日报》2018年8月7日第1版。
⑥ 《习近平总书记重要指示催人奋进 老英雄张富清事迹彰显奉献精神》，《人民日报》2019年5月27日第1版。

年，习近平接见全国道德模范和全国民族团结进步模范个人。

高层领导尤其是社会主义社会最高权力阶层领导人的接见或视察，是肯定和褒奖英模的重要方式。英模受到领导接见是一种体现国家认可的高规格礼遇，对个人而言是一种莫大的荣誉，对民众来说，又具有巨大的鞭策和示范效应，往往让人艳羡并广为流传。

二 英模人物的宣传

榜样教育是思想政治教育的有效形式和重要方法。党和政府一直非常重视英模人物的宣传学习工作，积极组织各级各类媒体深入宣传报道英模，并采用刊播公益广告、举行专题展览和先进事迹报告会，先进事迹报道、出版人物传记及事迹汇编、文艺作品，修建承载英模精神的纪念建筑物、纪念馆等方式，大力宣传英模事迹，学习英模品质，践行英模精神。

（一）事迹再现

不是每个英模在获得"英模"的身份后就必然引发广泛关注的。许多英模人物在获得一定层级的身份授予后，仍然停留在当地群众知晓这个层面，或者说仍然停留在表彰文件和先进事迹的文本里，要发挥其示范引领作用，必须进行深入推广宣传，让更多的人知晓。举行先进事迹报告会、理论研讨会和学习典型先进事迹座谈会等活动，或者组织英模或与其相关的人员到全国各地巡回报告典型事迹，邀请英模本人或亲属、同事现身说法，是宣传英模的重要形式之一。

例如，1997年，由中宣部等部门联合举办的王启民先进事迹报告会在人民大会堂隆重举行，一时间全国掀起了学习"新时期铁人"王启民的热潮。2007年，为生动再现方永刚事迹，方永刚先进事迹报告团在全国各地巡回报告，让全国人民尤其是广大思想政治工作者受到直接教育。2013年,为再现藏区干部苦干实干的"高原牦牛"精神,中宣部会同各地宣传部门(比如四川、西藏、甘肃、云南、青海等)巡回举行"最美基层干部"菊美多吉的先进事迹报告会,菊美多吉的妻子昂旺巴姆和报告团其他4位成员从不同角度追忆了菊美多吉的先进事迹。抗击"非典"英模报告团、"航天英雄"先进事迹报告团、抗震救灾英模先进事迹报告团等,均在全国产生了巨大的影响。如果是举行座谈会,则一般是英模本人或其家属、同事、领导与相关人员参加,一起学习交流先进事迹的心得体会,畅谈未来的努力方向。

通过媒体对英模事迹进行广泛报道,造成持续热点,引发公众关注,以此扩大英模精神的影响力和辐射力,也是英模宣传推广的重要形式。对此,《人民日报》《光明日报》《中国青年报》《工人日报》和CCTV等官媒发挥了重要作用。近年来,网络(人民网、中国网、新华网、光明网、央视国际网、中国广播网、中国文明网、时代先锋网、中华劳模网等)也逐渐兴起,共同组成了推介英模人物先进事迹的主要阵地和平台。比如,1981年2月21日,《洛阳日报》发表《"为人民服务一辈子"——记市劳动模范、老集煤场现场工赵春娥》的宣传报道,首次报道和挖掘出赵春娥的事迹;此后,1982年6月6日,《工人日报》发表《她为四化献出了全部光和热》的报道,《人民日报》《解放军报》和新华社等媒体也跟进报道,中共中央发出《向赵春娥同志学习 努力建设一支具有共产主义觉悟的职工队伍》文件,很快赵春娥的先进事迹就传遍大江南北。2005年2月,《永远的丰碑》主题宣传栏目开播,最初是在中央电视台每天中午12时的《新闻30分》栏目播出,每日介绍1名党史上的优秀人物或革命英烈,后来在《新闻联播》播出,掀起了一轮学习热潮。据统计,1950—2002年的《人民日报》中,关于"英模"的报道就有6368

篇，年平均报道量为 120 篇，英模报道成为《人民日报》在新闻报道中的优良传统之一。① 党的十八大以来，中宣部也相继在主要媒体上推出《家国栋梁》《时代先锋》《榜样》《永远的丰碑》等品牌栏目，从不同角度报道英模人物，以倡导人们向先进人物学习。

为便于宣传、记忆和推送，主流媒体在报道时往往会对英模的精神做高度凝练和朗朗上口的概括。比如，"为人民服务的雷锋""领导干部的楷模孔繁森""伐木英雄马永顺""雪域将军医生李素芝""党的好干部牛玉儒""人民的好法官宋鱼水""警花中的英雄任长霞""背妹求学 12 载的洪战辉""用左手向国旗敬礼的人丁晓兵"等。

（二）文艺再现

在党和政府的主导下，为强调正面宣传与教育引导，英模人物的重要宣传方式之一，即是将先进事迹通过文学作品（报告文学、诗歌、小说、散文等）、影视作品（电影、电视剧等）、艺术作品（歌曲、戏剧、舞蹈等）和美术作品（绘画、书法、邮票等）等多种艺术形式进行宣传和学习，使其进入人民的精神生活层面。

第一，文学再现。1978 年，《人民文学》发表徐迟的报告文学《哥德巴赫猜想》，让全国人民知道了废寝忘食、潜心科研的数学家陈景润。20 世纪 80 年代，鲁光的报告文学《中国姑娘》，使中国女排顽强拼搏一举拿下"五连冠"背后的故事广为流传。王鸿鹏、马娜创作的报告文学《中国机器人》，讲述了几代科技工作者献身机器人研发的事迹。李春雷创作的《大山教授》，记述了"太行山里的新愚公"李保国推动太行山区脱贫攻坚和生态治理的故事。马景良创作的英模人物事迹诗歌读本《脊梁》，以长篇叙事诗讲述时传祥、雷锋、张海迪、孔繁森、郭明义、王顺友等 10 位英模人物的事迹，在还原英模的时代

---

① 周晓瑾：《〈人民日报〉的"英模报道"研究（1950—2002）》，兰州交通大学，博士学位论文，2018 年。

形象的同时，赋予英雄人物更具诗意性的表现。还有很多英模事迹被写成了传记，或编入英名录、辞典、先进事迹丛书等，以此流传后世。比如，复旦大学出版社出版的《华罗庚传》、湖南人民出版社出版的《中国女孩文花枝》、新华出版社出版的《陈景润传》、黑龙江人民出版社出版的《马永顺传》、党建读物出版社出版的《张海迪：轮椅上的远行者》、上海交通大学出版社出版的《钱学森传》、光明日报出版社出版的《永葆先进——吴仁宝与华西村建设社会主义新农村的实践》等，为记录英模史实和反映英模事迹提供了翔实的史料支撑。

第二，歌曲影视再现。以英模为原型的影视作品有《焦裕禄》《离开雷锋的日子》《生死牛玉儒》《谷文昌》《任长霞》《杨善洲》《郑培民》《黄大年》《蒋筑英》《钱学森》《中国天眼》《法官谭彦》《孟二冬》《时传祥》等。2002年，电影《首席执行官》以张瑞敏和海尔集团为原型，展示了中国企业走向世界的壮举。2009年，电影《云上学堂》取材于四川大凉山一座海拔2800米的悬崖顶上的天梯小学，由李桂林、陆建芬夫妇的真实故事改编而成，展现了他们几十年坚守悬崖小学传授知识的感人事迹。2018年，由宋业明执导，以"将军农民"甘祖昌、妻子龚全珍的真实经历改编的32集电视连续剧《初心》于CCTV综合频道首播，再现了他们解甲归田、带领乡亲艰苦奋斗的故事；电影《郭明义》讲述了鞍钢一名普通养路工郭明义，从部队到地方，从工厂到家庭，以实际行动学雷锋、做雷锋的故事；上影集团出品的电影《我是医生》以吴孟超为原型，浓缩展示了医者仁心和当代中国军民融合的典型范例。2020年，由国家广电总局指导的抗疫题材时代报告剧《在一起》于CCTV综合频道播出，以"抗疫"期间各行各业真实的原型人物和故事为基础，通过艺术加工再现"抗疫"战中的平民英雄群像。其中有以"人民英雄"钟南山院士、张定宇院长等为原型的人物故事，还有很多普通医护人员、支援队员、快递员、社

第五章　改革开放以来英模人物塑造的现实审视

区工作者等人物，展现了对抗疫英雄们的敬礼与歌颂。戏剧方面，有北京人民艺术剧院以"北京市纪检监察系统英模人物"金超杰为原型创作的话剧《金超杰》，陕西省话剧团以"时代楷模"李培斌为原型创作的话剧《热泉》，以深圳市爱心大使丛飞为原型创作的《好人丛飞》，等等。

第三，画像再现。悬挂英模的照片和事迹画像、发行邮票，是一种补充的宣传形式。比如，2005年，国家邮政局发行了苏建新、解泉声创意策划的首套劳模邮票，宣传刻画了牛玉儒、任长霞等40位先进人物的光辉形象；同年，国家邮政局批准浙江省发布全省107名"劳模形象个性化邮票"；2006年，衡水市首次以劳模为题材发布全国劳动模范耿长锁的个性化邮票。这些邮票设计精美，具有收藏价值，作为一种名片承担着宣传英模的政治使命。

第四，教材再现。中小学教材是体现教学内容和教学方法的重要载体，将英模事迹编入语文、历史和政治等教材，是青少年思想政治教育的重要途径之一。比如，在以中国女排为原型的报告文学《中国姑娘》中，"把掌声分给她一半"这一部分被稍做改动选入了北师大版小学六年级上册教材；孔繁森、张海迪、徐洪刚等英模人物的故事也都相继被写进教材。

此外，发布英模本人的日记也是宣传英模事迹的重要途径。比如，《雷锋日记》《张海迪日记》《张华日记》《孔繁森日记》等都曾广为流传，里面一些源自英模本人的话语，经过权威机构宣传而成为党员干部教育的经典语言。还有很多英模人物事迹汇编，如中国人事出版社出版的《共和国英模谱》、新华出版社出版的《光锋颂——优秀共产党员先进事迹》、学习出版社出版的《时代先锋大型主题宣传系列丛书》、党建杂志社出版的《追寻永恒——共和国英模的昨天和今天》、蓝天出版社出版的《蓝天之鹰（人民空军英模飞行员风采)》、红旗出版社出

· 189 ·

版的《榜样——100位感动中国的道德之星》、党建读物出版社出版的《"不忘初心 牢记使命"优秀共产党员先进事迹选编》、北京工业大学出版社出版的《党的儿女——英模卷》、湘潭大学出版社出版的《中国共产党革命精神巡礼》、中共党史出版社出版的《时代先锋（新世纪100位共产党员先进典型）》、人民出版社出版的《永远的丰碑》系列丛书等。

（三）时空再现

中华人民共和国成立以来，对部分为国家和人民的利益而牺牲或殉职的英模，强调永恒的时间、空间与仪式感，通过建造雕塑、纪念馆、纪念碑、烈士陵园等纪念建筑物的形式，将其塑造成一种政治象征符号，从而进行充分的典型宣传。文化地理学家迈克·克朗认为，"地理景观和纪念场所是可以进行意义解读的'文本所在'，它们可以告诉居民有关某个民族的故事，他们的观念信仰和民族特征，其中某些部分是无可争议的日常生活的一部分，而有些则含有政治意义"[1]。

比如，1994年，北京劳动人民文化宫建造郝三喜烈士塑像。1996年，全国著名劳动模范时传祥的塑像在北京劳动人民文化宫落成，李瑞环为塑像题名，尉健行为塑像揭幕。2019年，北海市总工会与相关单位在北海市市花公园、中山公园、长青公园、海城区独树根东社区和银海区春伟广场等地，因地制宜，建设"英模公园（广场）"。[2] 1999年，中共中央办公厅批准在环卫工作者杰出代表——时传祥的家乡山东省齐河县建立时传祥纪念馆；在辽宁省抚顺市和湖南省望城县分别建有雷锋纪念馆，在山西省文水县云周西村建有刘胡兰纪念馆，

---

[1] [英] 迈克·克朗：《文化地理学》，杨淑华、宋慧敏译，南京大学出版社2003年版，第51页。
[2] 《北海市市花公园"英模公园"建成启用》，北海市人民政府网站，2019年1月30日，http://www.beihai.gov.cn/fzd/zfbmwz/bhszgh/tpxw_63/t15004228.shtml，引用日期：2023年3月9日。

在四川省仪陇县建有张思德纪念馆,在河北省隆化县城西北部建有董存瑞烈士陵园,还有上海交通大学钱学森纪念馆、河南洛阳赵春娥纪念馆、浙江杭州蒋筑英纪念馆、湖北黄冈李四光纪念馆、江苏高邮吴登云事迹展览馆等。据报道,当前,"钱学森科技大学"正在筹建中,地点在湖南浏阳。① 为宣传英模事迹,一些街道、学校等甚至以英模命名,比如,马永顺中学是伊春市重点高中之一,前身为铁力林业局第二中学,2000年经伊春市委、市政府批准,更名为马永顺中学。

时间节点的确定和仪式感的设置也很重要。2014年,国家将每年的9月30日确立为烈士纪念日,在天安门广场人民英雄纪念碑前隆重举行纪念仪式,同时要求县级以上地方人民政府、军队有关部门举行相应的烈士纪念活动。

三 英模人物的安置

英模人物的安置,主要指英模人物确立相应的"英模"身份符号后,除了精神上的肯定和嘉奖之外,党和国家及社会各层面对英模人物关怀的具体表现及后续对待安排等工作。

(一) 政治提拔

政治提拔是表彰安置英模的重要方式。当英模人物的身份得到认可和确立后,因考虑到英模人物已经是本地区、本单位或本系统的典型楷模,一般都会被作为上级部门考察培养的重点对象,将其吸收为中国共产党党员,或者给予英模人物更多晋升的机会,比如之前没有担任领导职务的被选拔为领导干部,已担任一定职务的会得到进一步的重用。这种政治上的提升,意味着对英模评选的肯定和本地区、本单位或本系统有关工作的肯定,有利于英模掌握更多的政治资源和社

---

① 《"钱学森科技大学"正在筹建中,地点在湖南浏阳》,科学网,2020年8月11日,http://news.sciencenet.cn/htmlnews/2020/8/443991.shtm,引用日期:2020年9月7日。

会资源。

比如，2008年"5.12"汶川大地震发生前，蒋晓娟仅是江油市公安局的一名普通工作人员；地震后，还在哺乳期的她将6个月大的孩子送到乡下托父母照顾，当看到灾区有许多受灾婴儿嗷嗷待哺时，她主动当起了"警察妈妈"为灾区婴儿喂奶。当年，蒋晓娟入选感动中国候选人，后来江油市破格提拔她为公安局副政委。郭明义，一开始只是一名普通工人，20世纪80年代从部队退伍回到鞍钢后，2010年获"全国优秀共产党员"称号，2011年获"感动中国人物"称号；2018年10月，郭明义当选中华全国总工会副主席，成为中国共产党第十八、第十九届中央委员会候补委员。

（二）物质待遇

对英模及其家属予以一定的物质待遇，维护劳模合法权益，帮助劳模解决实际困难，也是表彰和安置英模的重要方式之一。

1978年，国务院颁发《国务院关于工人退休退职的暂行办法》（国发〔1978〕104号），规定"获得全国劳动英雄、劳动模范称号，在退休时仍然保持其荣誉的干部，其退休费可以酌情高于本办法所定标准的百分之五至百分之十五，但提高标准后的退休费，不得超过本人原标准工资"[①]。1980年3月，全国总工会制定《劳动模范工作暂行条例》，规定各级工会组织要为劳模说话撑腰，关心劳模的生活，帮他们解决生活工作中的实际困难，对劳模的伤、残、病、亡做妥善处理。1982年5月，全国总工会等部门下发通知，各省（自治区、直辖市）总工会每年可以组织企业的少数全国和省级劳模或有突出贡献的模范先进人物进行短期休养。1983年6月，全国总工会、全国妇联、共青团中央、教育部和国家计委等部门联合下发《关于省、市、自治区级

---

① 《国务院关于工人退休退职的暂行办法》，载全国人民代表大会常务委员会法制工作委员会《中华人民共和国法律汇编（1954—2004）》，人民出版社2004年版，第47—48页。

第五章 改革开放以来英模人物塑造的现实审视

以上先进人物升学深造的暂行规定》，要求有关院校要优先甚至适当降低分数录取"先进人物"。1983年7月，全国总工会和中组部等部委联合下发《关于保护劳动模范身体健康的几项规定》，要求"凡省属市（县）以上人大常委会或者人民政府授予劳动模范和先进人称号的职工，在今年内要普遍进行一次身体检查，今后每年一次，形成制度"。"要逐步改善劳动模范的住房条件。各单位在分配住房时，要优先照顾"①。1989年，"国务院决定自1989年10月1日起给予1989年获得全国劳模和先进工作者称号的职工奖励晋升两级工资"②。

2007年，中央文明办颁布《帮扶生活困难道德模范实施办法（暂行）》（文明办〔2007〕9号），提出"建立帮扶生活困难道德模范的长效机制""对部分生活困难的道德模范给予一定数额的现金资助，用于解决资助对象本人和家庭生活困难；资助就学费用。对需要帮扶的在校生资助其学费和一定生活补贴；提供养老保险。为部分生活困难的道德模范投保一定数额的养老保险；根据道德模范的困难情况和实际需要，采取其他方式，帮助其解决困难"。③ 2011年，国务院颁布《烈士褒扬条例》，规定了烈士褒扬金发放和烈士遗属的抚恤优待，内容有"烈士褒扬金标准为烈士牺牲时上一年度全国城镇居民人均可支配收入的30倍""烈士遗属除享受烈士褒扬金外，属于《军人抚恤优待条例》以及相关规定适用范围的，还享受因公牺牲一次性抚恤金""烈士的子女、兄弟姐妹本人自愿，且符合征兵条件的，在同等条件下优先批准其服现役"。④ 2019年，国务院对2011年

---

① 《中华全国总工会等部门关于保护劳动模范身体健康的几项规定》，《中华人民共和国国务院公报》1983年第18期。
② 游正林：《我国职工劳模评选表彰制度初探》，《社会学研究》1997年第6期。
③ 蒋希伟总编：《中央文明办帮扶生活困难道德模范实施办法（暂行）》，《中国精神文明建设年鉴2008》，学习出版社2009年版，第159页。
④ 《烈士褒扬条例》，《中国民政》2011年第9期。

颁布的《烈士褒扬条例》进行了修订。2014年，国务院颁布《烈士公祭办法》，要求在清明节、国庆节或者重要纪念日期间，举行烈士公祭活动。① 2018年，国务院颁布《为烈属、军属和退役军人等家庭悬挂光荣牌工作实施办法》，要求对"三属"家庭和现役军人家庭、退役军人家庭悬挂光荣牌。②

与此同时，按照中央规定，为提高劳模地位，全国多数省（区、市）制定了劳模管理工作办法或规定，成立了劳模协会，很多省、地（市）、县和基层企事业单位，针对省（部）级以上劳模制定了改善与提高劳模待遇的措施。比如，颁发一次性奖金；优先享受休养、疗养待遇；优先分配、解决住房问题；每年或每两年对劳模进行一次体检；优先享受医疗保险待遇；优先解决夫妻两地分居问题，等等。③ 比如，浙江省于2013年调整离退休劳动模范荣誉津贴标准，全国劳模每月享受荣誉津贴500元，省级劳模每月享受荣誉津贴400元。对46岁奋不顾身、勇敢而为的甘肃籍农民王凤武，广州市见义勇为协会曾对其颁发"广州市见义勇为人员证书"，并奖励慰问金5000元。④

第二节 英模人物认同的状况

为便于了解当前人们的英模人物认知及认同度，有针对性地对英模人物塑造机制、英模人物的影响效应作出考察，笔者围绕"英模

---

① 参见《烈士公祭办法》，中华人民共和国中央人民政府网站，2014年3月31日，http://www.gov.cn/gongbao/content/2014/content_2697076.htm，引用日期：2020年8月19日。
② 参见《国务院办公厅印发〈为烈属、军属和退役军人等家庭悬挂光荣牌工作实施办法〉的通知》，《中华人民共和国国务院公报》2018年第23期。
③ 游正林：《我国职工劳模评选表彰制度初探》，《社会学研究》1997年第6期。
④ 《勇斗砍人凶徒 见义勇为外来工王凤武受表彰》，中国文明网，www.wenming.cn/sbhr_pd/gabf/201409/t20140925_2199975.shtml，引用日期：2023年3月2日。

第五章 改革开放以来英模人物塑造的现实审视

认知及认同度"设计调查问卷，并开展了问卷调研活动。

一 问卷调研的基本情况

本次问卷调研共设计两部分，第一部分是调研对象的基本情况，包括民族、性别、职业、学历、年龄、政治面貌；第二部分主要了解调查对象对英模的认知度、认可度以及对英模塑造、英模评选和英模学习的看法等。

问卷调研共有 23 个问题，其中第一部分有 6 个问题，第二部分有 17 个问题。问卷调研通过网络发布，考虑到问卷调研的有效性，问题设计干脆简洁且具有针对性，便于对象认真作答。为保证问卷调研的代表性，在设定调研对象范围时，职业选择上尽可能多样化。共发放问卷调研 1500 份，除去填写不全或者模糊等因素，最终确定 1051 份问卷为分析样本。分析样本中的问卷对象基本情况见表 5-1 至表 5-6。

表 5-1　　　　　　　　问卷分析对象的性别情况

性别	数量(人)	比例(%)
男	437	41.58
女	614	58.42
有效填写人数(人)	1051	—

表 5-2　　　　　　　　问卷分析对象的民族成分

民族	数量(人)	比例(%)
汉族	1006	95.72
少数民族	45	4.28
有效填写人数(人)	1051	—

表 5-3　　　　　　　问卷分析对象的职业分布

职业	数量(人)	比例(%)
国家机关公务员	35	3.33
私营企业家、个体工商户等	81	7.71
公司职员	577	54.9
教师	41	3.9
学生	215	20.46
农民	8	0.76
医生、律师等专技人员	30	2.85
军人	1	0.1
其他	63	5.99
有效填写人数(人)	1051	—

表 5-4　　　　　　　问卷分析对象的学历情况

学历	数量(人)	比例(%)
小学	2	0.19
初中	25	2.38
高中	147	13.99
本专科	765	72.79
研究生	112	10.66
有效填写人数(人)	1051	—

第五章 改革开放以来英模人物塑造的现实审视

表 5-5　　　　　　　问卷分析对象的年龄情况

年龄	数量(人)	比例(%)
10—20 岁	86	8.18
20—35 岁	694	66.03
35—50 岁	227	21.6
50—60 岁	37	3.52
60 岁以上	7	0.67
有效填写人数(人)	1051	—

表 5-6　　　　　　　问卷分析对象的政治面貌情况

政治面貌	数量(人)	比例(%)
中共党员	201	19.12
团员	402	38.25
民主党派	21	2
群众	427	40.63
有效填写人数(人)	1051	—

通过对问卷调研对象的构成分析，可以看到，参与"英模认知及认可度调研"的对象人群中，女性占比略高于男性为 58.42%，男性为 41.58%；汉族为 95.72%，少数民族为 4.28%。职业构成中，公司职员的占比最高为 54.9%，超过一半以上，接下来依次是学生占比 20.46%，私营主、个体户占比 7.71%，其他职业占比 5.99%，教师占比 3.9%，国家机关公务员占比 3.33%，医生、律师等专技人员占比 2.85%，农民占比 0.76%，军人占比 0.1%。从学历上看，大学学历占比 72.79%，其次是高中学历占到 13.99%，然后是研究生学历 10.66%，初中学历占到 2.38%，小学学历占到 0.19%。从年龄上看，参与问卷的主要是 20—35 岁的青年人占比 66.03%，其次是 35—50 岁

的中年人士占比21.6%，然后是10—20岁的青少年占比8.18%，50—60岁人士占比3.52%，60岁以上的占比0.67%。政治面貌中，群众最多占比40.63%，其次是团员占比38.25%，然后是党员占比19.12%，民主党派人士占比2%。

二　问卷调研的整体结果

为有效分析公众对英模及英模塑造的认知及认可度，问卷的第二部分设计了17个相应的题目，分别涉及英模的认知、对英模评选和宣传的个体感受及认可度、最看重的英模精神、最欣赏的英模类型等。问卷调研结果见表5-7至表5-23。

表5-7　　　　　　　　对英模的了解情况（单选）

选项	数量(人)	比例(%)
非常了解	26	2.47
基本了解	470	44.72
部分了解	536	51
基本不了解	19	1.81
有效填写人数(人)	1051	—

表5-8　　　　　　您通过什么方式了解英模人物（多选）

选项	数量(人)	比例(%)
教材、课堂等学校教育渠道	666	63.36
书籍、影视等	362	34.44
网络等新媒体	336	31.96
其他	51	4.85
有效填写人数(人)	1415	—

第五章 改革开放以来英模人物塑造的现实审视

表 5-9 您如何看待广为宣传的英模（单选）

选项	数量（人）	比例（%）
客观真实	640	60.89
可能有些夸大	340	32.35
过于夸大而失实	18	1.71
没想过	53	5.04
有效填写人数（人）	1051	—

表 5-10 您曾经为英模的故事感动过吗？（单选）

选项	数量（人）	比例（%）
经常感动	551	52.43
偶尔感动	486	46.24
不感动	14	1.33
有效填写人数（人）	1051	—

表 5-11 您欣赏并认可的英模精神（多选）

选项	数量（人）	比例（%）
无私博爱	700	66.6
坚持理想	734	69.84
见义勇为	559	53.19
言而有信	435	41.39
敬业务实	766	72.88
开拓创新	664	63.18
不屈不挠	607	57.75
甘于奉献	775	73.74
追求成功	268	25.5
有效填写人数（人）	5508	—

表 5-12　　　　　您欣赏并认可的英模类型（多选）

选项	数量(人)	比例(%)
道德模范	854	81.26
行业精英	799	76.02
政治伟人	574	54.61
身边榜样	575	54.71
其他(如选其他,请简要写出答案)	6	0.57
有效填写人数(人)	2808	—

表 5-13　您觉得英模之所以获得"英模"荣誉的主要原因（多选）

选项	数量(人)	比例(%)
优秀品质和过人能力	964	91.72
组织或官方推举	506	48.14
媒体宣传	331	31.49
机遇等多种因素的综合	460	43.77
有效填写人数(人)	2461	—

表 5-14　　　　您认为英模与物质财富的关系（单选）

选项	数量(人)	比例(%)
巨大的物质财富	34	3.24
一定的物质保障	685	65.18
应更多是精神上的嘉奖	332	31.59
有效填写人数(人)	1051	—

第五章 改革开放以来英模人物塑造的现实审视

表 5-15　　　　您如何看待当下的英模评选（单选）

选项	数量（人）	比例（%）
各种评选太多了	329	31.3
只知道一两种评选活动	572	54.42
没有关注过	150	14.27
有效填写人数（人）	1051	—

表 5-16　　　　您会学习英模吗（单选）

选项	数量（人）	比例（%）
会	708	67.36
不一定	331	31.49
不会	12	1.14
有效填写人数（人）	1051	—

表 5-17　　　　你是否愿意自己成为英模人物（单选）

选项	数量（人）	比例（%）
愿意	721	68.6
无所谓	269	25.59
不愿意	55	5.23
其他（如选其他，请简要写出答案）	6	0.57
有效填写人数（人）	1051	—

表 5-18　　　　你对被曝光的"假英模"怎么看（单选）

选项	数量（人）	比例（%）
很难再相信英模	48	4.57

续表

选项	数量(人)	比例(%)
对大部分英模还是基本信任的	526	50.05
针对不同的英模要理性分析对待	477	45.39
有效填写人数(人)	1051	—

表5-19　您对像雷锋这样反复宣传的"老英模"怎么看（多选）

选项	数量(人)	比例(%)
常学常新	764	72.69
就那些内容	318	30.26
学习就是走形式	168	15.98
不关心	26	2.47
有效填写人数(人)	1276	—

表5-20　您认为当前是否还需树立英模作为榜样（单选）

选项	数量(人)	比例(%)
有必要	933	88.77
不需要	56	5.33
没想过	62	5.9
有效填写人数(人)	1051	—

表5-21　您认为英模最打动您的是（多选）

选项	数量(人)	比例(%)
他的品德	857	81.54
他的真实想法	499	47.48

续表

选项	数量(人)	比例(%)
他的言行举止	800	76.12
其他(如选其他,请简要写出答案)	14	1.33
有效填写人数(人)	2170	—

表5-22　　　　您不认可英模的原因是（多选）

选项	数量(人)	比例(%)
离自己太遥远	527	50.14
不太可信	231	21.98
对我们应对生活困惑没什么用	395	37.58
对宣传教育形式反感	468	44.53
其他(如选其他,请简要写出答案)	46	4.38
有效填写人数(人)	1667	—

表5-23　　　　您反感的宣传英模方式（多选）

选项	数量(人)	比例(%)
反复宣传	430	40.91
强制学习	746	70.98
说辞就那一套	667	63.46
其他(如选其他,请简要写出答案)	17	1.62
有效填写人数(人)	1860	—

三　问卷调研的结果分析

从上述问卷调研结果，可以分析梳理出以下八个方面。

第一，关于英模的认知度。针对笔者所选取的不同领域和类型的具有代表性的英模（包括科学家袁隆平、企业家鲁冠球、产业工人包起帆、公仆杨善洲、小英雄赖宁、当代雷锋郭明义、乘务员李素丽、教师孟二冬、邮递员菊美多吉、当代企业家马云、明星姚明和李宇春等），调研数据显示，44.72%的人对英模人物"基本了解"，51%的人对英模人物"部分了解"，还有2.47%的人对英模人物"非常了解"。可以发现，整体上人们对英模还是了解的，对英模的整体认识度较高。

第二，关于不同英模类型的认可度。认知是知道，认可是认同和赞成。调研数据显示，对科学家的认可度偏高（如对科学家袁隆平的认可度是最高的），有41.29%的人表示最认可袁隆平，9.8%的人表示最认可南仁东。其次，认可度较高的是取得巨大成功和商业传奇的企业家，如19.98%的人表示最认可马云，1.14%的人最认可包起帆、鲁冠球。其中，文体明星的认可度也较高，如15.88%的人表示最认可姚明，4.66%的人最认可李宇春。在对公仆的认可中，有4.47%的人最认可杨善洲，1.71%的人最认可黄大发。在道德模范和行业标兵中，有4.09%的人最认可郭明义，3.61%的人最认可李素丽，1.42%的人最认可菊美多吉，还有28.54%的人最认可赖宁。人数在10人以下的先后有钟南山（9人）、孟二冬（8人）、钱学森（7人），邱少云、董存瑞、孙家栋（2人），黄继光、鲁迅、钱伟长、杨利伟、钟扬、马化腾、樊锦诗、于敏、陈薇、任正非、郭晶晶、李娜、刘翔、易建联（1人）。由此可见，对于利用科技改善社会、造福国家与人民的知识分子和科学家的尊重与认可是较为深入人心的，功成名就、白手起家从而获得巨大商业财富的企业家和明星也得到了人们极大的认可与推崇，人们对其对上述两类英模的认可度达到了15%以上。对于舍身救人的道德模范，人们对其也具有相当的认可度；对于务实爱民、无私奉献的公仆和坚守基层、敬业踏实的普通人，大家也都保持了普遍认可。

第五章 改革开放以来英模人物塑造的现实审视

在关于"欣赏和认可的英模人物类型"的调研中，共有854人表示欣赏"道德模范"（81.26%），799人表示欣赏"行业精英"（76.02%），575人表示欣赏"身边榜样"（54.71%），574人表示欣赏"政治伟人"（54.61%）。从排序上看，对道德模范的认可度是最高的，其次是行业精英、身边榜样等。

人们普遍认为，英模的事迹是"客观真实的"（60.89%），少量的人认为"可能有些夸大"（32.35%），极少数的人认为"失实"（1.71%）。应该说，塑造的英模人物得到了公众的普遍认可，绝大部分人认为英模形象可信且未产生太大质疑。在关于"是否为英模而感动"的调研中，超过半数的人（52.43%）表示"经常感动"，近一半的人（46.24%）表示"偶尔感动"，只有少数人（1.33%）表示"从不感动"。可见，英模人物的事迹还是能够戳动人心，引起多数人的情感震撼和共情的。在"你会学习英模吗"的调研中，大部分人（67.36%）表示"会学习"，近三分之一的人（31.49%）表示"不一定"，仅有极个别的人（1.14%）表示"不会"。说明英模塑造还是发挥了较好的示范教育作用，能够引发多数人效仿的冲动。在关于"你是否愿意自己成为英模"的调研中，绝大部分人（68.6%）表示"愿意"，四分之一的人（25.59%）表示"无所谓"，仅有少数人（5.23%）表示"不愿意"，说明多数人内心能够认同并肯定英模的个人价值和社会贡献，同时也渴望成为英模人物。

第三，关于英模精神的认可度。在关于"最认可和欣赏的英模精神"的调研中，排名第一、最受人们欣赏和认可的英模精神是"甘于奉献"（775人、73.74%的人选择），排名第二的是"敬业务实"（766人、72.88%的人选择），第三是"坚持理想"（734人、69.84%的人选择），第四是"无私博爱"（700人、66.6%的人选择），第五是"开拓创新"（664人、63.18%的人选择），第六是"不屈不挠"（607人、

57.75%的人选择),第七是"见义勇为"(559人、53.19%的人选择),第八是"言而有信"(435人、41.39%的人选择),第九是"追求成功"(268人、25.5%的人选择)。可以看到,奉献精神和敬业素质,仍然是人们最为推崇的道德品质,也可能是由于"甘于奉献"这一精神特质在当代社会稀缺,因此便成了人们心中的第一位。同时,人们的选择带有相当明显的务实特点,排名第二的是"敬业务实",说明人们把立足本职工作的"敬业"和"务实"放在了非常重要的位置,并充分认可当代人所应具有的职业素质和敬业精神。排名第三的是"坚持理想",理想是个很主观的词汇,每个人的理想显然都不一样,一个人依靠"坚持理想"的精神力量实现梦想,成为当代人渴望模仿和重现的人生轨迹,也体现了大多数人渴望实现自我所认同的人生价值的强烈愿望。"无私博爱""开拓创新""不屈不挠""言而有信"等精神也都有超过三分之一的人选择,说明这些都是大家比较认可的精神特质。有意思的是,有四分之一的人选择了"追求成功",把"追求成功"作为英模精神,表现出部分人内心认为"追求成功"是正当的、值得肯定和鼓励的,而且也是英模人物应具有的、值得提倡的特质。

第四,关于英模的塑造。在关于"英模之所以成为'英模'的原因"调研中,绝大部分人(91.72%)认为是因其"优秀品质和个人能力",近一半的人(48.14%)认为是因"组织或官方推举",43.77%的人认为是"机遇等多种因素的综合",31.49%的人认为是"媒体宣传"。可见,绝大多数人对"英模"的过人品质和能力还是信任的,当然也有很多人认为英模的产生主要依靠官方推举、机遇等多方因素。在关于"当前是否还需要英模"的调研中,绝大部分人(88.77%)认为"有必要",仅有5.33%的人表示"不需要",5.9%的人表示"没想过"。说明大家对选树英模还是普遍认可的,认为当前社会仍需要英模和先进人物的示范引领。在关于"英模评选"的调研中，超过一半的人（54.42%）表示只知道一两种评选活动，近三分之一的人（31.3%）觉得评选太多，还有14.27%的人表示根本不关心。说明英模评选基本做到了能够引起社会大众的关注和知晓，甚至部分人觉得"评选太多"。在关于"您不认可英模的原因"的调研中，有超过一半的人（50.14%）表示"英模离自己太遥远"，44.53%的人表示"对宣传教育形式反感"，37.58%的人表示"无助于个人应对生活困惑"，21.98%的人表示"不太可信"。从这个调研结果看，英模过于遥远和对宣传英模形式的反感，是导致人们不认可英模的主要原因。结合表5-12中有54.71%的人表示欣赏"身边榜样"，可见，英模塑造应更侧重于身边榜样，而且英模的塑造和英模人物本身应该有助于人们"应对生活困惑"，切切实实在人们遇到人生选择和艰难困苦时，引领人们的生活方向，为人们指明可供借鉴的道路。

第五，关于英模的宣传。在关于"英模宣传报道中最打动您的"调研中，绝大部分人（81.54%）表示是"品德"，其次是"言行举止"（76.12%），然后是"他的真实想法"（47.48%）。在关于"反感的英模宣传方式"调研中，绝大多数人（70.98%）表示反感"强制学习"，其次表示反感"说辞就那一套"（63.46%），然后表示反感"反复宣传"（40.91%）。可见，对于宣传英模，要避免强制灌输和反复宣传强化的形式，而且在宣传内容上不能老是那些说辞，需要创新。

第六，关于英模的物质待遇。多数人（65.18%）对英模应具有一定的物质保障予以肯定，约三分之一的人（31.59%）认为应更多精神上的嘉奖，极少数的人（3.24%）认为英模应拥有巨大的物质财富。可见，多数人对英模的"一定的物质保障"予以肯定，但也有部分人倾向于英模不应与物质挂钩，应侧重于"精神上的鼓励"。

第七，关于"假英模"的态度。在关于"如何看待被曝光的假英模"的调研中，二分之一（50.05%）表示"对大部分英模还是基本信任的"，近二分之一的人（45.39%）表示"针对不同情况理性对待"，极少数的人（4.57%）认为"很难再相信英模"。可见，多数人并没有因为"假英模"的曝光而不再信任英模，而且认为要理性对待和分析不同的情况。

第八，关于"老英模"的态度。在关于"如何看待雷锋这样的老英模"的调研中，绝大多数人（72.69%）表示"常学常新"，近三分之一的人（30.26%）表示"就是那些内容"，15.98%的人表示"走形式"，还有2.47%的人表示"不关心"。可见，人们对持续学习经典的老英模还是认可的，但是对学习的陈旧内容和形式化产生了一定程度的反感。

第三节 英模人物塑造的反思

英模人物的塑造，从官方到民间，由民间至官方，都离不开权威机构的认可与推动，离不开主流媒体的宣传与推广，是国家强化既定社会结构、调和社会心理和矛盾的举措，英模的事迹也是国家传递主流意识形态的具象载体。从前面的调研分析可以看到，当代社会人们仍然需要英模、呼唤英模，人们对英模仍保有较高的认可和信任度，英模人物仍然可以起到触动心灵和示范引领作用。然而，英模塑造过程的陈式化、塑造内容的陈旧化和重复化、宣传教育形式的套路化和灌输性却实实在在地削弱了英模人物的影响力，弱化了英模人物的示范效应。立足当下，总结过去的得失，对推动和完善英模塑造机制具有重要的启示与借鉴意义。

一 英模人物塑造的经验镜鉴

改革开放以来，经过四十多年的实践，英模人物的塑造机制不断成熟和完善，通过英模人物传播和弘扬社会主义核心价值观，已经成为思想政治教育的重要手段，取得了宝贵的经验。

(一) 高度重视，组织得力

在人民群众中发现英模人物，是中国共产党的优良传统。改革开放以来的不同历史阶段，张海迪、孔繁森、谷文昌、钱学森、张富清、南仁东等英模人物的塑造，产生了震撼人心的效果，教育鼓舞了一大批人。英模人物的选树、表彰和宣传之所以能够卓有成效地开展，与党和政府的重视是分不开的。正如习近平所说："我们这一代人，是深受焦裕禄同志的事迹教育成长起来的。几十年来，焦裕禄同志的事迹一直在我脑海中，焦裕禄同志的形象一直在我心中。"[1] "崇尚伟岸、崇尚英雄"是新中国成立初期的鲜明主题，此后党和政府始终把英模塑造作为思想政治工作的重要手段，从国家及地方层面，采用常规化、制度化的形式定期或不定期开展英模塑造，打造了一系列英模评选表彰的品牌活动，如全国劳动模范评选、全国道德模范、感动中国、时代楷模、中国好人、最美人物等，做到了英模选树经久不衰，每个时期都有一批重大先进典型人物出现，并产生了深入人心的效果。

从党中央、国务院到各部委、各省（区、市、县）及各行业领域等，都把英模选树作为加强精神文明建设和思想政治教育的重要任务，从上至下形成了常态化机制。除全国层面组织的评选之外，地方政府或各行业系统也设有相应的英模选树活动，比如公安部举行全国公安系统英雄模范表彰，地方举行全省（市、区）公安系统英雄模范表彰；教育部举行教书育人楷模评选，各地教育系统也有相应的优秀教师、教育工作者评选表彰；全国范围有全国劳模、最美人物评选表彰，各地也有省级、市（区）级劳模和最美人物评选，"好人榜"评荐等。

---

[1] 习近平：《做焦裕禄式的县委书记》，中央文献出版社2015年版，第32页。

由于始终重视英模塑造和先进典型人物宣传，广泛动员人民群众参与学习、宣传英模活动，上至中央，下到地方，英模选树在各个领域、各条战线都如火如荼地展开，在全社会形成合力。

进入21世纪，党和国家对英模的认识更加理性和成熟。主要体现在摒弃了20世纪改革开放前的泛政治化教育模式，同时对新时期社会心态投射出的金钱至上等功利化倾向和价值观引领偏差进行系统反思。随着国家对意识形态的重视，近年来英雄"回归"社会公共生活领域已成为一大趋势。尤其是党的十八大以来，尊崇英雄、推崇英模、褒奖英模精神得到了党和国家的极大重视，提升到一个新高度。从烈士纪念日的确立，到功勋荣誉表彰制度的健全，构建了涵盖党内、国家、军队功勋荣誉表彰的制度体系。2018年，《中华人民共和国英雄烈士保护法》颁布实施，明确禁止歪曲、亵渎、否定英烈事迹和英烈精神，以立法的形式为崇尚英雄树立了鲜明的导向。

（二）因时制宜，与时俱进

英模具有时代性。英模人物形象随着时代发展，响应实践生产需要而呈现出不同的特点，可谓应时而生、因时而化，体现了党和政府在英模人物塑造方面的智慧。比如，针对严重拖欠农民工工资的问题，塑造了"信义叔侄"。王怡才和王余前在驱车前往工地为工人发工钱的途中遭遇车祸而不幸遇难，王怡才家人向工人郑重承诺绝不拖欠工人一分钱，随后，他们到处奔波筹集35万余元，全部发放给农民工，兑现了承诺。还有"信义兄弟"孙东林。2010年，为赶在春节前给民工发放工钱，哥哥孙水林在返乡途中遭遇车祸，一家五口罹难。弟弟孙东林说："哥哥、嫂子、侄女、侄子躺在太平间里，撬开撞成一团的事故车后备厢，26万元工钱还在。当时处理后事需时日，我想我们家这个年是过不成了，但不能让跟哥干了十几年的工友们也过不好年，让人家骂我们兄弟不地道。我决定先替哥哥完成遗愿，把钱在年前发下去。"为完成哥哥的遗愿,他带上事故车里的26万元、自己账户中的6.6万元、老母亲的1万多元养老钱,终于赶在除夕前将33.6万元足额发到60余名农民工手中,完成了生死接力的送薪义举。①

同时,在英模人物塑造中,已经注意到了策略方法以及与人民群众的日常生活如何有机结合的问题。比如,习近平提出,在方法上"要注意把我们所提倡的与人们日常生活紧密联系起来,在落细、落小、落实上下功夫""使社会主义核心价值观成为人们日常工作生活的基本遵循"。② 同时,在宣传策略上,注重利用主流媒体进行议程设置,有意识有针对性地策划重大选题,重视"对当前流行的社交媒体已经设置的热点议程进行再设置,并努力进行话语纠偏,及时发布信息,澄清问题谣言,重新进行舆论引导"③。针对网络上出现的一些抹黑、质疑和诋毁英模的历史虚无主义倾向,主要媒体也要有针对性地进行组织策划,批驳错误观点,澄清模糊认识。比如,2015年3月,《解放军报》发表《谁在抹黑雷锋》《雷锋到底是真是假?——关于雷锋的九大谣言》;2015年6月,新华社组织走进英模家乡采访亲历者或见证人,推出《亲历者讲述刘胡兰的真挚恋情》《亲历者忆黄继光牺牲经过:我随英雄共同冲锋》等报道为英雄人物正名;2015年7月,中央人民广播电台"中国之声"通过微信公众号推出《狼牙山五壮士是逃兵?》《董存瑞是如何炸碉堡的?》《邱少云为何在烈火中一动不动?》等系列报道,有力地引导了社会舆论。

(三)面向群众,分类定位

注意英模塑造的针对性和层次性,因地制宜,以不同英模类型示

---

① 参见本书编写组编《榜样:100位感动中国的道德之星》,红旗出版社2012年版,第96—97页。
② 《习近平谈治国理政》第1卷,外文出版社2014年版,第165页。
③ 施宇、郭致杰:《改革开放40年来中国党报话语变迁与思考》,《新闻与写作》2018年第12期。

范带动不同受众。通过多种形式的教育方法、多样化的教育内容，满足多样化社会群体不同层次人们的教育需求。比如，近年来的英模报道，既注重典型，也涵盖日常生活中的平凡人；既注重选取在重大事件中有影响的人物作为对象，也有媒体自主挖掘的新人新事。此外，坚持党内和党外相区别、党员领导干部和普通党员相区别、党员和群众相区别，在农民、工人、公仆、军人、知识分子、学生、医生、公司职员等不同群体和不同行业、不同领域中树立先进典型人物，使各个层面和群体都有可以学习借鉴的先进对象。

坚持真实可靠的原则，坚持英模人物来源于广大人民群众的生产生活实践、来源于社会生活，重视从人民群众中选树英模，在人民群众的具体实践中发现英模的动人事例。同时，广泛吸引群众参与投票和评选，使英模具有群众认可的广泛基础，在制定标准和评选办法时能够充分考虑群众的参与度，在确立英模时做到几上几下、征求意见、层层公示；在投票评选时能够尊重群众的意愿，按得票率确定当选名单。四十多年来，塑造的英模人物既是时代发展的产物，又经历了实践的磨炼，贴近实际生活、紧随时代步伐，凝聚了人民群众的创造性智慧，具有较为广泛而坚实的群众基础，英模的学习示范活动产生了良好的社会效果。

同时，选树英模人物时，开始逐步把目光聚焦于寻求在道德的某一方面有突出事迹的榜样，而非寻找道德完人，这表明了对待英模人物的理性态度。比如，自2007年起按五个层面（助人为乐、见义勇为、诚实守信、敬业奉献和孝老爱亲等方面）选树道德模范，侧重一个方面去关注和肯定道德榜样，使人们对道德榜样的焦点集中在某一方面的突出表现，避免"全能"型英模人物形象，使之更具信服力和可学性。

（四）广泛造势，立体宣传

改革开放以来，党和政府非常重视运用多种有效的方法来塑造英模形象，探索多方面、多途径、多形式的教育方法，采用现身演讲、新闻报道、座谈学习、文学再现、事迹展览、文艺演出、影视作品、纪念场馆等形式，充分利用空间、时间、物质、精神等方面的资源，对榜样精神进行了深入挖掘，立体化、高密度地向群众宣传英模的优秀事迹，使群众进入榜样教育所设定的行为情境，投入学习教育的热潮中。同时，近年来，运用互联网、移动终端、社交网络终端等新媒体，也愈加引起重视。比如，在全国道德模范评选时，利用网络推选投票；在抖音、微博等新媒体上宣传英模的故事等。通过树立典型人物来为社会公众设立"参照坐标"的传统，已经是当下比较成熟的运作模式，从报告文学、人物特写、人物访谈到电视、影视作品、新媒体等，对英模的宣传已渗入媒体宣传报道的"血液"中。

还有的是从上至下发出官方通知，以文件的形式组织开展学习英模活动。如2004年，公安部政治部向全国公安机关发出组织向任长霞学习活动的通知，要求把学习任长霞与公安机关正在开展的执法为民教育和大练兵活动紧密结合起来；2017年，中组部、中宣部、教育部联合印发《通知》广泛开展向黄大年学习的活动，等等。通过广播、报纸、电影、电视等宣传媒介，利用各种媒体的强大力量，从舆论上广泛造势，高密度、多层次、立体化和不间断地向民众宣传英模，使广大群众耳濡目染，逐渐同化渗透，取得了良好的社会成效。此外，注重将英模人物塑造与群众性精神文明创建活动结合起来，也是中国共产党的鲜明特色，比如，20世纪80年代开展的"五讲四美三热爱"活动，2003年发起的"讲文明、讲卫生、讲科学、树新风"活动，2006年开展的"迎奥运、讲文明、树新风"活动。2019年结合"不忘初心 牢记使命"主题教育，推出"初心的故事"——张富清等系列英模人物，用深藏功名、为国奉献的老英模故事诠释了对初心和使命的坚守。

二 英模人物塑造的现实困境

英模是一个民族的精神脊梁。英模人物的塑造贯穿于新中国成立以来的历史发展进程，承担着促进公民思想道德品质提升、加强国家社会道德伦理建设、引导人们创造真善美的道德生活的重要使命。与20世纪五六十年代的学英模狂热相比，与改革开放前期对中国女排、张海迪等英模人物的追捧相比，当前英模人物的示范效应弱化，"树榜样难、学榜样更难"的现象，已经引起关注。英模人物的价值传播力和影响效力相对弱化的现状，已成为亟待正视和解决的问题。

（一）英模人物感召力下降

英模人物的感召力是指凭借"崇高的道德品质、道德行为及独特的人格特质对社会成员的吸引力和感染力，在社会成员中所产生的一种具有普遍性、凝聚性的影响力"①。感召力缺乏是英模人物塑造需要面对的首要问题。在关于"您不认可英模的原因"的调研中，有50.14%的人表示"英模离自己太遥远"，37.58%的人表示"无助于个人应对生活困惑"。英模塑造的感召力下降的原因主要包括以下几个方面。

第一，感知疲劳，即评选活动过多。改革开放以来，在国家层面、地区层面和各行业树立了大量英模人物，仅"全国劳动模范"就多达上千个，"全国道德模范"也多达数百个，还不包括各地方、各行业和各系统树立起来的地区性、行业性和系统内的英模。如此庞大的英模群体，在一定程度上说明了榜样教育所取得的成果，也向公民传达了正确的价值导向。然而，就公民道德教育和道德认知来说，由于英模评选活动层出不穷，选树的标杆过多，在超出公民道德认知主体的

---

① 陈华洲、张明华：《榜样力量的构成及其转化条件和路径研究》，《思想政治工作研究》2015年第6期。

第五章　改革开放以来英模人物塑造的现实审视

承受范围时，反而会让大家认为"多而不精""多而不优"，容易陷入认知疲劳，失去效仿学习的冲动。这是一个"二律背反"的矛盾。一方面，英模评选过少，英模人物的形象过于单一，英模人物类别过于稀少，就不足以吸引多元化价值观和多样生活模式下的大众作为学习对象进行效仿；另一方面，过多的英模评选将导致较低的英模评选门槛，导致榜样的泛化，仿佛年年岁岁都在搞评选，反而不想学了。

第二，内容重复，即源头活水匮乏。与英模评选过多相悖的是，英模人物虽然层出不穷，但很多的老英模却重复出现，甚至一个人获得数十个荣誉称号，从侧面反映出英模选树范围和入选者的匮乏。当前，新闻媒体对于英模的报道数量很多，但一些老面孔长期占据荣誉榜，宣传报道的也总归就是那几件事。就全国性的重要身份符号而言，有的英模多次获全国劳模称号，又是全国道德模范、全国三八红旗手；有的英模是全国十大杰出青年、全国自强模范、全国五一劳动奖章获得者，还是中国青年"五四"奖章获得者；有的既是全国道德模范，又是全国先进工作者、全国最美基层法官、全国模范法官，等等。当然，他们之所以成为英模首先是因为自身的先进性和典型性，但也从侧面反映出英模选树源头活水的匮乏。比如，在关于"如何看待雷锋这样的老英模"的调研中，近三分之一的人（30.26%）表示"就是那些内容"。2013年3月，一部传记电影《青春雷锋》在南京上映，讲述雷锋的成长经历，但遗憾的是，电影首映竟然出现几乎"零票房"的尴尬局面。① 新英模缺位，老英模又长期占位，反复就是那些内容和走形式，长此以往可能会使公众产生审美疲劳，丧失新鲜感。

第三，力不从心，即应对困惑无力。改革开放使我国的所有制结构、社会阶层及人们获取生产资料的方式发生了翻天覆地的变化，社

---

① 参见张静芳、单杰《论新媒体视域下公民道德建设的榜样机制》，《学校党建与思想教育》2013年第12期。

会上产生了大量以生产资料个人所有制为基础的民营企业，也涌现出诸如"蚁族""北漂""海带""散户"等新兴社会群落，以及网络意见领袖、网络作家、签约作家、自由撰稿人、独立演员歌手、进城务工人员和乡村留守人等新兴群体。市场经济使社会发生了深刻变革，但一些新兴群体和行业领域的思想道德建设显然未能及时跟上，甚至出现盲区和空白。英模人物所对应的形象和类型无法及时跟进社会阶层变化和社会变革需求，仍然延续过去的做法，搞"一刀切""一风吹"，甚至有的英模还没有走出"完美化""模式化"的误区。尤其是近年来中国发生了很多轰动的公众事件，如强拆强迁、贪污腐败、医患冲突、教育不公、贫富拉大……当关系自身生活的基本问题没有得到解决、家庭单元的社会保障建设并不完整且处于脆弱阶段时，过度地宣扬意识形态，容易造成受众的逆反心理，产生本能的排斥。面对转型时期的中国社会，普通老百姓常常会有力不从心、难以抗争甚至无力改变现实的困惑，面对"买房难""孩子入学难""看病难"等现实问题，时常处于"理想很丰满而现实却很骨感"的困境。英模的出现和做英模的行动根本无力帮助人们应对现实生活中遇到的形形色色的职业困顿、生存困顿、现实困顿和情感困顿，无法在人们面对艰难生活时引领人们的生活方向，为人们指明可供借鉴的道路，因而缺乏代表性、说服力。此外，随着社会由总体性向分化性转变，以前那种高度统一、同质性较强的社会已不复存在，当今社会结构进一步弱化了社会个人和国家的依附关系，甚至开始流行"佛系"青年，大家很难有计划经济时代的无私奉献、集体主义精神，由官方举行的英模评选表彰活动不复以往的影响力，对当下青年的吸引力更是大大削减。

第四，"人设"拔高，也即情节模式雷同。在英模人物塑造中逐渐关注公平竞争、民主参与、阳光乐观等现代人格，但仍表现出浅表、功利的特点，未能反映丰富的现代人格内涵。同时，在片面拔高和有意无意地夸大中,每个英模的事迹虽然不同,但"人设"和情节模式化存在大同小异的现象。比如描述爱岗敬业的"几十年如一""克攻难题""亏待父母妻儿""有病不看""带病坚持工作""累倒在工作岗位",这样的形象显然是脱离普通人日常生活体验的,让人不容易产生幸福感,同时不禁会思考"人活着是工作重要还是健康和家人重要"这样的命题,从而产生怀疑,难以追随学习。比如,2002年,袁隆平在与中学生面对面交流时,一位学生提到,他曾看过一篇报道,说袁隆平搞研究一连几天不睡觉,累倒在稻田里还不放弃研究,赞美他痴迷于科学研究、忘我工作的高尚境界。袁隆平连忙澄清:"一定别受误导,累倒了还工作不值得提倡,身体才是最重要的。另外,我也从来没有累倒在田里,那是耍笔杆子人的杜撰。"[1]

另一方面,对英模的宣传过于重视宏观层面对英模精神的拔高和凝练,在育人内容上缺乏有效的归纳和总结,忽视对个体的道德关怀,缺少对作为个体的有血有肉的英模个人的情绪刻画、细节描摹。如果每一篇关于英模的学习报道或教案文本,说的都是同样的内容,以同样的视角来关注不同的人,那么英模的事迹就变得没有说服力了。有学者认为,"这种道德与社会进步之间的'二律背反',往往不是导致道德虚无主义,就是走向伦理专制主义"[2]。英模之所以是英模,一定有着高于常人的精神境界,然而英模也不是一下子就成为英模的,他也有一个成长转化的过程,这种过程的展现,这种对英模在面临人生抉择时的内心呈现,往往更能表现平凡中的伟大,引发人们更多的思考。

---

[1] 胡永球:《袁隆平"未晕倒田间"典型宣传能够打破固定模式》,新浪网,2002年2月20日,http://news.sina.com.cn/c/2002-02-20/0631478186.html,引用日期:2020年1月15日。

[2] 李德顺:《道德转型的足迹——对我国近30年若干伦理事件的评述》,《江海学刊》2010年第4期。

（二）英模人物信任度下滑

英模人物本身是否具有时代性、先进性，是英模获得选树的首要条件。然而，既然英模是人为评选出来的，那么也可能受到诸多其他不利因素的影响，也会成为不那么纯洁的、人为操纵的地带。此外，英模人物的认识和行为难免会受当时历史条件的影响。人随时易，英模人物自身也处于时代的剧烈变革之中，作为活生生的人，也有可能受到不良思想的影响，在利益的诱惑下，在世界观的冲击中迷失自我，甚至堕落。

第一，英模的产生范式带有较重的政治色彩。官方的高度重视对于树立英模、推广英模具有极其重要的作用。但英模的产生一旦高度依赖行政体制，或者过多官方因素或政治因素介入后，往往具有浓重的政治色彩，易受到公众抵制，从而衍生英模评选的公平性质疑及认同弱化等问题。以中国共产党为主的组织体系推送是英模产生的最重要的动力源泉，但往往会因此发生"因组织体系的强势而引发过度优越的现象，以至于想当然地自以为是，结果使榜样的发现、遴选和推广显得一厢情愿、故步自封乃至滞后"①。常见的英模产生机制是英模在地方基层被挖掘发现，由当地的有关方面向上推举后，经由更高的平台（全国性的媒体、中央部委等）推及全国。无论是通过政府部门评选表彰活动成为典型，还是党和国家领导人直接倡导学习，抑或是中央媒体推送然后全国扩散学习，多年来英模的生成几乎都是依赖于主管部门、官方机构的定调定性，以行政化手段进行运作。这种官方生成机制确保了英模养成的正确导向，但让英模不可避免地被贴上官方和政治标签，影响公众的亲近认同，甚至有的地方政府为了政绩，强制拉票，让英模评选成为利益输送的工具。英模人物

---

① 渠长根：《开发榜样文化资源 增强党的执政能力》，《观察与思考》2016年第7期。

的产生需要微妙的平衡和多方的博弈。自下而上的形式虽然保证了英模的真实性和群众基础,却制约了英模的广泛影响力;而自上而下的形式虽然保证了英模的权威性,却容易让英模脱离群众、引发不了共鸣。

第二,英模的产生范式易流于形式化。英模人物的产生呈现出较突出的行政化趋向,常见的产生过程是"上级命令—基层选树—授予荣誉称号—媒体报道—通知学习"或"媒体报道—授予荣誉称号—领导接见—全国宣传—通知学习"等,带有自上而下、显性灌输、被动接受的色彩,形式化和程式化严重,容易导致人们产生麻木、冷淡、厌倦的情绪。有些地方和单位,只凭领导好恶或印象进行人为操作,没有经过集体讨论、群众评议评选就确定人物名单,既缺乏民主性又缺乏透明度,使得群众对产生的榜样不能做到心服口服。有的单位和地方评选先进是领导意志、轮流坐庄、照顾全体,使得英模评选失去意义,英模人物也不再成其为楷模。有的单位推举英模优先考虑领导干部,把表彰作为一种政治资本,使评选表彰变成了另一种形式的对领导个人的嘉奖和资源再分配,令群众反感。这些英模评选是为了完成上级任务而为之,是根据工作需要搞临时突击,因而选树的英模有些是优秀的,但也有部分缺乏群众公认、不具代表性的人滥竽充数,导致人们很难有较高的认同度。2010年,宜春市有3位入选中央电视台《感动中国》候选人,分别是谭良才、王茂华和曾凯,因他们的得票数在短时间内激增从而引发质疑。据了解,宜春学院的官方网站上,该校党委宣传部曾发过一则通知——《关于认真做好王茂华、谭良才和曾凯参选央视〈感动中国〉2010年度人物网络投票的通知》,并称是"接宜春市委宣传部通知",而且,通知特别声明,"每张票必须包括王茂华、谭良才和曾凯"。这就是行政过度介入先进典型评选的一个最正常不过的例子。因此,在调研问卷中有近一半的人认为英模之所以被称为"英模"的主要原因是"组织和官方推举"。①

第三,部分英模的言行落差引发信任危机。当前社会确实存在着丑恶面和不良风气,部分人见利忘义、不惜一切谋求个人私利,一些官员损公肥私、贪污腐败,缺乏诚信与友善的社会风气和部分英模自身品行落差的现象,使得英模人物面临大众信任危机。当上英模难,守住"英模"更难。一些英模人物当选前后的行为有较大差别。评选前是"品行高尚"的先进;但在评选后,在获得物质和精神奖励后自身行为和言论失当,在鲜花和掌声的簇拥下迷失了方向,或者难以承载厚重的"道德精神"和"先进价值",甚至出现了让人大跌眼镜的行为。当大众看到这种落差时,会理所当然地认为英模之所以表现得"先进"只是做做样子,根本目的是"升官发财"。还有的英模获得了较大的物质利益或政治资源,公众对比自身压力巨大的生存现实,必然容易产生对其动机的怀疑。比如,2008年汶川地震中的"抗震小英雄"林浩,曾受到党和国家领导人的接见,事后却被证明其"先进事迹"是林浩本人主观编造的。事件曝光后,引起了公众的强烈争议。曾获北京市"全心全意依靠教职工办好学校的优秀校长""改革开放30年中国教育风云人物"的纪宝成,被卷进自己学生的腐败案舆论旋涡,2014年因违纪被内部通报,留党察看两年,取消副部级待遇。原全国道德模范何涛,通过网络贩卖《出生医学证明》谋利,因买卖国家机关证件罪被判刑。安徽凤台县经济开发区管委会原党委书记、主任范光林被控贪污四千余万元,之前他曾因爱岗敬业入选"中国好人榜"……

雷楚年从"抗震英雄"到"诈骗嫌犯"的堕落经历较为典型。他在2008年是汶川地震"抗震救灾英雄少年",入选英模报告团在北京、

---

① 见本章调研问卷(表5-13)您觉得英模之所以获得"英模"荣誉的主要原因。

第五章 改革开放以来英模人物塑造的现实审视

河南等省市做巡回演讲；同年，成为火炬手，并入选当年"感动中国人物"。他把这种荣誉作为一种可以变现的信用资源。据当地媒体报道，进入重点高中后，他就混迹于不良青年中经常打牌赌博。"但是人们挖掘他舍己救人的英勇事迹，传播他奋不顾身的援助精神，这似乎是宣传模范的例行模式。有时，他的讲稿被反复地修改，以便故事、情节、所思所想更符合主流的道德宣讲模式。在荣誉的照耀下，他肆无忌惮地奔跑着，离光环越来越远。"① 道德变无德，部分英模形象使人们大跌眼镜，一些名不副实的"假英模"的存在，无形中使英模的纯洁性受到严重质疑和挑战。

此外，在英模塑造中也存在一些极端化的问题。比如，20 世纪 80 年代，天津市静海县大邱庄的禹作敏，带领大邱庄这一"穷到叮当响"的贫困村腾飞致富，因其富有才华、大胆尝试、极具商业天分，从一无所有的农民奋斗到全国优秀企业家。因这一段励志故事，国家对他进行表彰，他被评为"最佳农民企业家"，获得"全国改革人才金杯奖""全国劳动模范"等称号。然而到了 20 世纪 90 年代，禹作敏却因极度膨胀、大肆捞金而锒铛入狱。在禹作敏被发掘为企业家典型时，媒体专注于放大其优点，忽略其缺点；当人物出现问题时，又集中放大其不足，对其缺点进行批判。无形之中，在英模的形象塑造上呈现出一边倒和"自己打自己耳光"的现象，极大地削弱了英模的公信度。这种同一个人出现两极分化的宣传现象并不是特例，比如步鑫生、牟其中、褚时健等多个改革人物都曾出现过，引起了公众对英模人物的质疑与抵触。

（三）英模选树标准不明晰

塑造英模人物并非随意的，而是对典型人物先进事迹的总结、高

---

① 陈璇：《雷楚年：英雄》，《中国青年报》2014 年 11 月 5 日第 10 版。

尚精神品质的提炼，对先进典型的感染力和社会影响力的概括。科学的英模人物塑造标准极其重要。如果片面突出人物的某方面特质，就容易忽视其整体性；如果塑造标准过高、常人难以企及，那么就达不到示范效果；如果塑造标准过低，那么就把"合乎"道德的行为等同于先进，把先进等同于遵守规则和行为规范。而"当英模人物角色之间要求的差别太大时，受众就有可能在各种规定中犹豫徘徊，在各种标准中踌躇不前，甚至无法找到英模人物与'我'的行为之间的意义和联系"①。

第一，评价标准底线后退。从英模的感人事迹和优秀品质中，应该让人受到鼓舞、汲取力量，但实际情况是，一些英模评选将本来作为公民就应该做的予以拔高，一些"应当"履行的责任和义务被誉为"高尚"，"应该"的行为受到褒扬，普通的职务性行为被过高肯定。由此，当抽空了那些"应然"中的责任与义务，使"应然"行为成为一种嘉奖时，"应然"的底线便开始向后撤退。比如，在英模塑造中，常常把遵守基本职业道德规范的人树为典型，如遵守基本商业道德的营业员典型、廉洁奉公的领导干部典型、坚守岗位的工人典型，等等。在人物塑造中"热衷于将各种问题都归结于对一般个人的道德诉求，而当代（职业）角色道德建设的特殊意义，则一直不能提升它应有的地位。在该看到'人'的地方，却缺少对人的普遍理解和尊重；而在该看到角色的地方，却总是强调没有差别的'人性'。角色道德的弱化已成了伦理道德现代化建设的一个障碍，它所造成的困惑甚至混乱正在日益显露出来"②。

近年来，通过开展多种类型的英模评选（比如全国道德模范就分

---

① 王俏华：《榜样教育概论》，北京大学出版社2014年版，第128页。
② 李德顺：《道德转型的足迹——对我国近30年若干伦理事件的评述》，《江海学刊》2010年第4期。

第五章 改革开放以来英模人物塑造的现实审视

为全国见义勇为模范、全国助人为乐模范、全国敬业奉献模范和全国孝老爱亲模范等）和各类人物序列评选（如最美逆行者、最美乡村教师、最美基层干部、全国扶贫攻坚模范等），已经重视多种角色人物的塑造问题，但是角色道德和职业道德的分类还可以更加精确。同时，也出现了一个新现象，即更多的体育人物、娱乐明星、企业精英进入公众所认可的"榜样"的范畴，但公众对大量缺少积极意义的明星绯闻和生活琐事过于关注，对英模精神和价值却曲解和误读，"这与现代人格的要求背道而驰，不利于健康理性的现代人格的塑造"[1]。

第二，评价标准难以统一。改革开放初期，党和政府所提倡的价值观念和行为方式较容易得到人们的理解和遵从，但随着时代的推进，现实情况却并不尽如人意。特别是中国社会进入全面转型时期，随着利益关系的调整和利益主体的多元化，民众的生活方式和价值观更加多元，降低了人们建立在价值规范上的对政治机构的支持和忠诚，原有的意识形态所具有的社会凝聚力并赋予政治权威合法性的功能在很大程度上受到冲击。[2] 此外，一些"假英模"的出现，使权威机构倡导的一些价值观念的影响力不可避免地大大降低，原有的爱国主义、集体主义和社会主义等价值观念受到冲击，一些标准化、政治化或者高度典型化的英模难以得到大家的认可。比如，张海迪、雷锋、焦裕禄等经典英模的形象在人们心中淡化，受市场经济体制"逐利"动力的牵引，个人主义盛行和对财富成功的迫切向往，很多人只对同时代的成功者耳熟能详，并把他们设立为效仿的对象。演艺明星、商界成功人士、金融家、IT职业者、政治家、科学家、文化大咖等，也都有各自的崇拜者、追慕者，成为"粉丝"追求的偶像。不同人群、不同

---

[1] 申凡：《传播心理与媒介社会》，华中科技大学出版社2010年版，第25—26页。
[2] 参见孙岩《全面建设小康社会与中共政治权威的合法性认同》，《学术论坛》2003年第5期。

个体对榜样、偶像的不同认识和评价，显示出价值观、文化观和生活观的多样性。比如流量明星的崛起，显示出对青少年无与伦比的影响力。"追求成功""坚持理想"成为受人推崇的英模精神，然而这些精神与"品行高尚""甘于奉献""无私博爱"等往往不能完全对应，这增加了能够被不同层面、不同群体所广泛接受的英模人物的塑造难度。

第三，评价标准尚有争议。缺乏对公平、公正、人情、人性等一些合理内核的考虑，如过度宣传无私奉献、舍身为公、大义灭亲，将道德等同于崇高、牺牲和义务，使公众产生道德负担，因而只能对英模人物敬而远之。比如，上海知青陈健，为战友金训华守墓36年，从而入选感动中国2005年度人物；紧接着，质疑的声音便从当年一起插队的知青那里传了出来。陈健是否真的为金训华守墓36年？守墓还是扫墓？陈健不回上海的真实原因是什么？陈健为何没看望金训华家人？这样的感恩方式是否真的值得提倡？2013年的全国道德模范彭伟民，不顾身怀6个多月的双胞胎身孕跳进2米深的池塘，拼尽全力托起一名两岁溺水女童，自己的双胞胎孩子一死一残。这样的事迹虽然让人感动，但让人不得不深思。虽然这种助人为乐、见义勇为的精神非常值得肯定，然而是不是有点冲动，是否对自己的生命和孩子的生命不负责任？用更多的悲剧去结束一个悲剧的做法，是否真的值得肯定？这样的事迹得以宣传推广，除歌颂见义勇为精神的高尚性之外，给社会和公民倡导了一种什么价值观念，真的值得让人学习吗？还有，2009年感动中国年度人物张正祥，在过去的三十多年里，他每天的工作就是在滇池边拍摄、巡查、反映情况，为此花光了家里所有的积蓄，妻子无法忍受离他而去，子女也经常受到恐吓，小儿子因此患上了精神分裂症。这样的故事，本质是悲剧，反映了社会救助机制、生态保护机制和有关部门不作为的问题，这样的宣传报道和人物塑造，是否能达到预定的、让公众受到感染教育的效果？

2006年，被评为"感动河北十大新闻人物"的河南姑娘郜艳敏，她的故事让人震惊。1994年，18岁的她被人贩子拐卖至河北省，多次以死求逃、无钱自赎，回父母家却遭到拒绝，无奈之中，她成为山村小学唯一的女教师，执起教鞭，一教就是21年。2013年，郜艳敏当选"最美乡村教师"。2015年，因为一篇《最美乡村教师候选人郜艳敏：被拐女成为山村女教师》的报道被网友翻出，郜艳敏的遭遇吸引了无数人的关注。然而，大家的关注点却在于她所受到的苦难以及这个苦难背后的无耻和讽刺。对于一个如此不幸的女性，为什么不是更多地去反省和改进我们的社会、我们的法治建设和某些地区的不良道德习气，让这样的女性能够走出生活的阴霾，反而选择对她进行报道，对这种建立在极度不公正待遇和非人折磨上的"宽容""奉献""大爱"进行弘扬？显然，这样的"英模"故事引起了大家对当地政府、对新闻报道的愤怒。有时，不合适的一些英模塑造和宣传报告，不仅达不到相应的示范教育效果，反而背道而驰。

（四）人物价值传播力弱化

英模的宣传教育处理不当，会使英模不具有说服性、代表性，从而无法提升教育效力。英模人物的宣传仍存在方式单一化和工具滞后性，导致英模人物塑造流于形式，难以深入人心。

第一，宣传教育存在阶段性短视效应。表现为英模人物精神面貌"高不可攀"、人物形象雷同、言行举止"似曾相识"；在人物宣传中，较为重视配合政治宣传需要进行的阶段性短期行为，忽视人格塑造的长期效应及对人格成长过程的观照，对效率观念、自主意识、民主法制意识、公平开放、创新平等观念等"现代性"的发掘相对弱化。另外，伴随互联网时代的到来，网络评价的匿名性、开放性、直接性和广泛参与性等特征，打破了权威机构的话语权垄断，为网民们的评价创造了条件。在网络中，民众可以发表一切意见，质疑主流话语权。这本质上是一种对主导意识形态话语的信任危机。由于"意识形态包括形而上的无形的观念体系（统一的价值目标、价值追求）和形而下的有形的制度系统"，因此，要使二者处于相得益彰的良好关系，须"对现有的观念系统话语形式进行新的创新"①。

第二，宣传教育难以有效引起关注。当前，数字化网络已经渗透社会生活的方方面面。然而，迄今为止，网络化、信息化的英模宣传教育形式相对迟滞，还存在灌输式教育的现象，未能完全适应现代传媒、信息的快速发展，未能及时有效地利用信息化时代的新的信息资源和传递模式；现代传媒特别是青少年熟悉和喜爱的传媒方式（比如网络、网红、视频等）承载的德育信息与大量泛滥的娱乐信息等相比少之又少，网民需要的新鲜而生动的德育信息却没有及时发布。随着丰富多样、眼花缭乱的偶像文化、娱乐文化盛行，弘扬高尚的典型报道与正面人物宣传受到大众文化的平庸化消解，大众文化展示的无深度而泛娱乐的内容，更容易缓解人们的压力。毕竟大部分人在解决生存问题后还是渴望放松一下，而不是学习和受教育。比如，以各省级卫视为例，几乎都是娱乐类的电视节目收视率最高，比如《奔跑吧兄弟》《王牌对王牌》《向往的生活》《快乐大本营》等，仅有的一些以宣传英模事迹的节目收视率都比较低；而在腾讯视频、爱奇艺、优酷视频等网络平台播出的都以"玄幻剧""偶像剧""宫斗剧""悬疑剧"等为收视之最。

第三，宣传教育固定化、程式化严重。2008年，凤凰卫视记者闾丘露薇在博客中谈道："新闻联播正在播放先进人物事迹，一个身患重病依然坚守岗位的人。只是，那些面对镜头，表达自己的崇敬之心之类的话，却没有办法让我相信，他们真的在乎这个逝去的生命。尽管在生活中，他们之间也许有着深厚的感情，他们是好朋友、好战友、

---

① 黄明理：《马克思主义魅力与信仰研究》，人民出版社2016年版，第63页。

第五章 改革开放以来英模人物塑造的现实审视

好同事,但到了屏幕上,这种感情,被空洞缺乏情感的语言,冲得一干二净。我看不下去,转了台。"① 无论是主流报刊、电视栏目、巡回宣讲,还是课程与书报中的英模故事,参观学习中的英模陈列馆、英模纪念碑,都普遍存在任务化、应景化、政治化和宣教目的过于明显的气息。"试图阻止儿童独立的道德思维能力的发展时,就是在灌输。"② 健康的道德教育一定是反对灌输、尊重个体自由的教育,而当下对英模人物的宣传还客观存在强制灌输的现象。一个英模人物推出后,由上级发出政治化的命令,自上而下紧锣密鼓地进行广泛宣传,往往只重视宣传的过程、宣传的任务有没有完成,而不注重宣传的效果、宣传的"知行"能否合一。宣传教育过程往往是学文件、看报道、观视频,或者是集中听报告、看讲座、探讨发言、撰写心得笔记等,这些都成为强制性的任务。

比如,举行英模人物先进事迹报告会时,为了完成报告厅"满座""人气爆棚"的盛大隆重的宣传效果,承办方强制按报告厅座位数进行人数分摊,要求下面各部门严格执行。这种强制性和形式化的"学习"方式让群众反感,也让具体承办者疲惫不堪,甚至感觉还不如不搞。有时,一个英模的学习往往是一阵强风刮过,从上级部门要求学习开始,轰轰烈烈大搞一阵便偃旗息鼓、无人问津,以至于群众也都认识到了这种学习宣传的套路,更多的是讥讽。又比如学雷锋活动,国家明确把每年的3月5日定为"学雷锋日",每年"学雷锋日"前,上级就会下发通知,要求开展相关活动,但是这些突击式的活动开展后便归于沉寂,待风头过去、来年再搞时,又是一阵风似的,类似的过程反复上演,不仅没有起到宣传教学的效果,反而助长

---

① 薛国林:《形象塑造与社会认同:正面人物宣传报道的社会效果研究》,暨南大学出版社2012年版,第8页。
② Wilson J, *Education and Indoctrination in T. H. B. Hollins Ed. Aims in Education*, Manchester: Manchester University Press, 1964, p. 29.

了形式主义和歪风邪气。而且，对英模精神的弘扬和解读，对英模人物的挖掘，反复就是那些内容，这种反复的运作，使受众不免产生"审美疲劳"，或者单纯是为了让自己完成任务，或者是为了让自己不脱离主流文化，又或者出于自身道德迷茫状态所带来的被动认同，虽然在活动中有行为参与但并无心理和情感介入，加剧了功利主义倾向。

三 英模人物塑造的困境成因

社会心态的日趋浮躁，个人主义、拜金主义、享乐主义等外来思潮的涌入蔓延，价值观念的分化、多元价值观的交锋交融，偶像文化的兴起，英模人物塑造面临着显而易见的挑战。英模人物塑造的困境成因主要来自内部和外部两个方面，具体表现为英模存在环境的抑制、英模公众信任的削弱、英模认知认同的弱化和英模养成机制的消解。

（一）社会转型和价值分化，抑制英模人物的存在环境

英模人物塑造需要一定的社会环境和道德环境。社会环境是指英模塑造所涉及的经济、政治、文化等社会因素；道德环境是指英模产生时代的知、情、意、行等，两种环境相互影响、相互渗透。英模塑造的社会气候和思想环境如果是正面积极的，那么就能更好地促进英模的产生；反之，则会抑制英模的产生。当前，社会整体结构的转型、民众价值观念的分化和道德风气的滑坡，相对抑制了英模的产生环境。

第一，社会整体结构转型为英模人物塑造带来阻力。改革开放深刻地改变了传统社会资源及社会机会分配机制，导致"曾经高度集中的社会结构向资源、地位、机会和利益相对分散、相对独立的结构体系转变。这一社会结构分化的过程，就是改革开放40多年来社会结构

变革的核心"①。由计划到市场的体制转轨,传统到现代的社会转变,封闭到开放的全球化进程,从 20 世纪 80 年代新的社会阶层不断涌现、利益主体走向多元,到 21 世纪以来,经济体制深化改革,社会结构深刻变动,利益格局深刻调整,国家与社会间的结构不断分化,制度力量作用变小,社会成员对国家的依附关系逐渐弱化,权威机构对社会成员的思想掌握以及资源配置吸引力有所下降,同时人们开始用自己的视角去思考、观察和评判社会现实,对社会具有更强的批判意识,不再简单崇拜权威和膜拜英雄,这对英模人物的产生和推广造成了相当程度的影响。

从社会阶层来看,改革开放以来中国阶级阶层结构也发生了深刻变化,表现为工人队伍空间壮大、农民工成为工人中的新生力量;农民数量大规模减少并且日趋分化和高龄化;专业技术人员(教师、医生、律师、工程师、科研人员、记者、经济师等)职业群体成为中产阶层的主力;私营企业主从无到有,快速发展;新的社会阶层和社会群体不断产生。阶级阶层结构变化促使社会利益格局多样化、利益诉求多元化;同时,不同发展阶段的社会矛盾重叠,旧的社会矛盾还未解决,新的社会矛盾又已出现,比如生态治理与减少贫困的矛盾,矿难、火灾等传统风险与传染病暴发、恐怖主义袭击等新风险交叠;"工农基础阶级的构成发生分化,贫富差距拉大,弱势群体更加弱势;精英群体抢占先机、掌握大量资源,脱离大众群体造成社会分裂等。"②社会结构的变化,不同群体利益的多元化和社会目标的层次性,使得"政治化""单一化"和形式化、概念化的英模人物难以走入人心。

第二,价值观念的加剧分化为英模人物塑造增加难度。由传统

---

① 李路路:《改革开放 40 年中国社会阶层结构的变迁》,《武汉大学学报》(哲学社会科学版)2019 年第 1 期。
② 李培林:《当代中国阶级阶层变动》,社会科学文献出版社 2018 年版,第 2—11 页。

社会向现代社会转型，必然引发观念的变革和价值取向的嬗变。以改革开放为节点，"中国社会价值观变迁表现出从一元价值观向多元价值观转变、从整体价值观向个体价值观转变、从神圣价值观向世俗价值观转变、从精神价值观向物质价值观转变的总体镜像"①。就当下社会的价值观念而言，"趋于统一的社会条件已经变化，分崩离析的趋势越来越明显"②。其中包括新旧观念的对抗与消长，即由原来统一、同质、单一的价值观念变成"多元并存，新旧交替"的价值观念，既有新观念的成长，又有旧观念的破除与阻抗。同时，随着社会主义市场经济体制改革的深入，社会利益分化和贫富差距进一步加剧，社会价值观念越来越多地表现出"矛盾冲突"的状态，价值观念"去权威化和中心化"趋势明显。③ "去中心化"时代的来临，使人们的思想更加开放，独立自主、自由平等意识逐渐增强，模仿典型的意识渐趋淡薄，通过英模塑造寻求一个能为大多人认可和接受的"一元主导价值观"成为更让人难以接受的事情。在内外因素的作用下，英雄主义和理想主义逐渐消解，人们的物质需求彰显正当性，"过好当下"的日常生活理想开始取代过去的神圣理想，价值取向从重集体转向重个体，从强调节俭转向关注享乐。功利性不断增强成为不争的事实，以利他为核心的价值观变得不再有吸引力和说服力。

第三，道德滑坡与戾气增长为英模人物塑造带来了挑战。随着市场经济的发展，市场经济讲究利润的经济发展模式细化了社会分工，逐渐形成了以职业划分为主的社会分层。整体而言，改革开放以来，

---

① 廖小平、孙欢：《价值观变迁对国家治理现代化的诉求》，《伦理学研究》2016年第3期。
② 兰久富：《社会转型时期的价值观念》，北京师范大学出版社1999年版，第39页。
③ 田旭明：《英雄是民族最闪亮的坐标——新时代培育和弘扬英雄文化的若干思考》，《马克思主义研究》2019年第8期。

"社会道德气候总体趋势是不断进步的,人们的道德资源意识、道德功能意识不断加强,道德观念在不断更新,道德榜样的示范作用也在明显增强"①;然而,社会转型带来的制度保障和权力监督的缺位及法治不完善带来的利益垄断等,引发了资源支配的不公正,中国社会阶层分化逐步明显,阶层之间的流动呈现固化现象,阻隔了非利益群体的上升渠道,其结果表现为贫富分化、阶层分化和社会心态分化。贫富差距造成心理落差,使底层人口群体产生挫败感,"受众的社会心理对主流意识形态的认同感处于不稳定状态,对主流意识形态的信仰价值观不易形成"②。

这些道德问题体现在袭警事件、随机杀人案、刺童事件、群体性事件以倍速增长;"三聚氰胺奶粉""地沟油""染色馒头""瘦肉精"等食品安全问题被曝光;"包二奶""假唱""假球""假冒乞丐行乞""诈捐""权色交易"等现象频繁出现;见死不救、坑蒙拐骗、卖淫嫖娼、制假卖假等行径屡见不鲜;一些人公德意识淡漠,公共场合无视他人、无视礼仪;一些行业缺乏行业监管和底线意识,公仆干部缺乏官德,无视党纪国法,救死扶伤、路见不平反遭诬陷……此外,人与人之间的竞争激烈,教育、医疗、住房等方面的压力越来越大。由于时间和精力有限,大家忙于生计,一定程度上没有那么多的精力去关注自己的思想道德,关注社会是否还有英模,而将重点放在缓解生存压力上。特别是,激烈的市场竞争使一部分在竞争中处于不利地位的人们产生一定程度的被抛弃感,民生问题、贫富差距的拉大使社会戾气增长,在一定程度上影响了英模的生成。因此,"加强道德建设刻不仅是应对意识形态挑战的战略需求,更是提高国家文化软实力和增加

---

① 王小锡:《正确认识和应对我国的"道德气候"》,《思想理论教育》2011年第5期。
② 邓卓明主编:《改革开放以来中国共产党引领社会思潮研究》,人民出版社2017年版,第284—285页。

全民族核心凝聚力的必由之路"[①]。

(二) 塑造中的功利和形式,削弱英模人物的公众信任

目前,英模人物的塑造主要采用单向度的自下而上或自上而下的方式,这种方式也可以称为评选或推举,评选环节的公信力和公正度对英模人物塑造往往有着直接的正面或负面影响。

第一,英模塑造中的功利主义负面影响。就当前的英模表彰与安置机制而言,在党和政府出台一系列政策保障的前提下,个人一旦评上某种模范荣誉称号,可以一夜之间成为备受关注的明星,在获得社会尊敬和知名度的同时,也可以获得一定的物质奖励,根据荣誉的性质和类别,有些人获得的物质奖励尤为优厚。英模的评选,本应该是一个没有任何功利的活动,但在功利主义的影响和社会心态的浮躁背景下,有的人为了自身和本地区利益,精心算计、广拉选票,动用一切力量以获得模范称号。比如,一些具有巨大吸引力和诱惑力的"国字头"荣誉称号,使得一些单位和个人利用评选过程不尽公开公正,评选权掌握在少数人或关键部门手中的漏洞,穷尽一切办法,为自己和本地区本单位捞选;有的花钱送礼接触评委,人为挤掉其他候选人,或者利用"公众投票"环节,高价买选票甚至利用亲戚朋友老乡的关系网广泛拉票;一些地区和单位,为确保自己的人能胜出,甚至明确下文,要求自己地区的必须选投本单位本地区候选人的票;还有的单位和地区,把名额的分配和名单的推举,作为单位或本行业对参评者的一种利益的给予或是一种福利的分配,因此,有时会存在与单位领导关系密切的人更容易当选的情况。受功利主义膨胀和利益泛滥的影响,这些现象严重损害了英模评选的纯洁公正性。

---

① 张爵宁、孙泊:《以榜样力量引领道德建设》,《人民论坛》2017年第5期。

第五章　改革开放以来英模人物塑造的现实审视

在个人利益及单位、行业利益和地区利益的驱动下，一些英模评选一开始就不太单纯，也就缺少了公信力。比如，湖北省丹江口市均县镇闵家沟村党支部书记闵德伟，就曾被树立为重大先进典型。为此，丹江口市专门创作了现代剧《汉江魂》，出版了《楷模——闵德伟同志事迹汇编》，他的先进事迹报告团在全省各地巡回演讲。但是后来被人举报，经调查，闵德伟不仅是一个不合格的村支部书记，还是一个恶霸。他之所以被树立为先进典型，是因为他生前拼命地虚报成绩，为自己捞取政治资本，村民们却敢怒不敢言。他去世后，当地领导希望通过树立典型，来宣传"政绩"，宣传"领导有方"。在闵德伟这个假英模树立起来后，当地得到的"扶助典型"的各种实惠达78万元。于是，为了名利，各方干部就联动起来不断地进行英模造假。

　　第二，评选中的形式主义负面影响。从单位和地区管理层的角度来看，本单位本地区有人或集体获得英模称号，这份荣誉不仅属于英模本人，而且是对本单位或地区开展精神文明建设所取得的巨大成果的展示，是对本单位或地区的负责人的道德建设的政绩认可。在这种政绩观的鼓动下，同时也是为了完成一定的思想道德建设目标任务，一些地区和单位把推选本单位本地区的个人或团体获得模范荣誉称号作为一项任务指标来进行落实，即不管到底有无真正的先进，都要按时完成名额推举，绝不能浪费"名额"，结果可能保证了数量而没有保证质量。这是典型的"形式"大于"内容"。评选先进在很多单位或地区已成为一项常态化活动，大家对此都习以为常，由于被分配的"名额"相对较少，存在竞争打擂的情况，有的管理层面也不愿意因此得罪大家，干脆"大家轮流坐庄当选"，英模的评选严重流于形式。所以，如何使英模人物塑造走出利益的旋涡、回归纯粹是一个迫切需要思考的问题。

第三，评选机构自身的负面影响。权威机构内部出现的道德衰败的反面典型，对全社会道德下滑具有极大的示范效应。大多数英模正是因权威机构确立的标准、权威机构组织的评选、权威组织进行的推广而广为人知，当权威机构选树了大量英模而自己内部又不断出现反面典型时，对公众的说服力便会急剧下降；不断曝光的官员腐败和伪善，使官方推举的英模形象得不到人心。官员的腐败和英模堕落的典型案例，加剧了社会现实中早已存在的社会信任脆弱、道德水平滑坡等问题。令人啼笑皆非的是出现了一些假评选机构。据《新京报》曝光，2016年5月1日，钓鱼台国宾馆座无虚席，举行"全国劳动英模五一座谈会暨先进事迹报告会开幕式"；与国家评选的"全国劳模"和各地方评选的"省市级劳模"不同的是，只要花费2980—29800元，就能参加这个"报告会"，并领取奖杯、奖牌和勋章。就在"报告会"开始前，活动"主办方"——中国国际经济技术合作促进会在官网上发布声明辟谣，否认举办该活动。①

（三）价值迷茫和信仰模糊，动摇英模人物的认知认同

当代社会过旺的物质追求，偶像文化的兴盛和娱乐文化的泛滥，媚俗的大众文化生态，带来了大众的狂欢和狂欢中的精神荒芜，不同程度加剧了对英模的视而不见、视而不学和认知冷漠。

第一，英模人物塑造面临价值认知混乱的挑战。随全球化进程裹挟而入的西方意识形态，攻击社会主义制度，攻击集体主义价值观念，大肆宣传资本主义的"普世价值"，宣传西方的生活方式、政治制度和所谓的"民主、自由"，诋毁民族英雄，诋毁社会主义制度，试图搞乱社会思想，将"集体至上"曲解为"不讲法治"，将"无私奉献"歪曲为"不讲人权"，试图引导人们"远离英雄"，最后达到唯西方马首

---

① 《"劳动模范"替换成"劳动英模"到底奇葩在哪？》，北京晚报网，2016年5月4日，https://www.takefoto.cn/viewnews-763949.html，引用日期：2020年8月23日。

是瞻。伴随西方文化价值观入侵的诸如民粹主义、历史虚无主义、后现代主义、泛娱乐化等一些不良社会思潮，体现了对权威话语和社会主流意识的消解，虚化了英模的道德力量。面对多元意识形态的交锋交融，人们在价值选择面前，极易出现理想信念的困惑与迷茫，心灵世界没有坚定的归依。当价值选择的标准缺失后，人们便容易"跟着感觉走"，根据自己的感性思维和生活经历做出简单的、个人利益最大化的价值判断，在接受某种文化和观念灌输时只了解实然、不思考应然，道德价值得到稀释，道德关怀遭到冷落。同时，社会上不时出现对英模人物的诋毁、戏谑、恶搞，妨害人们形成正确的个体思维。部分人对英模产生动摇、冷漠，使英模人物处于"被认同""待认同"甚至"不认同"状态；有些人认为英模与"我"没有关系，学不学是我自己的事，与社会、他人无关；有些人认为过日子最重要，道德高不高尚无所谓……

第二，英模人物塑造面临"媚俗"的大众文化生态的挑战。当前的大众文化领域呈现出一种全民狂欢的姿态，一些媒体置自律于不顾，对明星八卦、不雅照片、审丑娱乐等新闻进行肆意炒作，一些低俗色情的信息、视频和图片、"标题党"充斥媒体和大众文化市场，打开电视、网络，每天看到的几乎都是大量的庸俗、八卦的精神垃圾以及没有任何深度内涵的信息内容。这些充斥大众视野的庸俗、媚俗的文化现象，搅乱了人们的伦理判断，践踏人们的价值底线，侵蚀着社会的精神文明。同时，新媒体和自媒体的大量涌现，也给思想政治教育带来更大的不确定性。当前，移动终端和互联网成为人们获取信息的主要来源，人们获得信息更多依靠QQ、微博、微信、抖音、今日头条等平台，每个人在接受信息的同时又都在发布信息，信息的全方位快速流动使社会矛盾和生活烦恼无从屏蔽，使贫富分化、阶层固化无从遁形。同时大量的App，比如深受青年人喜欢的"小红书"等，为了达到营销和售卖产品的商业目的,过度地推广物质主义、推荐高端产品,煽动炫富心理,宣扬获得财富和享乐才是人生目的的价值观,从价值导向上助长了拜金主义和物质主义。当前,正面宣传和媒体的正面报道已不可能再"一统江山",对英模作出个人评价、现实考察、日常监督也越来越容易,对英模的评价更加多元化且不容易受到控制,直接影响了英模人物的效应和价值传播。

第三,英模人物塑造面临偶像文化空前兴盛的挑战。从20世纪90年代开始,尽管树立了大量英模人物,但其作用和影响却逐步弱化,而同时期的偶像影响力却日益扩大。以周星驰为代表的"无厘头"文化和以王朔等为代表的"痞子"文化,成为被追捧的"英雄";以影视明星、歌星、体育明星为代表的偶像的力量越来越强,一大批选秀和造星节目铺天盖地,在媚俗的大众文化和商业氛围的围攻下,"消费型"偶像成为大众的"宠儿",民众对明星进行消费,一切以是否开心为标准,不需要意义和深度。偶像文化迅猛发展,综艺节目和相亲节目层出不穷,娱乐明星、时尚达人、"网红"等备受关注,而道德模范却备受冷遇。英模被各种娱乐偶像替代,而怀着对财富的向往,成功的企业家成为青年一代的楷模,比如比尔·盖茨、乔布斯、马云、马化腾等。对金钱的渴望、名利的追求在暴富阶层行为的激励示范之下加倍膨胀,于是,有钱的大老板、外表光鲜的明星等成为大家艳羡的对象。

2011年,中国青少年研究中心发布的"少年儿童的偶像崇拜与榜样教育调查"显示,近七成(68.4%)的少年儿童最崇拜的偶像是文体明星,主要是歌星(37.0%)、影星(20.5%)和体育明星(10.3%);其他领域偶像比例远低于明星,仅有一成多(13.7%),其中思想家、文学家、艺术家、政治人物、英雄、军事人物为3%左右,科学家仅2.3%,劳模不足1%(0.4%);在最喜欢的偶像人物排名中,前10位分别是周杰伦、成龙、张杰、刘翔、许嵩、杨幂、雷锋、魏晨、罗志祥、姚明，可见明星占偶像崇拜的大多数。① 对于青少年来说，英雄是主流意识形态需要他们接受和学习的榜样，而偶像才是他们自己认定的，将学习英模作为一项"政治任务"完成，往往会受到抵触和诟病，以偶像替代英模，以庸俗替代崇高，以实用替代价值，则成为英模人物塑造效应淡化的重要因素。

（四）保障激励机制不完善，消解英模人物的养成机制

英模"流血流汗又流泪"的现象还时有发生，现实中有很多英模人物因英模行为获得了政治和经济利益，但与之相反的是，也有部分英模由于性格、命运、机遇等多方因素未得到社会的广泛关注，光环一过即归于沉寂，甚至有的英模还由于自己的先进事迹给自己和家庭带来利益损失和生活困难，也没有得到相应的社会救助。比如徐深海现象，徐深海在镇江市润州区环卫所清粪队工作，二十多年来默默无闻地与化粪池打交道，2010年获"全国劳动模范"称号。然而，这么一位全国劳模，却连一个正常的工作编制都没有。2011年1月25日深夜，在镇江民间论坛"百姓话题"版上，网友"江山"发了一则帖子"我想为徐深海要个编制"。虽说是全国劳模，但徐深海的每月收入就是960元工资加上200元补贴，再加上队长补贴、手机补贴及考核奖，总计1640元。而如果他有了编制，成为"正式工"后，每月能多出近1000元。徐深海的事迹一度成为网络热点。②《京华时报》评论："徐深海并不是个案，一直以来，有多少劳动者在'临时工'这项帽子下委屈求生？他们干的活永远比别人脏、累、

---

① 《近七成儿童偶像为文体明星 仅2.3%崇拜科学家》，人民网，2012年3月2日，http：//edu.sina.com.cn/zxx/2012－03－02/1418329773.shtml，引用日期：2020年8月21日。
② 《全国劳模掏粪20年仍是临时工 官方称转正难》，浙江在线，2011年1月28日，http：//china.zjol.com.cn/05china/system/2011/01/28/017268555.shtml，引用日期：2020年5月3日。

差，工资福利却永远比别人少；一样默默为这座城市贡献自己的心力，却始终不能和这座城市里的居民一样，获得相同的尊重和保障。"① 此外，还有一些英模人物遭遇诽谤、恶搞和丑化，比如，2006年，一部名为《雷锋的初恋女友》的电影在网络上炒作，通过捕风捉影的材料给雷锋安上莫名其妙的恋爱故事；2016年，在成都新都区公园路老图书馆旁，一尊背着书包的三好学生石像，被人恶意在面部、肚脐眼和裆部喷上了红色墨迹，恶搞成小丑，② 但这些恶搞行为并没有引起相关的责任追究。

与此同时，英模激励机制也不够完善。与前述功利主义与形式主义相对立的是，一些人学习、工作和表现都很优秀，政绩有目共睹，群众认可度也较高，却不愿当英模，甚至害怕当英模。有些人觉得当了"英模"生活在聚光灯下，处处受到公众的监督，在中国的人情世故的压力下，担心做了典型，反而成了"众矢之的"，承受压力、遭人忌恨；有些人做好事行善举并不是为了图荣誉、求功利，只求心安理得，而不愿意背负"英模"这一虚名，认为这一荣誉标准太高，怕自己承受不了，更不想被人认为是"沽名钓誉"。

公方彬曾经讲述了自己连续多次拒绝当全国道德模范的原因："一个是自己认定且存在于内心的道德模范的基本标准起抑制作用，我认为道德模范不同于其他领域的先进分子，这个群体品质应该更纯洁高尚，因为其不仅关照人们灵魂深处最敏感的神经，并且一举一动影响甚大，特别是与道德相背离后的行为会产生超大负面影响力。比如，垮掉一个典型会抵消树立几个正面典型作用，并且道德典型的认定层次越高，负面影响越大。我认为自己达不到这个标准，更无法保

---

① 《京华时报："按劳分配"怎成"按编分配"》，中国经济网，http：//views.ce.cn/view/gov/201101/29/t20110129_22181907.shtml，引用日期：2023年5月23日。
② 《成都"三好学生"石像下体遭喷漆 如穿"红裤衩"》，环球网，https：//society.huanqiu.com/article/9CaKrnJU3rz，引用日期：2023年5月23日。

证不产生负责影响""我们国家所有英模典型中,最难当的是道德典型,甚至有点尴尬。比如,不管进行了多么丰富而持久的道德实践,只要接受组织给予的荣誉,必被人疑为'沽名钓誉'。相反,不接受任何荣誉,自己很安宁,久而久之,还会得到别人的真诚认同。"[①]由此可见,对一些人来说,英模的荣誉感远远低于所要承受的压力,因此不愿做典型,即使做了典型也不愿被宣传,不愿意让自己处于舆论之中。

[①] 《公方彬:我为什么不愿成为道德模范》,个人图书馆,2019 年 4 月 25 日,http://www.360doc.com/content/19/0425/10/46601607_831321034.shtml. 引用日期:2020 年 3 月 2 日。

第六章　新时代英模人物塑造的主要路径

马克思曾说,"如果一个人只为自己劳动,他也许能够成为著名的学者、伟大的哲人、卓越的诗人,然而他永远不能成为完美的、真正伟大的人物"[①]。中国特色社会主义共同理想的凝聚和培育,必须通过无数个体去实现。改革开放四十多年来,英模人物塑造在思想引航、价值引领和道德提升方面取得了有目共睹的成绩。新时代全面建设社会主义现代化国家,进而实现中华民族伟大复兴,需要在全社会持续推动形成崇尚英雄、捍卫英雄的良好氛围。致敬英模人物、弘扬英模精神、塑造英模人物仍然是新时代思想道德建设的鲜明主题。新时代呼唤什么样的英模人物,如何将伟大而高远的社会理想和社会主义核心价值观,通过英模人物的弘扬真正转变为个人的信念和行动,引导人们的价值取向,提振人们的道德水平和精神境界,使社会理想和价值共识扎根于个体生命,是一个亟待研究和在实践中探索的课题。

第一节　正确的目标理念是英模人物塑造的先决条件

思想是行动的先导。如前所述,英模人物塑造存在不同程度的与

---

① 《马克思恩格斯全集》第 1 卷,人民出版社 1995 年版,第 459 页。

受众二元分离、共情共鸣弱化等现象。新时代英模人物的塑造要充分体现科学、民主、多样和开放统一的理念,坚持正确引导、以人为本、尊重差异、贴近生活、交往共生的原则,在现有基础上,从人物标准、基本原则和目标设定三个方面,重点解决"新时代我们需要什么样的英模人物"的问题。

一 人物标准:人格现代、"人设"立稳、人性质朴

核心价值观在思想的上层建筑价值体系中处于主导地位;统治阶级的思想通过核心价值观渗透转化成统治思想,成为人们普遍遵循的思想观念和道德准则,成为人们判别善恶、是非和美丑的内在尺度。英模人物体现社会主义核心价值导向,英模人物塑造首先必须明确人物的选树标准。

(一) 人格现代

英模人物的人格应具备现代性。现代性首先表现为时代精神。英雄因时代而生,"浓缩时代精神之精华,烙上时代发展之印记,彰显时代变迁之特征"[①]。所谓时代精神,即为实现中华民族伟大复兴的中国梦和"两个阶段"目标改革进取的精神。其次,英模人格的现代性还体现于现代价值观的展示。英模只有具备"现代形象"和现代精神,且是具有现代性人格特征的活生生的现代个体,才能引起人们的普遍认同。现代性既表现为时代性,又表现为现代健全人格的塑造。个人层面的社会主义核心价值观的提出,就是新时代对人们提出的新的伦理道德要求。爱国价值观是积淀在我们血脉中的价值观;"敬业价值观的时代新内涵主要表现在它从职业伦理向时代精神的升级转换上;诚信价值观的新内涵在于包含着对人性善恶问题的重新认识和定位,包

---

① 田旭明:《英雄是民族最闪亮的坐标——新时代培育和弘扬英雄文化的若干思考》,《马克思主义研究》2019年第8期。

含着对市场经济条件下人性幽微的洞悉；友善价值观的新内涵在于它标志着不善于作纯理性思维的国人们开始理性地、超越性地思考一些形而上的问题"①。一个生活在现代社会的人，必须是一个思想观念、价值追求和道德行为跟上现代社会步伐的人，表现出独立自主的主体精神、规则意识、法制意识、公共意识与责任意识、平等观念及创造力等。英模人物首先应该在精神、意识、观念、心理、行为上具有积极、健康和完善的现代人格，英模塑造的目的应是倡扬公民人格的高尚、独立、积极、健康和自信，对其人格中的奴性、依附、盲从予以摒弃。以"现代性"作为价值标准树立的英模人物，才能为人们提供丰富的人格化教材，激发当代人的价值共鸣与学习自觉。过去我们塑造的一些英模人物，由于在人物标准上存在一些争议，比如曾经选树的一名全国道德模范，身怀六甲却跳进水塘救溺水女童，导致自己的双胞胎一死一残。这样的道德固然高尚，可是却引人深思、让人痛心。英模见义勇为的精神固然值得大力肯定，可是，能否起到示范教育效果就值得商榷了。

传统英模给人的感觉是"高、大、全"，近年来的英模塑造虽然开始注重表现人物的有血有肉，但总的来说，相当一部分人物仍未能给予人们强烈的心灵冲击，也没有特别丰富、深具魅力的现代个性特点。与传统英模相比，当下我们塑造英模的人格现代性还应体现在绝不能抹杀英模人物的个性。英模应是具有鲜明个性和独立思想的人，他有着常人的七情六欲、喜怒哀乐，但他又有超出常人的意志、精神、品格；他绝不是陷于现实泥潭中的庸俗一员，而是具有强烈的个性魅力的"这一个个体"。"一方面应该反对神秘化，反对把道德变成只可意会不可言传的'终极性'问题；另一方面应反对庸俗化，反对把道德

---

① 冯正强、何云庵：《中国大爱：理解个人层面社会主义核心价值观的维度新探》，《毛泽东思想研究》2016 年第 6 期。

变成个人现实的生活目标。"①

(二)"人设"立稳

"人设"是近年来很火的一个词,原指作品中角色形象的设定,现多用于现实生活中人物自我呈现出的形象和角色。英模人物的"人设"一定要立得住、稳得住,这体现于英模人物所呈现出的"先进性"必须是能真正叫得响、树得牢的,经得起时间检验的"先进性",而不仅一时一事甚至阶段性的"先进性"。

马克思指出,"统治阶级的思想在每一个时代都是占统治地位的思想。这就是说,一个阶级是社会上占统治地位的物质力量,同时也是社会上占统治地位的精神力量。支配着物质资料生产的阶级,同时也支配着精神生产资料,因此那些没有精神生产资料的人的思想,一般地是隶属于这个阶级的"②。进入 21 世纪,国家软实力的竞争日益激烈,首先就是核心价值观的冲突,具体表现为国家之间意识形态的竞争与渗透。无论时代如何更迭,先进性始终是英模的最基本的属性,是英模成其为楷模的前提;而这里强调的"先进性",绝不仅仅是价值的先进性,而应该是英模人物经得起时代大浪淘沙的"先进性",应该是塑造了之后仍然能够立得起更能站得稳的"先进性"。当然,这对英模人物的塑造提出了更高的挑战。一方面,如果一个英模人物不能保持"先进",而是在选树之后出现了人物的堕落,或者让人们对其"人设"产生怀疑,那么英模塑造的权威性和可信度就会大打折扣;但另一方面,如果对英模人物过于"道德苛求",那么就没有人愿意出头当英雄,人人都绕着"英模"头衔走,从而加剧英模人物养成的两难处境。

---

① 侯惠勤:《马克思的意识形态批判与当代中国》,中国社会科学出版社 2010 年版,第 462 页。
② 《马克思恩格斯文集》第 1 卷,人民出版社 2009 年版,第 550 页。

"人设"立稳也体现于人物的"文化自信"。在中华民族发展史上，英模人物和英模群体灿若星河。中华民族的传统美德，具有鲜明的民族特性，蕴含着中华民族数千年的精神追求。今天我们倡导的爱国、敬业、诚信、友善等核心价值观与中华民族传统美德也是一脉相承的，它们汲取了传统文化中诸如家国天下、爱国明志、仁爱孝悌、重义轻利、守信重诺的养分。要注重发挥中华优秀传统文化的养志作用，在英模人物塑造时应坚守本民族自身的文化底色，传承爱国、仁义、孝敬、诚信、勤劳、创新等中华民族传统美德，传承中华优秀传统文化中的价值基因。这是英模人物塑造"文化自信"的体现。中华优秀传统文化中的价值基因和优秀人格资源，本身就蕴含了历史的沉淀、岁月的洗涤以及民众的普遍共识，从而能够很快地得到广大群众的认可。因此，在汲取中华民族优秀传统精神和传统道德规范的基础上塑造的英模人物，便天然地具有广泛的群众接受心理基础。

（三）人性质朴

习近平强调，"英雄模范们用行动再次证明，伟大出自平凡，平凡造就伟大。只要有坚定的理想信念、不懈的奋斗精神，脚踏实地把每件平凡的事做好，一切平凡的人都可以获得不平凡的人生，一切平凡的工作都可以创造不平凡的成就"[①]。英模源于普通人，是在平凡中做出不平凡事迹的人。英模绝不是空洞的时代传声筒和政治肉喇叭，而是来自普通大众之中，他身上所体现的必须是能在社会中形成共鸣的朴素的、广泛的道德情感和价值追求，贴近我们的日常生活和情境，从而才能形成强大的感染力。

心理学上有一个概念，叫"自我参照效应"（Self – reference Effect），"自身已有的德性结构和倾向在接受道德影响时所起到的滤网

---

① 习近平：《在国家勋章和国家荣誉称号颁授仪式上的讲话》，《人民日报》2019年9月30日第2版。

作用；在同时作用的信息中，个体往往无意间记住了与自己已有的知识结构或兴趣接近的信息内容"①。事实证明，现实中涌现出的活生生的榜样才最富感召力。英模人物崇高的精神令人景仰，然而其平凡的人性则让人更易于亲近。要让英模形象具有感染力、吸引力和鼓动力，必须注重英模的直观性和形象性。要善于了解群众的态度、情感、见解和价值取向，从而发现典型，这样才能引发群众主动学习的意愿，达到"无声胜有声"的教育效果。真正的英模人物都是在道德追求上很纯粹的人，要重点拉近英模与民众的距离，切勿让英模说大话、空话，要让英模多讲自己的生活，多讲自己的质朴信念，用简单的话语呈现他们的简单而不简约的人生追求，越是朴素的情感越真实，越是朴素的人生越让人感动。

俄国批评家杜勃罗留波夫曾说，"我们的感情总是被生动的对象所引起，而不是被一般的概念所引起"②。比如，2020年新冠肺炎疫情暴发时，毫不犹豫剪掉头发投入抗疫工作的医护人员，不远万里驱车送菜、免费给医护人员送去热腾腾盒饭的餐饮人员，身患渐冻症却坚守岗位的武汉金银潭医院院长……这些普通人面对灾难时的不平凡故事深深地打动着人们。从某种意义上说，英模的影响力，取决于其与普通大众的心理距离。有时候在周边树立一个大家认可的先进典型，其示范作用将更加见效。所以要重视树立更多身边的榜样，应该意识到，英模是生活在我们中间的普通人，他们没有太多大道理可讲，有的只是简单的生活和质朴的情怀，散发着朴素而温暖的德性魅力。当大家觉得英模就在身边，每个人都可以做好事、当英模的时候，英模形象就真正做到了贴近生活、深入人心。

---

① Robert S. Feldman, "Social Foundations of Thought and Action: A Social CognitiveTheory, Prentice – Hall, Upper Saddle Rive", *Advances in Social Sciences*, Vol. 9, 2016, p. 119.
② 《杜勃罗留波夫选集》第1卷，辛未艾译，上海文艺出版社1962年版，第7页。

二 基本要求：实事求是、摒弃媚俗、常态长效

英模人物本质上是主导价值观念和国家意识形态的体现，从此意义上讲，确实离不开"灌输"；然而，最佳的路径绝不是"灌输"，而是使"灌输"走向"内外共生"。英模人物塑造要遵循实事求是、摒弃媚俗、常态长效的要求，在真实性的前提下，强化大众对英模的价值仰慕，缩短大众与英模的心理距离，以此寻求大众对英模人物的认同。在追求实事求是的同时，应注重细节的真实；在追求价值共鸣的同时，摒弃媚俗与迎合；在追求常态长效的过程中，持续性地维持情感的浓度。

（一）实事求是，还原真实细节

要使人们接受英模，前提在于让人们相信英模的事迹。相信是人在智力活动中所产生的情感体验，与怀疑、惊奇等其他理智感一样，都是高级社会性情感，是人在社会生活特别是追求真理过程中的精神力量。因为英模对于人们来说，不一定是身边的，英模的经验也不一定是人们亲身经历所能获得的，而是由传播者、宣传者或塑造者代他们所获取的，因此，英模的信息在受众心目中就不可避免地存在一种陌生感、间离感。只有人们对信息确信才能驱散这种陌生感和间离感，并把信息纳入自己的认知结构中去。真实是英模的生命，不真实的榜样是不道德的。英模的塑造应坚持真实性原则，那么如何理解真实性？真实性应体现在人物的方方面面，具体就是人物的真实、事件的真实和细节的真实。

人物的真实就是英模人物的基本信息应该是反复核实和完全准确的，绝不能是凭空捏造或是为了达到教育目的而拔高和"修饰"了的人物。事件真实就是英模的故事是真实存在的，是他在特定历史时期或历史时刻做出的行为选择，在特定时空条件下产生的思想和行为。

在人物真实和事件真实的前提下，尤其要注重细节的真实。时间空间情景、英模的语言、英模的举止、英模的神态，甚至英模的外在、容貌、着装、气质、举手投足等，这些都囊括于细节的真实。为什么一些英模虽然人是真实的、事是真实的，但就是在人们心里"立"不起来、生不了"根"，或者说无法使人们产生情感回应和价值共鸣？究其原因就是在塑造英模时人物不够丰富立体，不能做到扣人心弦。而细节的真实，往往是让英模能够真正在人们心里"立"起来和最能打动人心的一把特殊的钥匙。比如，对湖南省委原副书记郑培民这一公仆的塑造，他生前身居高位、心怀群众，然而却对自己和家人要求严格。他突发心脏病，在生命弥留之际——赶往医院的路上，嘴里说的却是"别闯红灯……"这就是一个细节。但这个细节非常真实而且给人带来强烈的心灵冲击。从这个细节可以看出，身居高位的郑培民对法治规则的尊重、对自我的严格要求和对别人生命的关爱。点滴细节往往可以反映出伟大人格，同时又从侧面印证了英模人物的真实和事件的事实。

　　细节的真实还体现在要特别关注英模是在什么情况下做出的反应，内心的真实情感波动，选择的过程，等等。所谓"危难时刻见英雄"，在面对需要选择的重要时刻，英模是不自觉的、下意识的选择，还是艰难的徘徊抉择？这些都是人们感兴趣的细节，因为毕竟每一个人都可能面对这样的选择。2011年，一个两岁女孩挂在10楼窗台，就在大家面面相觑的瞬间忽然坠落。这时，楼下一名穿着小格子连衣裙的女子，估摸着小女孩掉落的位置，张开双臂，在小女孩快落地的一刹那，用左手臂硬生生接了小女孩一下，致使左手臂多处骨折。这就是"最美妈妈"吴菊萍的故事。当时，她自己的孩子才7个月大，她还正处于哺乳期。这个故事引发了社会轰动。事后，吴菊萍解释自己的救人动机时说："这是本能，是作为一个母亲应该做的事情。"她的话语非常朴素，这就是她在关键时刻不自觉的、下意识的一种选择。这种选择是自发的，也是自觉的，更是可信的、让人钦佩的。因此，在对英模人物塑造中，要让英模现象由近及远、循序渐进地真实浮现在世人面前，从而让人能够产生"理解之欣赏""理解之仰慕"。

在真实的基础上，应避免普遍化、模式化塑造，着力进行深刻的人物塑造和情节设置。选树多种类型的英模，如生活型、奋斗型、职业型、道德型、交叉型等，体现不同层面的道德选择和价值追求。从行业和阶层划分来看，随着生产力的不断变革和日新月异的科学技术在生产领域的应用，社会分工日趋细化，社会群体不断分化，社会系统内部的行业、职业不断增多，必然要求英模类型的多样化。从英模的行为特点和内涵来看，要选树不同类型的英模，做到百花争艳、群星灿烂，既要有道德英模，也要有创业英模、行业精英、生活榜样、政治人物，只要是在平凡中显露出不凡的人都可以成为英模，使人们在学习效仿时可以各取所需、各有所学。英模的形象不能脱离社会实际需要，更不能急于求成，只有英模人物的言行和细节真实可信，才能让群众信服，从而要求群众在一般条件下也要做到，或用将来才可能实现的理想来规范人们的言行。

（二）摒弃媚俗，强化价值仰慕

苏联教育学家苏霍姆林斯基曾指出，"不能用光辉楷模去责备少年，因为一个真正的人是这样行动的，而你却截然不同……这就是简单化。它会导致没有它便不能形成理想的那种精神活动的停滞，在少年那里产生出不相信自身力量的心态，产生出一种最可怕的心灵毒剂——自己微不足道，楷模高不可攀，再努力也枉费心机的想法。没有自尊感而要获取到心灵财富，这是不可思议的。理想生活的光辉楷模，道德功勋的美，不应使人目眩眼昏，而应照亮他的道路，表明他生活的一切优点和不足之处"①。人们一般都倾向于接受与自己的原有认知结构相符合的信息，而对于与自己的原有认知结构不符合的信息，则往往会表示怀疑或拒绝。所以，人们总是较多地接受同一民族、区域、阶级、时代的英模，较多地选择在自己生活范围之内的，在自己认识和熟悉的生活领域以内的，与自己个性相似、特点相仿、价值观相近的榜样。英模人物要让人们接受、走进人们心里，必须与人们产生价值契合。如果受众与英模人物在价值取向方面差距较大、难以认同，就会转而寻找与自己价值契合、行为相容的其他先进人物为榜样。比如，在新中国成立后塑造的"铁人"形象，他们为了事业鞠躬尽瘁、死而后已；三过家门而不入、有父母子女而不管，这种类型的英模如今已不受当代青年人的广泛认同。英模人物是那些在各个领域具有突出贡献、具有强烈社会责任感，推动社会发展、获得社会公众广泛认同的典型人物。在当前社会转型和价值取向多元化的时代，我们塑造的英模应该立足于个体价值追求多元化的现实，要满足个体的价值追求和大众的心理需求，根据不同个体的价值追求选择和树立与之相适应的英模形象，拉近英模人物与大众的距离，以其不同的人物形象使不同层次、不同层面的公众产生价值仰慕、价值共鸣。

德国哲学家恩斯特·卡尔西曾说过，"只要人把自己局限在他的直接经验——观察事实的狭隘圈子里，真理就不可能被获得"②。在努力达到价值共鸣的同时，绝不能让英模人物陷入迎合或媚俗之中。迎合追求的是一种对受众静态的适应，引导追求的是一种动态的平衡；迎合也部分地包含了引导的成分，"对受众的需要应正确分析，如果无原

---

① 蔡汀：《走进苏霍姆林斯基》，教育科学出版社2007年版，第52页。
② [德] 恩斯特·卡尔西：《人论》，甘阳译，上海译文出版社1985年版，第265页。

则地予以迎合，就是媚俗"①。也就是说，英模人物不是普通群众中的庸俗一员，而是群众中政治觉悟高、表现好、实际贡献大的先进分子。英模人物的个性化强调每一个英模都具有个体差异，超越性强调每一个英模都必须体现出思想道德的先进性，服从并服务于统治阶级的思想道德建设目标，能够引领社会道德风气，值得社会推广和人们效仿。英模人物是主流社会借以诠释和弘扬主流精神的载体，绝不应该成为只追求流量、失去高度与深度的媚俗榜样；然而，英模人物的塑造在摒弃媚俗的基础上，也不应该让人望而却步，甚至高大得让人目眩眼昏，要让人们在价值共鸣的前提下产生价值仰慕，这样才能照亮人们的道路，为人们指明努力和改进的方向。

（三）常态长效，维持情感浓度

英模人物集英模形象、精神、品格、行为于一体，通过让人们接受价值信息和情感传递从而使人们受到激励，其间，到底是一种因素还是多种因素综合发挥作用，各种因素发挥作用的大小，很难轻易区分。但无论是何种因素发挥作用，都以触动情感、感化心灵和激发共鸣为路径，使人们产生趋同目标的意愿。与若干年前相比，当今时代的社会进程和生活节奏极快，伴随着科技的进步，整个社会处于瞬息万变之中。当代社会很难让人感受到一成不变的永恒。这种永恒动摇了、消失了，取而代之的是事物的"短暂性"。美国阿尔温·托夫勒在著名的《未来的冲击》一书中就曾把"短暂性"作为现代社会的重要特征。托夫勒甚至说："如果说加速是一种新的社会力量，那么，短暂性就是在心理上和它相辅相成的另一面，不理解短暂性在当代人的行为中，在我们所有关于个性的概念上以及心理学上所起的作用，就必然停留在现代以前的水平上。没有短暂性的概念，心理学就不可能准

---

① 郑兴东：《受众心理与传媒引导》，新华出版社2004年版，第191页。

第六章　新时代英模人物塑造的主要路径

确解释那些具有当代特点的现象。"① 而短暂性也体现于情感刺激的短暂性。

英模人物塑造要立体、鲜活、形象，有利于人们从英模身上看到自己未来渴望成为的样子，从而触动内心的情感，唤起内心的自我完善机制，激发内心的自我完善愿望。这种情感的加入使得英模的"灌输"和"强制"特征不再那么明显，其价值观念、行为标准等隐藏于人物身上，并借助英模言行来表达和显现。但是，这仍然是一种"潜隐的误导"和"潜然的控制"，虽然能触动人们的情感，从而成为触发人们行为转化的契机，然而其意义毕竟有限。英模塑造过程中，通过场所的氛围营造、舆论的造势、材料的打磨、形象的展现甚至画面、音乐的立体打造等，往往可以部分淡化英模的模塑和控制功能，使价值观和意识形态的传递显得隐性而含蓄，在这种情感刺激下，人们很容易受到教化和感召。然而，一旦这种情境消失，人们学习效仿的行为驱动力也就随之烟消云散了。所以，即便是英模塑造已经产生了所期望的理想效果，也有可能因呈现时间的长短而表现出"长期—本质性"转换和"短期—场景性"转换两种不同的范式。前者是人们在心理上确立了长期持久的转化，实现了个性品质的最终定型；后者则是带有场景性和应急性、即时性、偶发性的转化，离开特定的氛围和场景，人们又自觉或不自觉地回复到其原初的个性品质上来。"即便是人们主观上认同教育榜样，但仍有可能不产生所期望的学习效果，毕竟社会日趋多元，也容许人们对道德教化采取'应该'而非'必须'的选择。"② 因此，要用英模去影响、刺激人们的情感，那么英模人物的树立、宣传、推广、教育就绝不能搞"一阵风""一

---

① ［美］阿尔温·托尔勒:《未来的冲击》，孟广均等译，中国对外翻译出版公司1985年版，第17页。
② 白明亮、姚敏:《幽暗意识与榜样教育——一种道德教育的反思》，《南京师大学报》（社会科学版）2004年第2期。

· 251 ·

阵雨",刮过了就刮过了,下过了就下过了,而要重视长期效应;要持续稳定地实现英模"塑造—宣传—教育"的常态长效化,让英模文化的浸润无所不在,让人们的情感持续维持一定的浓度和水准,而不是"时有时无"。当然,追求情感绝不应"过量",这里有一个度的问题。"过量"的情感刺激,可能会引起反感,走向情感认同的反面。

三 目标设定:聚焦共振、以人为本、回应困惑

英模人物塑造应该坚持从经济社会发展的实际情况出发,从民众的实际需要和自觉愿望出发,根据不同时代的特点和民众发展的要求设定目标,聚焦现代形象特质建立英模人物的动态推送及调整机制。

(一)聚焦社会变迁共振

英模随着时代的发展而产生、变化和发展,任何英模都只能属于产生他的那个时代。随着时代的变迁,人们的价值观和行为方式必然发生变化,社会发展对英模的需求也会发生变化。英模人物如果脱离了具体的时代背景和社会环境,与社会发展需要脱节,那么就会失去社会意义,发挥不了应有的功能作用。党的十九大报告指出,新时代我国的主要矛盾是人民日益增长的美好生活需要和不平衡不充分的发展之间的矛盾。新时代社会主要矛盾的变化对当前道德建设提出了新要求,反映在意识形态和公民道德建设领域,就是面对当前社会意识形态斗争交织、舆论引导难度增大的现状,要做好立根塑魂、正本清源,加强对道德领域热点问题的整治与引导。英模的塑造也要与时俱进,围绕重点,着力于"在强化社会责任、生态文明、国家安全等精神上要有新的境界""从而为政治稳定、经济发展、民族团结、人民幸福、社会安宁、国家统一以及国家治理体系和治理能力现代化提供深

厚的道德支撑"。①

人类认识世界、改造世界的过程，就是一个发现问题、解决问题的过程。树立"问题意识"要求我们首先要善于发现问题、正视问题，并且针对问题，有意识地思考问题、解决问题。塑造英模人物必须坚持问题意识，将英模塑造与社会变迁结合起来。在理性分析误区、矛盾、偏差的前提下，抓住当下问题严峻的焦点、热点，鲜明地树立正确的价值导向，有力地回应现实问题。比如，传统中国社会缺乏较为清晰界定的公私场域观念和法律制度安排，由于人际交往中公共伦理观念的缺失，公众对何者为公、何者为私以及自己和他人的权利意识界定相当含糊。所以，一方面，"需要从传统道德文化资源中去发掘具有现代价值的内容，整合到现代社会所需要的价值体系中；另一方面，由于现代社会公共生活的广阔与复杂性，需要不断整合其他许多价值，组成一个能应对现代生活的价值系统"②。当代英模塑造在目标设定上，必须体现和弘扬社会主义核心价值观，这是属于当代社会的现代价值观念。但是这个"体现"和"弘扬"必须适应中国社会的现代性转型，使英模人物能够以适度的张力保持与社会的同频共振，即英模的塑造应该体现强烈的时代意识，紧扣时代节拍，紧扣重大节点，呼应时代的重大选题，响应时代的迫切呼唤。

(二) 坚持人民中心导向

党的十九大报告把坚持以人民为中心作为新时代坚持和发展中国特色社会主义的重要内容。习近平强调，"新时代中国特色社会主义思想，必须坚持以人民为中心的发展思想""人民是历史的创造者，是决

---

① 李明：《新时代加强公民道德建设意义重大》，《经济日报》2019年11月8日第8版。
② 廖加林：《论公共道德与积极性的公民行为》，《伦理学研究》2013年第4期。

定党和国家前途命运的根本力量"。① 唯物史观认为，人民群众是历史的主体，是推动社会发展进步的决定力量。英模塑造的目标是"现实的人"，必须"以人民为中心"，以符合人民的实际和需要为本。作为习近平新时代中国特色社会主义思想的组成部分，习近平在关于英雄的重要论述中，阐述了"英雄来自时代即来自人民""英雄对时代的作用统一于人民性"的问题。② 如前所述，英模的真实化包括几层意思。一是人物的真实、事件的真实和细节的真实；二是英模之所以立得住，其根源在于目标定位的真实。俄罗斯思想家别尔嘉耶夫提出，"人的主要渴望不是对幸福的渴望，也不是对顺从和服从的渴望，而是对自由的渴望，对自我成长和自我实现的渴望，哪怕是接受痛苦，而不是接受幸福的途径，哪怕是通过反抗和起义的途径"③。传统英模塑造比较注重突出社会政治调控功能，旨在节制个人利益以服从社会集体利益。新时代的英模塑造目标定位要坚持以人民为中心；"以人民为中心"意味着面向人所在的现实生活，紧贴"人性""人气"来组织、挖掘和宣传人物形象的内涵。"正是社会主义意识形态本质与人民利益的一致性，使之才能够实现大众认同"④，将目标定位于培育有思想道德、有社会责任感、人格完善的良好公民，让人们能够看到通过学习借鉴，人人都可以实现自我完善、成就自我价值。

当榜样身上具有当时青年所期待的特质时，榜样就会成为青年人心中的英雄。据有关调查，"青年人对在生活高压下保持积极向上心

---

① 习近平：《决胜全面建成小康社会 夺取新时代中国特色社会主义伟大胜利——在中国共产党第十九次全国代表大会上的报告》，人民出版社2017年版，第21页。
② 李昂、李晓元：《习近平总书记关于英雄重要论述的产生逻辑、科学内涵和原创性贡献》，《重庆大学学报》（社会科学版）2022年第2期。
③ ［俄］别尔嘉耶夫：《论人的使命》，张百春译，学林出版社2001年版，第52页。
④ 任志锋：《当代中国社会主义意识形态主导性研究》，中国书籍出版社2015年版，第78页。

态，努力获取成功的人物投射了最大情感，最希望在他们身上获得重新恢复自己心理平衡、找到希望的力量"①。一方面，英模塑造要以实现中国梦的共同理想将不同层面群众的愿望有机地结合在一起，使主流价值规范与普通人的期待需求相联结，从而得到绝大多数民众的认可；另一方面，英模形象塑造要着力构架社会主义意识形态与人民大众之间情感认同的桥梁，通过建构执政党与人民群众的情感通道，从而鼓励受教育者正确实现社会利益和个体利益的"双赢"。

  针对当前英模人物塑造中存在的"标准底线后退"的问题，要尤其注意区别"应然"行为和"实然"行为、"合乎"道德和"出乎"道德之间的关系。"应然"行为就是作为一个公民按照理想道德价值所应该承担的作为，"实然"行为就是实际上做到的行为和达到的效果，比如，公共场所遵守秩序，立足本职认真工作，等等。"实然"行为往往对应着"合乎"的道德，即作为一个人应该遵从的基本道德和实际达到的水准；"应然"行为往往对应着"出乎"的道德，即超越了普通人正常情况下所能做到和达到的德性和善。黑格尔指出"人有权把他的需要作为他的目的"②。"人所进行的任何一种意志活动，他的任何一种追求也是对幸福的追求。"③ 在英模塑造中，应该意识到，道德的本质是一种自我需要的满足。通过英模去达到寻求社会共识、凝聚人心、弘扬社会主旋律的目的，更应着重引导人们实现"自我满足"和"需要满足"，把道德追求建立在个体需要满足的基础上。如果对遵守规则的基本价值标准进行过度弘扬，就意味着我们正在不断退后和拉低英模的塑造标准，英模的"先进性"和"超越性"便会荡然无存。

---

① 周晨：《新时代青年的英雄观：现状、特征及其影响因素》，《探索》2020 年第 3 期。
② ［德］黑格尔：《法哲学原理》，张企泰译，商务印书馆 1995 年版，第 168 页。
③ ［德］费尔巴哈：《幸福论》，汪耀山译，商务印书馆 1984 年版，第 78 页。

（三）回应现实生活困惑

当前，我国社会进入了急剧转型时期，民众存在较为普遍的"失衡心理、迷惘心理、浮躁心理、焦虑心理、功利心理"[①]，具体表现为群体收入差距拉大、贫富悬殊，人们价值选择的困惑、归属感的缺失，急功近利、信念发生危机，重金钱轻道德、重权利轻义务，等等。同时，人们也面临着诸多亟待解决的人生困境，如买房压力、生存压力、求职压力、学业压力、入托压力、职称压力、人际关系的紧张……怎么办？如何面对？如何才能不浮躁、不焦虑？亚当·斯密说，"当我们考虑任何个人的品质时，我们要从两个不同的角度来考察它：第一是它对那个人自己的幸福所能产生的影响；第二是它对其他人的幸福所能产生的影响"[②]。当代人的现实困惑和雷锋的时代、张海迪的时代已大不相同。随着时代的发展，英模人物的价值内涵也应与时俱进。市场经济的趋利性，社会结构的多元化和利益分配的不平衡，造成许多社会矛盾和不稳定因素，绕开这些矛盾空泛开展英模宣传教育是无用的；英模人物体现的价值和选择，应该有助于人们应对现实困惑，这样的英模形象才具有生命力。

比如，现代社会的重要特征之一是公共空间和公共领域的扩大化。然而，当代社会中，对公共利益或陌生人的存在，普遍感觉较为模糊；在社会共同空间中，经常出现为增进自己利益而利用公共资源或损害陌生人利益的情况。公共价值与人类命运共同体的构建，是中国特色社会主义进入新时代面对的重大理论和现实问题。社会主义核心价值观包括了社会公德、职业道德、家庭美德、个人品德等"四德"，其中"公德"的核心内涵就是公民在日常生活中应该避免损害公众集体利益

[①] 张骥：《马克思主义意识形态引领多样化社会思潮若干问题研究》，人民出版社2013年版，第399—401页。

[②] ［德］亚当·斯密：《道德情操论》，蒋自强译，商务印书馆1997年版，第271页。

以及其他个别社会成员的权益。因此，我们在宣传英模精神、宣传英模人物事迹的同时，也要注意对英模身上避免损害公众集体利益以及其他个别社会成员的权益的那部分行为的弘扬，挖掘英模身上对人的普遍的尊重、善待陌生人、注重平等契约的精神。而这，却是当代英模塑造缺失的一个重要内容。我们现在所在的是一个陌生人社会，每天面对的几乎都是陌生人。从思想资源来看，中国人的"善"一般只限于"熟人""自己人"（乡土中国），对陌生人缺乏尊重，甚至对伤害陌生人感到漠然，而今天的中国，满大街都是"陌生人"。今天习近平提出的"人类命运共同体"，地球上的所有人都是同胞，都是"自己人"，所以都值得善待。因此，当下英模塑造应侧重于对"陌生人"的善的弘扬，给处在浮躁戾气中的人们，指引人生的方向。正如我们所说，没有无缘无故的爱也没有无缘无故的恨。英模形象的塑造更应该强调"无缘无故的爱"、对陌生人的爱和公共领域的善。比如女大学生丁慧，在火车站给一个陌生老大爷进行心肺复苏、人工呼吸，这就是"陌生人社会"中对陌生人的不求回报的善意。如何发扬中国人心中的点滴善意并光大之？我们每个人都渴望友爱的环境，渴望别人予以我们友善，然而面对一些选择的时候，我们又产生了迟疑。英模的力量就是润物细无声，平时不自知，但是在某时某刻，或者在人们面临选择的某个瞬间，将人们心里的涓滴善流引出来，指引人们的行为，让人们达到"知行合一"。

此外，由于社会、历史及文化等各方面原因，每个人的道德水准各不相同，这就决定了在明确英模人物塑造目标定位时，要从不同年龄、不同生活环境、不同性格类型等方面进行综合考虑，做到人物塑造的广泛性。要根据受众思想层次的不同，有针对性地塑造不同的英模人物，对英模做不同层次的目标定位，最终形成饱满鲜明的"形象包裹"，并根据不同层次的目标来衡量和评判实际的英模人物塑造效果。如果塑造的英模类型层次单一、形象相似、特点相仿，就难以满足人们的需求，就难以激发人们学习的动力。这里，尤其要注意两个问题。第一，要注意防止英模塑造的功利化和伪善化，这是英模形象异化的基本表现。英模塑造一定要尊重事实，切忌添油加醋"编故事"，不让溢美之词泛滥，使其流于低俗之境。树立英模人物应注重动机的纯洁，毕竟，英模要受到大家的认可才能唤起人们内心的纯洁情感，如果动机不纯，比如有功利化倾向，那么"英模"所宣扬的道德就成了一种伪善。第二，要注意英模塑造的广泛化不等于英模的泛化，解决好英模数量是"多"好还是"少"好的问题。这是一个偶像泛化的时代。英模塑造的广泛性强调英模来自人民群众，要体现不同层面、不同类型、不同行业、不同方面的人群的特点，以多样化的类型充分满足多样化的受众需要，使不同层面的受众在遇到相似问题和选择困难时有榜样引路。但是，英模人物首要的是先进性，英模塑造绝不能搞泛滥化，更不能把不应该成为英模的人推举为英模，拉低英模塑造的价值底线。多样性、广泛化是为了更好地服务于英模塑造的目标设定，绝不是对人物道德标准的拉低和质量的削弱。

第二节 科学的选树方式是英模人物塑造的核心环节

英模选树是英模人物塑造的重要步骤。在明确英模人物塑造的目标理念的基础上，应从优化设计选树过程、正确阐释形象内涵、策略运用传播方式三个方面，提升英模人物的感召力、公信力，这是英模人物塑造的核心环节。

一 优化设计选树过程

英模人物的选树包括选树流程的规划、选树标准的制定、选树

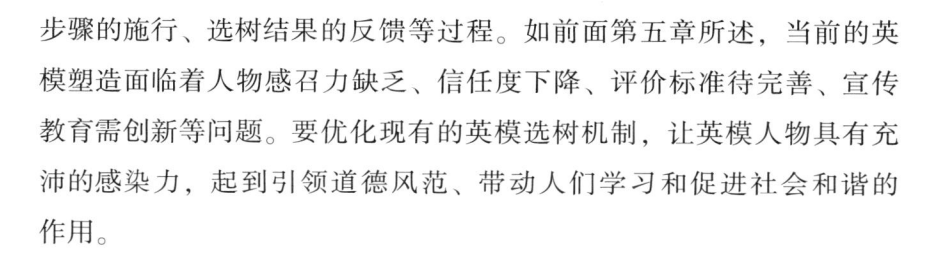

步骤的施行、选树结果的反馈等过程。如前面第五章所述,当前的英模塑造面临着人物感召力缺乏、信任度下降、评价标准待完善、宣传教育需创新等问题。要优化现有的英模选树机制,让英模人物具有充沛的感染力,起到引领道德风范、带动人们学习和促进社会和谐的作用。

(一) 优化发现机制

分层分类建立英模的人选资源库。据了解,在国外有影响力的一些人选评选,比如《福布斯》名人榜、《商业周刊》最佳公司与最佳雇主榜、《财富》人物榜等,之所以在人们心中,乃至全球久盛不衰,除了媒体本身的强大之外,还有一个重要原因,即这些评选都有着强大的智慧支撑——由专门设置人物榜单的"研究小组"进行资讯搜集、人物分析、影响力评估、公众态度走向调查等专业化工作,给予了评选榜样极大的智力支持。

英模的选树过程中,单向度的自上而下或者自下而上的方式,都容易片面突出英模的某一项性质,忽视英模的整体性和全面性。如果仅依赖自下而上的方式,虽然保证了英模的群众基础和真实度,却限制了榜样的广泛影响力;同样,如果仅依赖自上而下的方式,虽然保证了英模的权威性,却容易脱离群众。可以通过组织推荐、群众举荐、媒体发现等形式收集各类先进典型,建立人物资源库,采用信息化方式存储,运用专业化方式对人物库进行分析、更新、跟踪培养,形成全程培育、适时推出的长效机制。同时,可尝试调整现有的评选机制,如更多地采用群众(网民)发现—媒体报道—上级部门介入,或者媒体发现—群众(网民)互动—上级部门介入等形式,改变以往的政治化、权威化的灌输式教育模式。同时,根据不同类型的英模人物制订评选要求,细化入围条件,将参评人物的道德、素质、能力、业务、贡献等项目要求进行预设和推荐,或预设一票否决的筛选

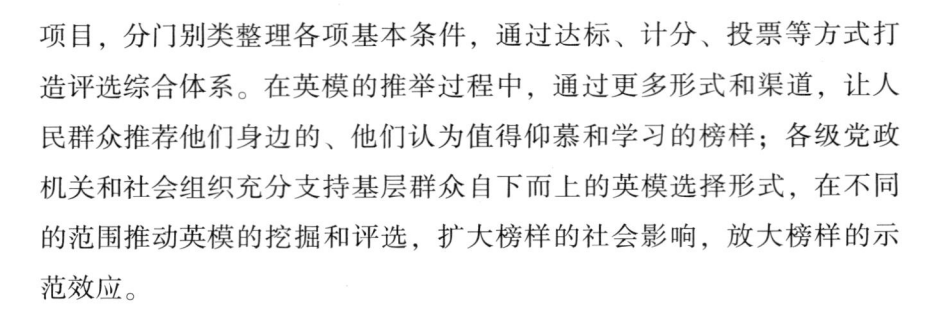

项目，分门别类整理各项基本条件，通过达标、计分、投票等方式打造评选综合体系。在英模的推举过程中，通过更多形式和渠道，让人民群众推荐他们身边的、他们认为值得仰慕和学习的榜样；各级党政机关和社会组织充分支持基层群众自下而上的英模选择形式，在不同的范围推动英模的挖掘和评选，扩大榜样的社会影响，放大榜样的示范效应。

（二）优化评选机制

一般情况下，经过初步的评选推荐，已经产生数量较大的候选群体，这些人物在思想、品质、行为上已具备了一定的先进性。将这些普通人转变为英模人物，需要建立和优化相应的遴选、考察、反馈、公示、审查机制。群众对英模的质疑很大程度上来自选评过程的不公开、不透明。提高英模人物的公信力和影响力，最关键的是在选树环节保障群众的知情权、选择权和监督权。在选树过程中，要坚持公平、公正、公开的原则，突出"群众评"与"评群众""群众学"与"学群众"。当前，英模人物的评选过程基本做到了民主，按照评选层次和要求分别在单位、省和全国范围等不同层面进行公示，有些公式结果还刊登在主流媒体的报刊以及政府和部门网站等。然而，仅仅这样是不够的，还要通过制度化和规范化的规章制定，确保考察、选树、宣传、表彰等各环节都置于群众眼皮之下，让群众评议、公众投票等成为必要程序和考量因素，以确保英模的群众认同基础。

由于网络投票突破了人们参与榜样评选的时空局限性，也使民意数据处理更加便捷，所以当前英模选树过程中最典型的民意形式之一便是网络投票。但是网络是一把双刃剑，由于网络的隐蔽性和潜藏的技术安全问题，采用网络票选方式时，极易出现"盲目投票造成的非理性民意陷阱""行政拉票造成的被动民意陷阱""恶意刷票造成的虚假民意陷阱""利用人脉拉票造成的虚幻民意陷阱"等问题，使得网络民意背离了真实民意。① 因此，在开展英模人物的网络投票时，如何严格制度、改善技术，需要在评选机制的设定上再花工夫，规避公众投票的盲目性。

（三）优化监督机制

以谨慎科学的态度健全完善监督机制，把英模选树全过程纳入主动监督范畴。通过实地调研、走访、民主测评等形式，通过设立热线、信箱、论坛等形式，多渠道核实英模人物的事迹和群众的口碑，对有可能引起争议的英模人物进行反复核实和甄别，杜绝英模推举过程中的功利因素和其他不良干扰，确保在社会和公众的监督之下，选树出的英模人物经得起历史检验。

既要完善英模评选表彰机制、礼遇帮扶机制，又要完善英模的动态管理机制和日常退出机制。设立一段时间（比如两年），对获得英模称号的人物进行复验，根据需要，联动工商、公安、纪检、监察、税务、法院等部门，对英模进行全方位动态监督把关。一方面强化对英模的礼遇帮扶、尊重关怀，在赋予英模荣誉认定的同时，进一步激发其提高自律意识、珍惜荣誉称号；另一方面，对产生负面影响或名不属实、榜样意识弱、群众口碑差、经不起检验的英模收回荣誉称号，采取约谈、警示教育等，并进行一定范围的通报。同时，按照"谁推荐、谁审核、谁负责"和属地管理的原则，对该英模的评选主导机构、推荐审核机构予以惩戒，以儆效尤。

二 正确阐释形象内涵

发现和选树英模仅仅是第一步，关键在于阐释、宣传和引导。这是一个展示英模形象、传播英模事迹、辐射英模魅力的过程，是一个

---

① 李蕊：《当前榜样认同提升问题研究》，中共中央党校，博士学位论文，2017年。

促使社会公众认识英模和接受英模的过程。

(一) 提炼精华, 重点突出"点睛之处"

英模人物树立后, 面对海量的榜样素材和信息, 宣传教育需要准确定位、化繁为简、提炼精华、突出重点, 对英模人物的海量信息进行收集整理、分析筛选, 甄选出代表性事迹, 挖掘英模的优秀品格, 提炼英模的精神价值。从宣传角度来看, 宣传报道应有"点睛之处", 要注意挖掘英模身上最可贵的精神和行为, 找准闪亮点, 突出最打动人的特质, 力戒对英模各方面的优点面面俱到、平铺直叙。注重用细节突出人物的特性, 善于展现英模的鲜明个性, 用生动的故事表现人物精髓、凸显英模本色、打动受众心灵。特别要注意, 绝不能为了吸引眼球去刻意探寻英模生活方面的点点滴滴, 不能热衷于事迹外的插曲、花絮, 用花哨的形容词去堆积描述, 避免对人的泛道德化批判, "使人们自觉或不自觉地用道德苛求的理念去衡量道德榜样, 从而强化对英模人物的道德苛求的印记"[①]。

要善于把零散的、琐碎的甚至不起眼的英模素材整合在一起, 寻找一个最能体现人物个性、主题, 或者有利于推进事件、使主题挖掘更有深度的切入点 (可以是一句话、一个日常习惯、一个动作、一个场景等)。通过切入点可以设置恰当的典型情境, 有效地隐蔽宣传动机, 以情动人、以理服人, 有效组织起事件的进序, 激发人们了解英模的兴趣, 诱发公众认同、崇敬和学习的主观意愿。在英模人物形象的阐释上, 可以从不同视角出发进行多维阐述, 比如全知视角、限知视角、纯客观视角等, 还有家人的视角、同事的视角、邻居的视角等, 使英模人物更具立体感, 让公众更全面地了解英模的血肉和灵魂, 增强感染力和可信度。

[①] 彭怀祖:《论道德模范和道德苛求的消解——以提升榜样效应为视角》,《伦理学研究》2013 年第 2 期。

（二）突出描摹，生动展示动态轨迹

如果只宣传英模人物如何高尚伟大，却避而不谈英模人物的成长轨迹，即他是如何变得高大的，促使他做出高尚道德选择的原因是什么，那么，这样的宣传显然难以让人理解接受。在宣传报道中，应该着眼于英模的成长过程，即英模之所以从"普通人"演变为"先进人物"的心路历程和成长节点，以故事形式将英模人物的精神风貌、真实轨迹立体化地呈现在世人面前，从而给人以生命的启发。

按新闻创作归类，对英模人物的报道属于典型化报道。"典型化的过程既是一个'萃取'过程，又是一个'还原'过程，从生活中'萃取'人物的典型特征，然后在宣传报道中将其'还原'为血肉丰满的这一个'人'。"[①] 对英模人物成长的探索，即把英模人物的产生视为一个积累、渐进到释放的动态过程而非一个结果。将英模是何以成为先进典型、他们的成长历程及他们在面对矛盾、困难时的态度等清楚地展现给社会大众，展示他们的内心觉醒、内心冲突和最终选择的过程，会使英模人物更容易被理解，并使曾与其有相同处境的民众产生共鸣。有时候描摹一个好的细节，胜过千言万语的表述，打动人心的往往是英模言行的某个片段、某个细节、某个举动或是某个表情。可以一环扣一环，设置小的悬念，通过英模的前后对比表现他的思想行为变化，使观众随着人物的命运或悲或喜、或泪或笑。细节运用得好，形象就丰满，事件就更生动，故事就更有感染力。有些英模的故事本来就扣人心弦，充满冲突和戏剧性，是一座"富矿"，用还原最本真、最纯粹的真实情节来展现英模的内心世界、立起英模的人物形象，可以不断缩小英模的思想行为与普通大众的距离，带给人们深深的震撼。同时，要善于在平凡人身边的凡人小事上看到不平凡之处，挖掘美好

---

① 李跃森：《新时代英模剧的典型形象塑造》，《中国文艺评论》2020 年第 6 期。

动人的人性瞬间，用这些微光点亮普通人的生活、照亮平凡人的前进之路。

（三）转换范式，话语表达贴近生活

习近平强调，"平凡铸就伟大，英雄来自人民"①。要研究不同受众的社会心理和价值观，力求所塑造的英模人物对各个层面的人群都具有丰富的可选择性。在话语体系建设上，尽量使用平民化、接地气的话语体系进行表达，多用老百姓能广泛接受的常用语，善用老百姓的口头语，少用概括性的、呆板乏味的叙述语言，尽量消除传统宣传语言中的"八股味"，变"说教""驯化"为"引导"，使话语朴素客观、生动通俗，实现审美性的"移情"。在叙事上要把政治叙事与公众叙事巧妙融合，在议题设置上用"平行议程"代替"垂直议程"，使用平民主义话语策略来挖掘英模的"感动点"，并使这种"感动点"实现自然传播并自主复制。

概括性的叙述往往容易削弱大众的带入感和现场感。比如，在我们讲述国学大师陈寅恪先生的故事时，有两种表达话语。一种是说"先生35岁时依然孤身一人，从哈佛大学转赴柏林大学继续求学"；另一种是"先生在35岁时，毅然决定从哈佛大学转赴柏林大学继续求学，好像想不起来结婚"。两种话语体系表达出的效果完全不同，前一种感觉是把陈寅恪先生作为一个研究和叙述对象，后一种让他成为一个被理解的、生动的人，让陈寅恪先生的形象一下子亲切起来。甚至，"让那些从未怀疑过自身按部就班的生活轨迹的人，也一下可以猛然观望到原来高高在上的大师级人物的另一面，窥见另一种超越平凡生活的可能性，从而获得回望自身、回味意见的契机"②。尤其是，在宣传教育过程中，要切忌狂风暴雨式的大规模集中轰炸，这样很容易让人

---

① 《国家主席习近平发表二〇二一年新年贺词》，《人民日报》2021年1月1日第1版。
② 张贝拉：《当代榜样塑造的叙事转型》，《江汉论坛》2013年第5期。

们,即使是原来认可英模精神的人产生反感心理,从而表现为对相关信息不予理睬,甚至产生排斥。要有意识地注意对英模信息流量的控制,结合受众心理分析和需求,着力于慢慢渗透。

三 策略运用传播方式

当前,舆论环境、媒体格局和传播方式正发生深刻变化。传媒媒体的生存面临巨大挑战,以大数据、5G、云计算、物联网和人工智能等技术引发的新一轮产业变革和科技革命,深刻地改变了原有的信息传播方式。当下,已经进入了全媒体时代。全媒体时代如何高效利用多种宣传手段和媒体介质塑造英模形象,是英模人物塑造的关键环节。

(一) 有效谋划传播策略

据全国道德模范认知度的调研,"大学生对全国道德模范人物事迹的知晓情况并不理想;对道德模范了解越深入,其道德认知水平越高、道德意愿越强烈、道德践行状况越好"[1]。这说明宣传教育对于提高民众道德水平具有重要意义。长期以来,党和政府探索出了一套好的宣传教育方法,需要我们进一步坚持、巩固和发扬。比如,权威机构组织的事迹报告团、座谈、展览、纪念建筑物建造、刊物汇编、教材丛书、日记发布、文艺再现、公益广告等形式,以英模命名的公路、桥梁、街道、广场、公园等,取得了良好的正面宣传教育效果。

当前,媒体具备强大的"塑型"功能并在媒介功能版图上占据着重要地位。媒体树立的人物形象往往对社会发挥规范、标杆和参照作用,有利于为现代人格塑造提供"原型"和动力,从而促进现实社会改造和理想社会构建。伴随着当代影视媒体、数字化技术和互联网通

---

[1] 沈仕海、王迎迎:《大学生对全国道德模范的了解情况》,《道德与文明》2016年第6期。

信技术的快速发展，意识形态的传播方式正从以抽象文字（理性概念推论）为主要媒介转变成以形象读图（感性免征形式）为主，媒体形态聚合为平台化的运作模式，媒体内容呈现出视听化的主流表达。英模宣传必须强化多样化的展示、多介质的推送，综合运用影视媒体、数字化技术和互联网通信技术、仪式象征、社会活动等多种形式，顺应全媒体规律，一体策划，多元发布，增强英模的感召力、影响力。需要对原有的传统模式做进一步调整，搭建媒体与受众的互动、平等交流平台，设置议题、把握节奏，通过现场互动、专栏互动、深度访谈、电话互动、线上互动等方式，通过源源不断的内容供给，让该热的英模人物热起来，该说的英模精神说到位。将消息报道与深度报道结合，一次报道与跟踪报道结合，注重"细雨绵绵""润物无声"，切忌"密集战术"后偃旗息鼓、烟消云散。加强媒体与大众、英模与大众之间的互动，实现与英模接触"零距离"，直接收集大家对英模的感想、评论，让大众参与到榜样人物事件中来。

当前，日益凸显的一个矛盾是，受众注意力的有限性与信息资源的无限性，造成了受众对信息超载的沉重压力。由此，选择简单明了的信息成为受众获得信息的一种便捷方式。一个长时间广播的节目（比如 CCTV 感动中国年度人物），很容易形成一种固定的传播模式，比如固定的主持人、固定的流程、固定的内容、固定的话语方式等，都可能会逐渐失去受众的注意力资源，弱化受众的注意力分布，从而失去传播的魅力。对于一个经过长期传播、拥有相当知名度的评选活动来说，不断改革、力争出游，可能是一个重要而艰难的问题。

（二）发挥媒体传播优势

当前，我们已进入"全媒体时代"和"媒体融合发展时代"，过去传统媒体曾经掌控的"舆论主场"成为众多跨界者涌入的"舆论广场",越来越多的用户已习惯于通过"两微一抖"、网站等新媒体获取信息。"新媒体"已走过萌芽期及发育期,快捷方便、发布灵活的QQ群、微信、抖音、微博、博客、短视频、网络论坛等,正不断彰显新媒体所具有的资源丰富、信息量大、形式多元、传输快捷和覆盖面广、互动性强等优势,"使思想政治教育更广泛、更深入;使信息传播者和受众之间的互动更快捷、更有效。新媒体使思想政治教育真正具有了全民性"[1]。与传统媒体相比,新媒体的优势在于循环播放、更新速度快、成本低,面向更加细分的受众个体,取消了传播者与接受者之间的边界,受众可以接受信息也可以发布信息,受众与传播者具有主客二体的双重身份;同时信息发布没有时间限制,信息表现内容丰富多样并可以做到适时的、无限的扩展,是一种"受众主导型"和"多点对多点型"媒体。

利用新媒体的多样化形式和广泛传播优势,可以提高英模宣传的实效性和吸引力。第一,要根据新媒体的快速阅读特点,提炼出最能反映英模人物精神境界和道德行为的关键词,把最重要、最吸引人的信息重置在短短的导语里,以提高关注度。第二,要充分利用新媒体的自主传播优势,及时捕捉最生动、最鲜活的英模信息,包括短视频、声音、文字、图像、视频、表情包等,趁着前期英模宣传的热点,实时进行信息更新,不断增加英模宣传的时效性,持续强化宣传效果。比如,抓住当下年轻人对便捷的追求,利用短视频这个当下突出创新的产物,利用1—2分钟的碎片时间让人们观看并产生兴趣,同时及时更新内容和表达以引发新鲜感,取消强制灌输的过程,充分迎合人们自主时间的需求,让人们的目的性选择性和主动性更强。第三,利用大数据,在对互联网上的个体进行精准数字画像的基础上,开展有效

---

[1] 宗晶:《大众传播载体的思想政治教育功能实现基于对道德模范典型宣传的理性思考》,《兰州交通大学学报》2011年第5期。

的用户数据分析。发挥新媒体的快速传播优势，努力做到推送人群的精准化和传播的分众化、差异化，满足不同用户群体在获取内容时的多样化需求，从而有效实现传播意图。第四，积极推动传统媒体与新媒体的融合发展，使传统媒体和新媒体优势互补、齐抓发力，把同一个主题的内容做成不同形式的产品，综合运用图表、图文、音视频、动漫、H5、VR全景互动等形式，实现内容产品从可读到可视、从静态到动态、从一维到多维的升级融合，满足多终端传播和多种体验的要求，从而达到受众皆宜的传播效果，唤醒人们心中对真善美的渴望。当然，一些自媒体平台为趋利，在录制时往往容易主观化和片面化，因此，要加强网络引导和监督，避免肤浅的、单纯以观点博眼球的自媒体解读，注重在深度上做策划。

（三）把握传播时机方法

善于从传播平台的运行规律中有效利用时机，打造内容丰富、表现生动的英模宣传载体。比如，制作英模的卡通化人物形象并应用于物品，尝试以英模作为主题创作动漫作品，减少低俗的影视作品，多拍像《我和我的祖国》这样塑造新时代英模人物的影视作品，加大对娱乐产业的监管和治理。同时，在社会人文设施、人文景观、公用设施等打上英模符号与烙印，使人们以物动情、以物生情，在日用而不知、日用而不觉中受到熏陶和感染。2020年年初暴发的新冠肺炎疫情抗疫中，就涌现了一大批"00后""90后"的英模，他们有的是医护人员，有的是外卖小哥，有的是餐馆老板，他们代表了新一代青年人的行动逻辑——看似不关心政治，但在大是大非面前挺身而出；看似淡化理想，但不耽于为失去理想而迷茫，而是积极努力用劳动获取财富和人生价值；他们讲究个性，但在关键时刻却能迎难而上、勇挑重担。在当时新闻媒体的报道中，适时加入了很多新的流行元素，比如，他们在医护服上"比心"的动作，一位医护姑娘说"我的心愿是找个男朋友,和他一起去看一场蔡徐坤的演唱会""我想多陪陪家人和孩子""我希望12个小伙伴能同一天放假,我们相约去欢乐谷",等等,还有的制作了抗疫表情包上线。这是对当代青年价值观与社会主导价值取向的人性化契合和生活化展示。

在媒介技术高速迭代的背景下,单一的英模宣传模式容易让公众望而却步,因此,针对不同的英模人物应采取多样化的模式进行推广,切忌对每个英模人物的宣传都是"老套路"。比如,采用组合模式。运用多种宣传样式,专栏、专题、视频、系列报道、追踪报道,采用动态思维,对英模的形象和内涵进行组合、"包装",循序渐进地推进、跟进和展示英模形象。不应进行"地毯式轰炸",而是有组织、有线条地逐步深入,探究英模的故事、英模的精神,多视角多角度地挖掘英模人物的亮点,调动受众的接受情绪。还可以采用实录的方式,运用短视频,利用英模所在的现场特定环境和氛围去感染公众,以某种"纪实"或者"还原"的形式,通过时空的转换、场景的转换去影响公众的心理,尽量缩短英模与公众的距离,让公众产生"如果是我,我会怎么做"的探究心理,让公众触摸到真实的英模形象、体会到真实的事件过程,勾起他们强烈的了解欲望。同时,利用重大突发事件后人们的情感认知还处于"热度未减"的时机,尽量"趁热打铁"进行宣传教育,往往能起到重温、加热和深化的效果。

第三节 良好的成长环境是英模人物塑造的必备保障

马克思指出,"只有在共同体中,个人才能获得全面发展其才能的手段,也就是说,只有在共同体中才可能有个人自由""在真正的共同体的条件下，各个人在自己的联合中并通过这种联合获得自己的自由"。①英模不是凭空产生的，英模的成长和杰出精神气质养成需要一定的社会环境和土壤。从一种价值观的传递到让人们普遍认同，这个过程的长短取决于价值观本身的科学与先进性，是否顺应了时代需要；核心价值观的具体政策及其实际成效是否能使民众切身感知其价值导向；维护核心价值观的制度安排是否能够提供有效激励和约束。② 塑造英模人物必须营造良好氛围，在社会环境、道德建设、物质生活以及后续成长方面对英模给予更多关注、投入更多精力、解决更多困难、施予更大支持，充分重视、合理运用各种有利于英模成长的社会资源，形成助推英模成长的合力。

一 弘扬社会清风正气

环境对人的行为有着重要影响。社会环境是英模成长的重要介体要素，包括政治、经济、文化、信息等因素。英模的成长，需要以柔性引领的道德环境与刚性保障的制度机制共同建设的外部社会环境。

（一）建立科学的道德制度环境

美国政治学家约翰·罗尔斯在《正义论》中提出"正义是社会制度的首要价值"③。行为正义是一个社会所推崇的德性，而正义的主要依据是社会的基础结构，其中制度正义具有核心地位，"制度道德环境的建构依托于制度伦理的建设，社会法制建设是制度道德环境建设的前提，管理制度建设是制度道德环境建设的有效支持，道德教

---

① 《马克思恩格斯文集》第1卷，人民出版社2009年版，第571页。
② 参见孟宪东、周文华、严宗泽《马克思主义基本原理研究》，光明日报出版社2013年版，第157页。
③ [美] 约翰·罗尔斯：《正义论》，何怀宏译，中国社会科学出版社1988年版，第5页。

育制度化、规范化是制度道德环境建设的重要途径，可以促进道德发展、克服道德失范等现象，创建良好道德氛围"[①]。从国家层面，要以制度和法律作为保障，以公平为原则进行制度安排和顶层设计。完善民主权利保障制度，巩固人民当家作主的政治地位；完善法律制度，健全保障公平正义的法治基础；完善司法体制，实现法律公平和程序正义；完善公共财政制度，实现基本公共服务均等化社会共享目标；完善收入分配制度，规范收入分配秩序，实现分配正义；完善社会保障制度，满足人民群众的生活保障和特殊群体的特殊需求。通过构建社会公正多元体系，促进资源的公平分配，其中包括消费资源在个体间的公平分配、公共资源和公共服务的公平分配、自然资源的代际公平、社会福利在特殊个体间的公平分配。实现机会公平，任何人都不应该拥有除本人天赋和后天自身条件以外的特权；实现过程公平，任何人参与的社会活动都应该按照规则所确定的程序进行，过程公开透明，杜绝任何违规的暗箱操作；实现结果公平，在机会公平和过程公平的前提下，通过制度安排促进和保障全体人民共享社会改革发展进步成果。

民无信不立，政无信不兴。要提高公众的接受度和社会沟通成效，就要设法增进公众对决策者的信任，树立决策者的权威。斯洛维奇等人（Slovic, et al.）的研究表明，缺乏信任是风险管理失败的主要原因；卢曼（Luhmann）、塞利格曼（Seligman）和弗鲁尔等人（Frewer, et al.）的研究表明，信任与风险认知密切相关。政府及相关机构只有赢得公众的信任，才能获得预期的社会沟通效果。公开信息，坦诚交流，信守承诺都是赢得公众信任的有效手段。任何制度的贯彻，都必须坚持诚实守信原则，制定制度的政府部门和管理部门应该信守对公众的承诺，取信于民，防止朝令夕改、言而无信等现象发生。

[①] 朱巧香：《论制度道德环境》，《齐鲁学刊》2015年第6期。

(二) 建立良好的道德生态环境

随着转型期的社会深刻变革，价值观念冲突和社会矛盾叠加交织，见危不助、见利忘义、欺诈蒙骗、漠然观之等各种道德现象、道德态度时有发生，部分人追求金钱至上，自我意识膨胀，家国情怀淡化；社会舆论生态和社会公众思想状况复杂多变，思想观念碰撞激烈；来自网络的信息驳杂、传播力强，但部分内容价值出现偏差，溯源和考证困难……越是如此，越要推动主流价值观与信仰重建，为引领社会思潮、巩固马克思主义意识形态指导地位打下坚实基础。从社会环境层面，要通过积极弘扬和培育社会主义核心价值观来形成社会正能量域场。"橘生淮南则为橘，生于淮北则为枳"。良好的道德环境一旦产生和稳定下来，就会在一定时期内培育形成相对稳定的价值观念、道德意识、行为模式和风气风俗，对塑造人们的道德品行产生潜移默化的效果。美国社会心理学家罗伯特·西奥迪尼的"规范焦点"理论甚至指出，人们做出很多好的行为的原因并不是人类有一个好的意识、态度或目的，而是受到社会规范（包括描述性规范、命令性规范）的强大影响，包括描述性规范和命令性规范。描述性规范为大多数人赞成或反对的行为标准，命令性规范是对符合或不符合规范的行为予以认可或惩罚，而人们往往会自动寻找描述性规范以引导自己的行为。良好的道德生态是道德正能量积蓄、滋长、迸发的基础，只有在正面向善的道德氛围中，才能让英模精神在润物无声中浸润人的心灵，涵育人的德性。当下，建立良好的道德生态环境尤其要注重三方面问题。

1. 充分把握主导权

面对思想领域的复杂化，应净化舆论环境，把握意识形态工作主导权，积极帮助人们解疑释惑、辨别是非善恶，澄清模糊认识，增强公民的思想免疫力。同时找准思想认识的共同点、利益关系的交汇点，强化立德树人工作，培育积极的社会心态，化解人民内部的各种矛盾，构建起抵御腐朽思想文化渗透的道德防线。党和政府需要通过自身的政治优势、组织优势和宣传优势，着力在社会实践中引领上层建筑，引领公众政治舆论方向，不断促进社会民众对英模人物的认知认同。同时，要注重社区的组织教育，通过展示、发放和宣传相关材料，邀请英模现场交流，排查社区生活有困难的英模人物，在社区营造崇尚真善美、抨击假恶丑的氛围，表彰社区的凡人善举。

2. 坚持惩恶扬善

"成风化人，凝心聚力，就要扬社会之善、褒正气之举、鞭丑恶之行，澄清谬误、明辨是非，传达正确的观点、立场、态度，引导人们分清好坏、对错、善恶和美丑，析事明理、激浊扬清。"[1] 惩处丑恶可以让人警醒，弘扬善举却能引人向善。坚持让善举得到弘扬、让恶举得到惩处的理念，用正气弘扬正气，用善举呵护善举，对见义勇为等"平民英雄"表达尊重和敬意等，体现出对社会正气的呵护和弘扬，让好人做了好事得到好报，才能感召、鼓励更多人去做好事，以此形成惩恶扬善、扶正祛邪的良好社会风气，提升大众道德水平。

3. 坚持"关键群体"示范带头

从社会生活的现实来看，不可能人人都成为英模。但是，从"应然""实然"的角度和社会的普遍需求来看，某些个体和群体是最应该成为道德榜样的。他们是掌握和控制社会道德资源者、对社会负有重大责任和具有重要影响力的人。其一，掌握和控制社会道德资源者就是具有话语主导和制度安排权的个人和群体，即党员干部。党员干部作为广大人民群众的先进分子和优秀代表，其社会实践行为集中体现

---

[1] 新华社通讯课题组：《习近平新闻舆论思想要论》，新华出版社2017年版，第34页。

着党和国家意志，掌握着道德建设的推进，一言一行也都受到社会公众的关注和学习。因此，官德显然先于并大于民德，人们也期待着以官德引领民德，广大党员干部必须身体力行地发挥先锋模范带头作用，在工作中创先争优，在实践中以身作则，引导群众、凝聚人心，才能实现说服、动员和组织发动人民群众的目的。要坚决严惩贪污腐败，巩固党心、民心，切实提高党和政府的公信力。其二，对社会负有重大责任和具有重要影响力的人，包括政治精英、经济精英、知识精英和文化精英，他们具有话语影响力，他们对道德问题的见解和道德行为本身对公众产生重要影响，"社会对他们的道德要求，就是与其在物质财富上先富起来相适应，也应该先文明起来、先道德起来，并成为公众的榜样"①。因此，作为"关键少数"，他们也理应加强自我约束，将自己具有影响力的话语与社会良心保持一致。

（三）建立合理的保障约束机制

以激励善行义举、谴责道德不作为、惩戒失德违法为目的，建立和优化英模保障机制，鼓励人们没有顾虑地学习效仿英模，为英模的养成提供有力的机制保障，让英模没有后顾之忧。

1. 构建合理有效的保障机制

邓小平指出："不讲多劳多得，不重视物质利益，对少数先进分子可以，对广大劳动群众不行，一段时间可以，长期不行，革命精神是非常宝贵的，没有革命精神就没有革命行动。但是，革命是在物质利益的基础上产生的，如果只讲牺牲精神，不讲物质利益，那就是唯心论。"② 精神层面，我们提倡助人为乐、见义勇为，但现实中助人者因为助人为乐而出现了人身伤害或意外纠纷，经常由其个体承

---

① 廖小平：《论道德榜样——对现代社会道德榜样的检视》，《思想政治教育》2007年第2期。
② 《邓小平文选》第2卷，人民出版社1994年版，第146页。

担，其道德义举过后的回报难以让个人或者家庭独立承担。因此，必须建立健全相应的激励机制和权益保护机制，通过政策保障、制度规范、法律约束等手段，激励和督促大家勇当楷模。针对践行社会主义核心价值观中存在的制度缺位、制度保障不力等现象，加强制度保障建设，使价值目标和价值规范不仅仅存在于理念层面，更能够受到制度的保障和关怀，让我们在为英模善举欢呼喝彩的同时，更多关注、关心他们的个体生存，因为对个体来说，见义勇为常常要让个人和家庭付出极大的代价，乃至生命。建立社会保障机制的目的是万万不能让英模流血又流泪；要把得到广泛认可的道德要求上升为具备刚性约束的法律规范，保障道德模范们的道德回报权利。比如，作为对道德主体践行道德义务后的一种风险防范和代价补偿，建立见义勇为救助制度和道德风尚奖励基金制度，呵护好每一份善良，使道德行为不但能得到公正的评价更能在事后得到制度上的刚性保障，"及时沟通了解道德模范的心理需求和生活状况，不断调整充实道德回报内容和资助力度，让回报既体现规范化，又体现人性化"[1]。

需要指出的是，"道德回报"不应过量，当"道德回报"成为一种可以量化的物质、金钱、利益标准或手段时，"道德"就易成为一种伪善。绝不能让"道德回报"成为一种工具，而只能是一种善良的救助和德性的褒扬。英模当然应该因做了好事而得到推崇，被予以极高的荣誉或得到一定的物质利益；但是，一旦过度，就容易导致替代强化发生作用。用控制手段培养的只能是"合乎"道德的人，这样的道德行为依靠外在强化刺激而发生，一旦功利性的刺激不复存在，那么道德也将荡然无存。

---

[1] 张军：《道德回报——道德模范常态化的时代呼唤》，《湖南社会科学》2013年第4期。

2. 构建合理有效的约束机制

英模的价值建构是双向的,英模作为一种价值示范,其意义在于体现了一种"价值自觉",为公民提供可以效仿学习的模板与范式。英模的称谓是一种肯定、一种荣誉和一种激励,对于英模自身而言,需时时刻刻以模范的标准要求自己,不可放松自我约束、骄傲自满,甚至将榜样头衔视为牟利工具和抗法盾牌。近年来部分"英雄模范"人物违纪违法的事件屡见报端,如曾获公安部"一级英模"的公安局副局长李扬为黑社会充当保护伞被判20年;"全国道德模范"何涛利用职务便利违法出售二百余份出生医学证明,获有期徒刑3年……因此,必须强化对英模人物的管理和约束,坚持英模人物的严格选树标准,通过法治化、制度化的形式,规范榜样的言行举止、权力行使、荣誉运用;建立相应的针对英模的资格复查机制、监管机制、督查机制、警示机制、荣誉撤销机制、追责机制等机制体系,切实维护英模群体的权威和荣誉。

3. 构建合理有效的惩戒机制

针对失德行为,针对人性的"幽暗意识",加强负面规避约束,强化惩戒立法工作,通过政策的制定和完善,传递公平竞争、社会责任、诚信重约、合法经营等理念,实现制度建设与价值观建设、治理效能与道德提升的良性互动。同时,通过完善乡规民约、行业规范及文明公约等各项具体规则,进一步规范个人日常道德行为;加大基础性民生工程,为激发良好道德行为的产生提供坚实的物质基础和道德支持。

二 加强正面教育引导

习近平指出,"信仰、信念、信心,任何时候都至关重要。小到一个人、一个集体,大到一个政党、一个民族、一个国家,只要有信仰、信念、信心，就会愈挫愈奋、愈战愈勇，否则就会不战自败、不打自垮"①。要将学校教育与家庭教育、社会教育贯穿起来，丰富家庭生活、学校生活、班级生活、社会生活等诸多领域的体验，多维度、立体化地培育与社会主义市场经济相适应的道德主体。

（一）学校维度

价值观总是显性或隐性地存在。美国教育家里科纳认为，"学校蕴含道德的气氛，表现在规章制度、奖惩条例、着装规定、宪政管理、人际关系、教学方式等之中"②。在学校教育的各环节应遵循认知发展规律，因材施教，对不同阶段及认知水平不同的对象开展侧重不同的价值观教育。在课程教材建设中，要注重吸收英模人物的鲜活素材，以生动的英模故事为载体强化核心价值观认同，着力改变英模人物脸谱化严重及不贴近时代需要、不贴近青少年心理实际、过于陈旧等问题。开设学习英模的选修课程和实践课程，推动课程思政与思政课程的融合。加强校园文化建设，重视教师的榜样示范作用，营造崇尚真善美的榜样文化氛围，通过校园建筑、布局等物质文化建设及校训、校风传统等软文化建设影响青少年的价值认知和行为判断。

"在青少年日常空间（如学校环境、班级、同辈群体）中存在诸多对他们思想、态度、行为产生价值性影响的因素，这些隐性要素不同于社会教育、课程教育、家庭教育，而是以隐藏、潜在的形式存在于青少年的周围。"③ 要充分发挥英模文件在校园文化建设中的作用，积

---

① 习近平：《在庆祝改革开放40周年大会上的讲话》，《人民日报》2018年12月19日第2版。
② Elisabeth Arweck, "Education as a Moral Practice", *Journal of Moral Education*, 2003, p. 26.
③ 万美容：《优选与创设：榜样教育创新的方法论视角》，《中国青年研究》2006年第9期。

极树立朋辈群体中的榜样人物，比如，有的学校"举行感动校园年度人物评选，举行每年一次的盛大颁奖典礼"①。利用校园里的英模雕塑凝结审美品格、文化传统和民族情感，在校园文化墙、校史和校史馆建设中加入知名校友、办学奠基人的故事以传递正确的价值观念，进一步激发爱国情怀、奋斗热情。加强学风、教风和校风建设，举办主题日、演讲比赛、微视频比赛、争优比先等各种校园文化活动，让学校成为学生人格升华的基站。同时，在课堂内外教育过程中，教师需要设计一定的价值问题情境，不应只是"填鸭式"教育，而要让学生设身处地、感同身受，充分表达自己的见解，产生价值观照，历经价值共识得以达成的过程。

（二）家庭维度

习近平曾强调，"家庭是人生的第一个课堂，父母是孩子的第一任老师。孩子们从牙牙学语起就开始接受家教，有什么样的家教，就有什么样的人。家庭教育涉及很多方面，但最重要的是品德教育，是如何做人的教育"②。有研究显示，父母文化程度、来源地、人均月收入会影响新时代青年的英雄观，"父母文化程度高的青年会把积极'做事风格'作为英雄的主要标准，而来自农村家庭的青年则更多把'意志品质'作为评价英雄的主要标准，而贫困家庭的青年的心理动力不足，在面对现实时更倾向于选择退缩"③。

家庭对个人价值观的形成有重要影响。有学者认为，"价值观教育应当从家庭成员之间人际意识的建认，到学校的同学、教师之间人际意识的建认，再到班级、学校、社区/社会的社会意识的建认，然

---

① 张国林、张伟莉：《构建榜样工程 培育社会主义核心价值观自觉践行者》，《中国高等教育》2015年第8期。
② 习近平：《在会见第一届全国文明家庭代表时的讲话》，《人民日报》2016年12月16日第2版。
③ 周晨：《新时代青年的英雄观：现状、特征及其影响因素》，《探索》2020年第3期。

后再到国家的国家意识、全世界的人类命运共同体意识的建议，沿着这样由近及远的体验过程展开"①。要重视以家风家教为核心的家庭教育，提升家长思想道德素质，长辈利用自己的言行对儿女进行价值观的熏陶，通过言传身教、为人处事潜移默化地给孩子传输正确人生观、价值观、世界观，用家风家教、榜样示范为培育核心价值观提供基础性的环节；同时，优化教养方式，通过家庭的和谐氛围和爱意传递，将积极向上的正能量播入孩子心灵，使家庭成为榜样教育的重要阵地。尤其要重视对贫困家庭和留守儿童的关心和资助，强化各方面合力的社会支持体系建设，避免消极心态对青少年的影响。

(三) 社会维度

社会维度的构成因素是复杂的。第一，要建立健全培养机制，强化制度的"德性"。从系统化、制度化上下功夫，建立健全一系列切实可行的制度、机制，使英模评选和宣传工作不因主管部门和领导者个人的好恶、习惯、作风而改变，使英模宣传不会成为走过场的"一阵风"和应付差事的一场运动或变了味的"精神福利"。第二，要结合正在开展的"四史"教育、党史学习教育等，有计划地做好英模人物的选树活动，尤其要保证英模人物的质量，做到经得起群众的检验，同时对所宣传的典型进行跟踪报道，延长英模人物的生命力。第三，坚持守正创新的原则，利用全媒体发展契机，发挥好"两微一抖"和各类客户端、论坛、网站等新兴媒体的优势，在英模人物塑造上进行策略化呈现；打造纪念品、纪念馆、雕塑、文化广场、街道、建筑等平台，改变强制植入、简单灌输的宣传教育方式，将价值观以鲜活立体的方式传递给广大民众，使之成为人们的自觉遵循。第四，注重利用

---

① 胡萨:《价值观教育的关键：唤醒与激活价值观的"原初意义"》,《教育研究》2020年第8期。

中华民族传统礼仪和节日文化的熏陶感染作用，通过民间民俗活动、传统节日庆祝及五一劳动节、五四青年节、六一儿童节等形式，将社会主义核心价值观融入节日风俗和传统礼仪中，引导人们践行社会主义核心价值观。

这里要注意的是，要注重正反教育引导，即不可一味地提供正面的形象和事实，也要提供反面的参照。但是这个反面必须把握一定的度，否则给予的强度过大会适得其反。美国社会心理学院的威廉·麦奎尔提出"抵御态度改变"理论。他认为，道德教育者要善于引入能激发人们采取攻击行动的负面道德事件作为德育"疫苗"，既需要给人们注射少量病毒，从而激发机体产生抗体，又要控制好量，因为过量就会产生不良后果，所以病毒应是微量的，但又能够刺激受众形成抵抗力从而产生攻击行为。因此，选择什么样的、多大剂量的负面道德事件作为"疫苗"，需要运用智慧去把握。有人认为，要充分考虑个体的心理特点、成长背景和道德现状等，选取贴近生活的负面道德事件，或者较为典型的、引起广泛关注的负面道德事件，如冷漠旁观的佛山"小悦悦"事件等。在此基础上，道德教育者对受众进行引导式评析，引导人们在价值冲突中进行反思和选择，提高辨别是非、善恶和美丑的能力。"这一环节不是单一的直线作用过程，而是要循环往复、多次反复才能完成。这样就在对其原有正确观点进行轻微驳斥、促使他们再思考、巩固其原有正确立场的基础上，使其能够主动反击反面信息，增强道德免疫力。"①

三　强化道德实践养成

英模人物的形成依赖社会实践养成。柏拉图曾指出，"我认为最快乐、达到最好目的的人，就是那些不依靠哲学与理性，而单凭习惯与

---

① 方建移：《传播心理学》，浙江教育出版社2016年版，第167页。

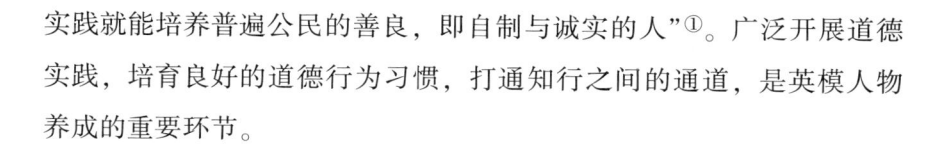

实践就能培养普遍公民的善良，即自制与诚实的人"①。广泛开展道德实践，培育良好的道德行为习惯，打通知行之间的通道，是英模人物养成的重要环节。

（一）广泛开展道德实践活动

针对不同的对象、不同的领域开展道德实践活动，在活动中着力培养相应的价值观。如在家庭美德领域，针对家庭不和睦的现象，开展以"敬老爱亲"为主题的实践活动；针对道德淡漠、公德缺失，开展以"友善包容"为主题的实践活动；在职业道德领域可以开展以"敬业奉献"为主题的实践活动；在个人修为领域，针对自我素质和人格的完善，开展以"修身修心"为主题的实践活动。同时，通过纪念表彰、事迹展览等方式，利用每年9月20日的"公民道德宣传日"开展公民道德宣传活动，营造践行公民道德的浓厚氛围。还可以围绕一些思想道德建设的重点，有针对性地开展一些专项整治活动，如以诚信建设为重点，开展诚信突出问题的专项治理实践活动；以作风建设为重点，开展"作风建设"主题教育，等等。通过参与社会实践，可以增进对公平合理、团队协作及尊重理解等价值要求的认识与理解。对此，西方学者目前也普遍认为，"在参加社会服务的过程中，亲身体验并解决真实生活中的道德难题和价值冲突，对于学生的道德发展具有重要意义"②。

同时，要深化志愿服务体系建设。深化志愿服务是现代社会文明进步的重要标志，是加强和促进精神文明建设的有效载体。志愿者在不追求任何物质报酬的情况下，在社会上传递爱心，传播文明，对增

---

① 转引自［英］德里克·希特《公民身份：世界史、政治学与教育学中的公民理想》，郭台辉、余慧元译，吉林出版集团有限责任公司2010年版，第193页。
② Halstead, Taylor, "Learning and Teaching about Values: a Review of Recent Research", *Cambridge Journal of Education*, Vol. 30, 2000, p. 2.

进人们彼此信任，相互亲近，缓解社会矛盾，促进社会稳定有着积极作用。要以志愿服务社会为主题，面向留守儿童、困难家庭、残障人士、孤寡老人、空巢老人等群体，开展形式多样的助人为乐、扶危济困等志愿服务活动，引导人们在志愿服务社会中完善自我，在无偿奉献中实现人生价值。

（二）培育良好道德行为习惯

很多看似一念之间的本能的行为，其实来源于每个人平日的"道德习惯养成"。一个人的道德水平如何，不是看他怎么说，而是看他怎么做，尤其是习惯于怎么做。习惯具有稳定性和持续性，除了人们的生活习惯、学习习惯之外，还有为人处世的道德习惯、社会交往的行为习惯等，道德行为习惯是一个人在不需要外在催促和意志推动的情况下，不自觉地第一时间反映出来的、可自动实现的道德行为。习惯一旦养成，不会轻易改变。良好的道德行为习惯是道德品质形成的重要标志，是社会主义思想道德建设的关键任务，也是英模人物形成的行为根基和生活基础。

英模的养成要重视行为习惯的培养，既重视德育显性渗透，又重视德育隐性渗透，把道德引入经常化、巩固化和自动化，让人们形成自觉的道德行为习惯，在做好事中获得身心愉悦。要重视把主导价值的基本要求渗透到市民公约、乡规民约、职业规范、学生守则等具体行为准则之中，建立健全思想文化层面的社会沟通和协商机制。

（三）深化群众性精神文明创建

改革开放以来，"五讲四美三热爱""讲文明、树新风""文明城市""文明村镇""文明单位"创建等活动，成为提升国民素质和社会文明程度的重要抓手以及人民群众共建美好生活的有效途径。要持续广泛开展文明创建活动，增强公民文明意识，营造见贤思齐、崇德向善的浓厚氛围，使践行社会主义核心价值观转化为群众身边的守则规范。

精神文明建设说到底是做凝聚人、引领人、培育人的工作，其特点在于群众性。精神文明创建没有局外人，需要广泛动员社会力量参与。无论是政府或主管部门，还是妇联、工会、共青团、残联、关工委、作协、文联、工商联，抑或是民主党派人士、无党派人士和公众人物等，都需要重视发挥组织引领作用。[1] 精神文明创建活动还应利用多种渠道开展，加强分类指导，进行差别化和针对性部署，坚持梯度推进、逐级提升。既重"面子"，更重"里子"，要能够吸引大家，提高创建活动的覆盖面与群众参与度，同时把提升群众生活品质作为落脚点，并让群众真正享受到创建成果。要着力解决群众反映强烈的突出问题，让人民群众有更多创建获得感与幸福感。

第四节　自觉的知行转化是英模人物塑造的关键路径

过程往往决定效果。英模人物的塑造成效包括认识度、理解度、认同度、情感共鸣和践行度在内的有效性，其效果如何，除设定目标是否合理、载体选择是否得当之外，实施过程也非常重要。美国学者阿列克斯·英克尔斯研究得出，"'现代人'有12条基本特征：乐于接受新经验、准备接受社会的变革、意见的成长、对信息的测量、时间性、效能感、计划性、可依赖性或信任感、重视专门技术并承认以此作为分配报酬的正当基础、教育与职业的志愿、了解并尊重别人的尊严的品质、了解生产及过程"[2]。适当的教育示范过程是在现代人格观

---

[1] 参见杨玉龙《精神文明创建需要全民总动员》，《青海日报》2017年4月17日第9版。
[2] ［美］阿列克斯·英克尔斯：《从传统人到现代人——六个发展中国家的个人变化》，顾昕译，中国人民大学出版社1992年版，第25—30页。

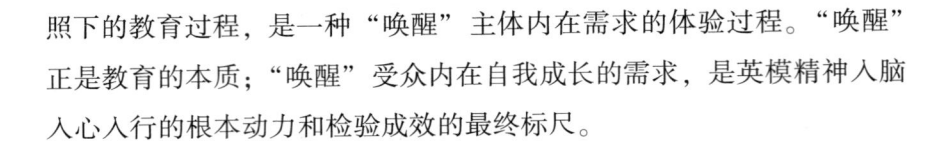

照下的教育过程，是一种"唤醒"主体内在需求的体验过程。"唤醒"正是教育的本质；"唤醒"受众内在自我成长的需求，是英模精神入脑入心入行的根本动力和检验成效的最终标尺。

一 激发自我完善动机

对于受众来说，英模作为一种外部刺激而存在，这种外部刺激能否让受众产生共鸣，强化其学习行为，一方面由这种外部刺激本身是否符合受众的需要决定；另一方面，由这种外部刺激予以受众的刺激方式也即宣传过程、教育环节、学习过程而决定，外部的刺激只有符合受众的内在需要，才能激起个体的学习欲望，产生激励效用。因此，要注重"把受众的个体需要作为榜样教育的基点，从个体内部主动的角度去研究榜样的激励作用"[1]。

（一）由内而外：遵循教育逻辑

道德的功能在于使个体能够将其生活创造成一种统一体，使其内心情感和行为趋向一致，使他的理性判断符合独立自主的选择，而一个人道德养成的关键就在于"自我"完善。思政教育的本质是价值规范引导和受众建构"自我"的互动过程，其中，价值规范与自我需求是双向作用的两个维度。当前，随着社会转型人们的思想观念正经历多元性、深刻性和根本性的变化，主体意识更加突出，现实需求更加多样，人们不再愿意被动地接受教育，传统的以外部主体为中心、以外部典型刺激和强制手段等外部力量来塑造受众品德的教育逻辑，已不适应时代发展和人们的需要。

发挥英模人物的示范教育作用离不开目标认同、价值相融和行为相符三个要素。首先，人们要对英模了解，只有了解英模，英模才能

---

[1] 卢愿清、杨晓燕：《优化榜样教育的激励力量——对传统榜样教育逻辑的否定性反省》，《思想理论教育》2004年第9期。

成为学习目标。英模所呈现的优异特质，必须能够激发人们自我发展、自我完善的高层次需要，才能让人们不断将自我"榜样化"和榜样"主体化"，从而产生要努力让自己成为像英模一样的人的冲动。其次，英模和人们即受众之间，必须有共同的价值融合点。有学者认为，"当前中国的道德教育正处在'无我'与'唯我'的两难困境之间。'无我'是道德教育以'整体主义'为价值取向，'唯我'是道德教育走出整体主义的价值取向。因此，如何安放'自我'，是道德教育中的核心问题"①。对英模人物的认可，往往受到受众自身的成长背景、知识结构、文化素质、价值取向和审美标准等因素影响，只有英模承载的价值观和行为标准与受众的价值观和行为标准能够部分融合在一起时，英模的人物形象才会深入人心，英模携带的价值标准才会内化为受众的价值标准。在英模人物塑造中，应当充分重视受众者的个体需要，尊重受众的立场，以此寻找合适的英模人物，并通过合适的实施路径和方式，将由外而内的示范教育逻辑转换为以人为本的、适应学习者需求、由学习者自主学习仿效、自主进行品德建构和生成的由内而外的教育逻辑，在此基础上激发学习者的共鸣，进而达到由内而外的品德提升的目的。

（二）重在唤醒：回归教育起点

道德行为是道德教育的最终结果。受众接受英模人物传播的信息，从而决定是否采取模仿行为，将这些信息付诸道德行动。英模人物塑造的最终效果体现在受众的道德行为上。

在学习英模的过程中，"成为怎样的人"而非"具备怎样的行为"，是受众实施道德行为的最重要的动力之一。"行为只有作为一个有道德的人的一部分才是可以理解的，做一件好事的意义只有在

---

① 李建国：《教化与超越：中国道德教育价值取向的历史嬗变》，中国社会科学出版社2014年版，第229—230页。

'成为一个有道德的人'的个人发展框架中才能凸显出永恒的精神价值，否则就是一时冲动的无意识行为，或者是投机行动。"[1] 受众接触英模人物，并通过英模强化某种价值观认同，但是因缺少真实的体验和感受，内心的情感并未得到唤醒与激活，因此无法真正理解和认同这些价值观的意义，也很难真正践行这样的价值观。要解决"知而不信""信而不为"的问题，必须用"唤醒"的方式进行教育，将英模教育的起点回归到自我。具体的事件和行动只有被置于生命经历的各种关系中，才能得到彰显。要让人们通过了解英模、走近英模，从而认识到，人作为健全的道德主体，不仅应是道德评价的主体，更应是道德行动的主体；不仅要当道德生活的裁判员，更要当道德生活的运动员。让英模发挥良好示范教育作用的关键在于回归教育的起点，让受众愿意主动学习英模人物，让自己"成为一个有道德的人"。

（三）点滴浸染：引发注意转化

按照大众传媒学理论，受众的注意分为"无意注意"和"有意注意"，二者在一定条件下会实现转化。比如，一条醒目生动的传播内容可能引起受众的无意注意，如果产生了对它的深层次兴趣，这种无意注意就可以转化为有意注意，时间长了，受众甚至可以从中获得很多有益的内容，也开始对这种内容感兴趣，这种转化叫"有意注意"。受众对传媒信息的选择率往往与受众无意注意与有意注意所付出的代价大小有关。因此，对人们的心理进行制约、引导和规范，构建一个健康、合理的信息环境，是现代社会发展的重要条件。总体而言，受众对传媒的注意不可能、也不应该没有"有意注意"，而仅仅是"无意注意"。

---

[1] 张贝拉：《当代榜样塑造的叙事转型》，《江汉论坛》2013年第5期。

当前的英模人物的学习宣传中，还存在仍作为一项政治任务来完成的"形式化""功利化""表面化"问题，即设置"有意注意"而忽略了"无意注意"。任务自上而下发布，下级被动接受，为了完成任务，全民总动员、一派热火朝天，任务完成后如一阵风刮过，从此无人问津，甚至基于功利化目的，使学习英模成为一种纯粹的过场和作秀。因此，对英模人物的塑造、宣传和学习要注重以不间断、长流水同时又点滴浸染、立体再现的方式建立健全学习机制，搭建英模与受众之间的更多交流对话平台，打造学以致用的英模文化环境和通道，让学习英模、争做英模成为一种文化、一种理念、一种常态，引发"无意注意"和"有意注意"，或者让"无意注意"转化为"有意注意"。

二　触发情理交融共鸣

根据受众的情感需求，或动之以情，或晓之以理，或诱之以利，是情感诉求的主要手段；而"情感诉求有利于激发受众的情感共鸣，对受众产生即时即刻或潜移默化的影响"①。要充分发挥情感的激发和催化功能，使受众从对英模道德精神的理性认知，上升到主动效仿的激情，从而将英模人物的价值选择内化于心，激发心理认同和情感共鸣。

（一）挖掘英模人物丰富情感教育资源

舆论的宣传引导是一种典型的说服性传播，如果没有情感因素的介入，受众就可能处于"口服"而不是"心服"。只有将道德概念和情感体验联结起来，使受众对道德概念和社会规则有一种发自内心的尊重，才会产生自觉而持久的行为。

---

① 方建移：《传播心理学》，浙江教育出版社2016年版，第133页。

英模人物扬善惩恶、挺身而出、战天斗地的英勇事迹和善行善举，可以说是可歌可泣、感人肺腑；他们的故事、他们的情感、他们的选择、他们的人生，为人们提供了丰厚的精神滋养和现实参考，问题的关键是要把合适的内容通过恰当的形式传播到受众中间，把能够引发共鸣的情感传递到受众心里。对于人类而言，是通过"移情"（Empathy）而达成价值共识的。"移情"指向的是人与人之间具有感同身受、同情共鸣的能力。因此，要将英模的事迹、精神、品质融入教育素材之中，挖掘和展示英模人物的故事、形象、言行等方面蕴含的丰富情感教育资源，以真人、真事、真情、真感来触发和唤醒受众的情感体验，使受教育者产生移情效应，让英模人物传达的精神追求被受众认可，使英模人物真正抵达心灵。

此外，还可以利用偶像的作用对青少年进行启迪和激励，充分挖掘偶像和偶像行为中蕴含的教育引导价值，挖掘偶像教育与榜样教育的互通之处和共生节点，通过"偶像—英模""英模—偶像"的教育方式，引导人们正确、理性地认识榜样，变偶像为英模。可以选树一些青少年认可度较高的成功人士、行业精英、科技明星、文体明星等，发掘、甄别和运用偶像的这种形象化的人格符号，提炼偶像身上蕴含的先进品质、奋斗精神、抗挫能力等，采用认知疏导的方式，将偶像崇拜引向道德教育、理想教育和信仰教育，充分发挥偶像崇拜在榜样教育中育人化人的重要作用。

（二）利用"情境体悟"催发精神体悟

心理学认为，环境因素是个体认知的参照，也是个体情绪体验的线索。"激发和感染情感是一个完整的心理过程，感官接触是起点，心灵体悟是关键，主要通过直接联想、代表性联想、模仿、角色扮演等方式来启动道德想像力以产生共情；情感激发是核心，通过前两个环节产生怜悯、感动等情绪体验和心境；情绪感染是重要环节，通过实现情感催化来以情感唤醒情感"①。大众传播吸引受众的另一个重要途径是设置问题情境,让受众参与对问题的思考和解答。设置问题情境不同于一般陈述,它不是把一个现成的答案告诉受众,而是通过各种手段把受众带入一个需要思考、寻求答案的情境中,这种"问题情境以其不确定性考验着受众的原有认识,激发受众探求的兴趣"②。情境体悟法是通过设计一定的情景(背景),铺垫情节氛围,聚焦各位元素的表现魅力,让受众暂时置身于英模的现场情景中去了解、体悟英模的工作、学习、生活,以此反观自身,寻找差距,从而引发对自己过去人生道路的反思和对未来人生道路的重新认识。

为激发情感催化,可以组织受众到英模人物生活工作和战斗牺牲的所在地参观访问,把受众置于英模所处的环境中去体验,从而使受众悟出自己应当怎样生活工作,怎样实现自己的人生价值,为社会发展作出自己应当做到的贡献。或者设计具有特定情景的"情感化场域",通过一些技术元素,借助视听兼备的形式,结合英模人物的现身说法,从故事细节到现身访谈,从日常生活到大众焦点,使公众被带入该场域,从凝聚情感到释放情感,从而引发情感张力,带给受众更饱满的情感体验满更强烈的情感共鸣。

(三) 交往对话互动广泛调动受众参与

教育过程中关于"你""我"关系的平等建立,实质上是一种精神的相遇。雅斯贝尔斯曾说过,"对话便是真理的敞亮和思想本身的实现。对话以人及环境为内容,在对话中,可以发现他所思之物的逻辑及存在的意义"③。交往互动、碰撞交融的"对话沟通法",简单地说就是主体双方在交往活动中进行思想、情感的交流沟通,提升教育双

---

① 梅萍、贾月:《论当前社会友善价值观的培育机制》,《中州学刊》2017 年第 3 期。
② 郑兴东:《受众心理与传媒引导》,新华出版社 2004 年版,第 93—94 页。
③ [德] 雅斯贝尔斯:《什么是教育》,生活·读书·新知三联书店 1991 年版,第 12 页。

方的互动性，这种互动性体现在教育过程中主体双方在平等基础上的交往、对话等互动。

对话沟通、交往共生的"行意互动法"，是通过增强英模和受众的共同参与性和角色互换性，增强受教育者对教育内容、方式的自主选择性和自我教育性，以提高教育的效果，从而达到教育的目的。榜样教育要达到成效，必须"实现榜样的主体间转向，即强调多元主体之间的平等对话、互动交流、朴素尊重、差异理解、多元互补，从而使主体能够相互理解和达成非强迫性的对同一事物理解和共同性和共通性"①。首先要肯定教育者和受教育者的平等对话关系，将二者均看成教育的主体，而非受教育者（主体）、教育者（客体），根据受众的思想、心理、价值需求，评析其正误，用适当的英模的先进事迹和思想道德观念，评析其正确与错误之处，解决受众的思想困惑，帮助受教育者进行思想观念更新，通过这种零距离的碰撞和交融、心理的沟通，达到示范教育的预期目标。在阐释英模人物行为背后的意义所在时，应把英模作为一个普通的、能够被理解的"人"来看待。"'好的行为应该是怎么样的'以及'为什么应该这么做'这类需要价值认同的部分，被叙事者诠释为行为、事件是'如何发生的'。由此外在行为和事件的联系在精神、情感层面得到了揭示。因而，聆听者并不是被灌输，而是分享着诠释者对人的精神、情感生活的理解。"②让英模人物的事迹和精神，为我们选择生活、追求生命中那些最美好的东西打开一条理解之路、回望自身之路、反思自我之路，从而踏出属于我们每个人自己的路。因此，"传统德育要实现现代转化，就要在道德实践中以师生之间的对话取代教师的独白和灌输，不断培养学生的批判意识、批判精神、批判能力，不断消除对既有权威

---

① 范迎春：《当前榜样文化的审视与反思》，《教学与研究》2016 年第 3 期。
② 张贝拉：《当代榜样塑造的叙事转型》，《江汉论坛》2013 年第 5 期。

道德话语的盲从,以平等的心态在未来的纬度上重建人与人之间的理解,让德育重新焕发出人性的光辉与生命的活力"①。

当下,宣传思想工作和主阵地已转移到了互联网上,有时一个即时图片就能展示一个真相,有时一条即时视频就能引发一次共鸣。在内容的生产上"要充分把握全媒体时代移动化、社交化、可视化的趋势,适应网民特色化、分众化、碎片化的需求,在多样化呈现、互动化传播上做文章,在网言网语上下功夫,在乐于接受和易于理解上花心思,从而让宣传形式活起来"②。甚至可以通过设置一些悬念,放大矛盾点,在不断的冲突和矛盾中,体现人物内心的波澜起伏,以充分调动受众情绪;以动态实录的形式忠实地再现英模人物,以更强的故事感和参与感让受众真切地体验到英模的精神气质和人格魅力。

三 引发知行转化冲动

马克思说,"理论一经掌握群众,也会变成物质的力量"③。人的思想形成、发展、检验离不开社会实践。实现知行统一既是教育的要求也是目标。将受众的学习教育成果外化为自觉行为,做到知行转化并进行实践探索,是塑造英模人物的最终旨归。

(一)通过劳动教育促进知行转化

当前,劳动教育的重要性已经在国家的育人体系中得到了充分彰显。习近平强调,"要开展以劳动创造幸福为主题的宣传教育,把劳动教育纳入人才培养全过程,贯通大中小学各学段和家庭、学校、社会

---

① 杨超:《当代西方价值教育思潮》,中山大学出版社2011年版,第194页。
② 《怎样用好全媒体》,求是网,2019年3月28日,http://www.qstheory.cn/wp/2019-03/28/c_1124292488.htm,引用日期:2020年5月3日。
③ 《马克思恩格斯文集》第1卷,人民出版社2009年版,第11页。

各方面，教育引导青少年树立以辛勤劳动为荣、以好逸恶劳为耻的劳动观，培养一代又一代热爱劳动、勤于劳动、善于劳动的高素质劳动者"①。劳动具有深刻的育人价值，这已经成为共识。劳动不仅是个体运用智力体力的劳作过程，同时也是锻造坚强意志和增长智力体力的过程。劳动者通过使用劳动力，即通过付出智力和体力而介入对象，一方面使对象改变，从而实现劳动的对象化；另一方面在劳动中实现了个体的自我改变。劳动是一种塑造人格和精神的活动，它将"一种给定的结构转化为另一种更高级的结构"②，是一种具有双重塑造特征的实践活动。其中，创造性劳动是使劳动具有教育力量的根本条件，也是劳动教育的目标所在，"只有当人热爱工作时，只有当他自觉地意识到工作中的快乐，懂得劳动的利益和必要性时，创造性的劳动才是可能的"③。

新时代是一个崇尚劳动的伟大时代。习近平强调，"全面建成小康社会，进而建成富强民主文明和谐的社会主义现代化国家，根本上靠劳动、靠劳动者创造。因此，无论时代条件如何变化，我们始终都要崇尚劳动、尊重劳动者，始终重视发挥工人阶级和广大劳动群众的主力军作用"④。在不同行业劳动模范的感召和带动下，受众能够感受到这一行业劳动的崇高和荣誉，对当前所从事的职业和工作有更深入的认识和更高的标准要求，从而激发劳动热情。英模们的劳动情景，可以是一个旗帜，也可以是一面镜子，使受众以此为鉴，在劳动中培养良好的劳动习惯和珍惜劳动成果的观念，将劳模精神内化为自身的先

---

① 习近平:《在全国劳动模范和先进工作者表彰大会上的讲话》,《人民日报》2020年11月25日第2版。
② [美]汉娜·阿伦特:《人的境况》,王寅丽译,上海人民出版社2009年版,第103页。
③ 周兴国、曹荣荣:《论劳动的育人价值及其实现条件》,《南京师大学报》2020年第6期。
④ 习近平:《在庆祝"五一"国际劳动节暨表彰全国劳动模范和先进工作者大会上的讲话》,《人民日报》2015年4月29日第2版。

进品质。因此，要加强对各行各业劳动模范的塑造，从而"将正确的劳动价值认知、科学的劳动主体定位、理想的劳动精神弘扬、和谐的劳动关系追求等劳动观和方法论传导给广大劳动者、准劳动者以及劳动接班人"①。

(二) 通过自身体验促进知行转化

受教育者的自身体验是非常重要的。社会学习理论创始人班杜拉指出，"当观察和实际模仿联系在一起时，示范的效果会更好，这是一个先观察、然后进行模仿练习，再继续观察、再进行模仿练习的过程。如此重复多次以后，受教育者会不断矫正自己的行为，缩小自己和榜样之间的差距"②。价值观形成的主要路径是，从直观体验和具体形象的感知中逐渐发展到抽象、深刻的理性认识过程。统治阶段希望通过英模人物塑造引发人们对核心价值观的认可，从而催发人们主动学习效仿的成效。这一过程，需要激活与唤醒人们的内在需求，需要有"参与感""情境感"，乃至"意义感"的价值体验发生。

法国哲学家古斯塔夫·勒庞也认为，"经验几乎是惟一能够让真理在群众心中牢固生根、让过于危险的幻想归于破灭的有效手续。但是为了达到这个目的，经验必须发生在非常大的范围内，而且得以再出现。通常，一代人的经验对下一代人是没多少用处的。这就是一些被当作证据引用的历史事实达不到目的的原因。它们惟一的作用就是证明了，一种广泛的经验即使仅仅想成功地支援牢固地根植于群众头脑中的错误观点，也需要一代又一代地反复出现"③。对英模人物的学习不应当是强制性的"灌输"，英模人物所遵循的道德法则也不应当是需

---

① 汤素娥：《习近平新时代劳动观研究》，湖南大学，博士学位论文，2019年。
② 王俏华：《榜样教育概况》，北京大学出版社2014年版，第42页。
③ [法]古斯塔夫·勒庞：《乌合之众——大众心理研究》，冯克利译，中央编译出版社2005年版，第90页。

要人们被动铭记的价值原则与规范，人们也不应当是以"被告知"的方式去被迫了解英模的故事。英模人物传递信息与受众接受信息的过程，应该是双方的价值共识达成的过程。要充分认识到受众自身经历的重要性，只有人们能够切身体会和参与到相应的人生情境中，才能真正明白主流精神与价值观念于我们生活的实际意义。因此，要引导受众深入相应情境中去体验，甚至可以去体验当一名先进模范人物的过程，引导受众把自己当作"模范"、模拟"模范"行为，运用自身的能力积极为他人提供帮助，体会"奉献"的快乐，强化受众的道德责任感和奉献精神。

（三）通过日常生活促进知行转化

习近平在党的十九大报告中指出，"要把社会主义核心价值观融入社会发展各方面，转化为人们的情感认同和行为习惯"[1]。当下，意识形态生活化的趋势愈加明显，意识形态愈加注重借助价值符号和文化理念，潜移默化地作用于公众的现实生活。"一方面'再意识形态化'有所表现，另一方面意识形态以'非意识形态化'的方式发挥着更加重大作用的倾向有所增强。"[2]

教育对人生幸福的关注，"绝不是软绵绵的日常生活幸福的轻言允诺与当下的简单兑现，而是如何引导个人在现实的国度、现实的世界里，在此生此世，担当起自我人生的责任与使命"[3]。示范教育不能脱离大众的现实生活而存在，只有融入人们的日常生活中，并促使人们产生相应的自觉的行为方式，才算是将所弘扬的道德观念真正落到实处。要探索核心价值观的日常生活化育，在日常生活中，应注重培养，

---

[1] 习近平：《决胜全面建成小康社会 夺取新时代中国特色社会主义伟大胜利——在中国共产党第十九次全国代表大会上的报告》，人民出版社2017年版，第42页。
[2] 侯惠勤：《马克思的意识形态批判与当代中国》，中国社会科学出版社2010年版，第712页。
[3] 刘铁芳：《面对我们生命中"平庸的恶"》，《读书》2006年第8期。

让大众形成良好的道德日常习惯,"处在理论形态的社会主义核心价值观只有转化为常识,并通过常识化的道德、价值规范表现出来才具有现实而长久的生命力"①。要大力开展化民成俗的日常生活实践活动,重视引导人们"勿以善小而不为",将民众置身于善人善行的日常生活秩序中,将核心价值观融入市民公约、行业准则、乡风乡俗、家风家教等日常生活守则中,让日常行为的温度会聚为整个社会的温度。要教育人们把人生的幸福与个体的责任、使命结合起来,从一件生活小事做起,从一次转变做起,从一个细节做起,我们每个人都可以将对英模的学习和感化落地落细。如果我们是一束阳光,就可以温暖一个寒冬;如果我们是一根蜡烛,就可以照亮一片黑暗;如果我们是一滴水,就可以滋润一寸土地;如果我们是一颗小螺丝钉,就可以坚守在平凡的岗位上继续转动。

---

① 朱晨静:《社会主义核心价值观日常生活化育研究》,社会科学文献出版社2018年版,第249页。

参考文献

一　经典著作与重要文献

《马克思恩格斯全集》第 1 卷，人民出版社 1995 年版。
《马克思恩格斯文集》第 1 卷，人民出版社 2009 年版。
《马克思恩格斯文集》第 4 卷，人民出版社 2009 年版。
《马克思恩格斯文集》第 5 卷，人民出版社 2009 年版。
《马克思恩格斯文集》第 8 卷，人民出版社 2009 年版。
《马克思恩格斯文集》第 10 卷，人民出版社 1995 年版。
《列宁全集》第 4 卷，人民出版社 1995 年版。
《列宁全集》第 11 卷，人民出版社 1987 年版。
《列宁选集》第 2 卷，人民出版社 1995 年版。
《列宁选集》第 3 卷，人民出版社 1995 年版。
《列宁选集》第 4 卷，人民出版社 1995 年版。
列宁：《哲学笔记》，中共中央党校出版社 1990 年版。
《毛泽东文集》第 7 卷，人民出版社 1999 年版。
《毛泽东选集》第 2 卷，人民出版社 1991 年版。
《邓小平文选》第 1 卷，人民出版社 1994 年版。
《邓小平文选》第 2 卷，人民出版社 1994 年版。
《邓小平文选》第 3 卷，人民出版社 1993 年版。

《江泽民文选》第 3 卷，人民出版社 2006 年版。

江泽民：《全面建设小康社会，开创中国特色社会主义事业新局面——在中国共产党第十六次全国代表大会上的报告》，人民出版社 2002 年版。

中共中央文献研究室：《江泽民思想年编（1989—2008）》，中央文献出版社 2010 年版。

中共中央文献编辑委员会：《胡锦涛文选》第 2 卷，人民出版社 2006 年版。

《习近平谈治国理政》第 1 卷，外文出版社 2014 年版。

《习近平谈治国理政》第 2 卷，外文出版社 2017 年版。

《习近平谈治国理政》第 3 卷，外文出版社 2020 年版。

习近平：《之江新语》，浙江人民出版社 2013 年版。

习近平：《决胜全面建成小康社会 夺取新时代中国特色社会主义伟大胜利——在中国共产党第十九次全国代表大会上的报告》，人民出版社 2017 年版。

习近平：《在文艺工作座谈会上的讲话》，人民出版社 2015 年版。

《习近平关于党的群众路线教育实践活动论述摘编》，党建读物出版社、中央文献出版社 2014 年版。

《习近平关于"不忘初心、牢记使命"论述摘编》，党建读物出版社、中央文献出版社 2019 年版。

习近平：《做焦裕禄式的县委书记》，中央文献出版社 2015 年版。

习近平：《高举中国特色社会主义伟大旗帜 为全面建设社会主义现代化国家而团结奋斗——在中国共产党第二十次全国代表大会上的报告》，人民出版社 2022 年版。

中共中央文献研究室：《建国以来重要文献选编》第九册，中央文献出版社 1994 年版。

中共中央文献研究室：《十二大以来的重要资料选编》下，人民出版社

1988 年版。

中共中央文献研究室：《十四大以来重要文献选编》下，人民出版社 1999 年版。

中共中央文献研究室：《十六大以来重要文献选编》上，中央文献出版社 2005 年版。

中共中央文献研究室：《十六大以来重要文献选编》中，中央文献出版社 2006 年版。

中共中央文献研究室：《十七大以来重要文献选编》上，中央文献出版社 2013 年版。

中共中央文献研究室：《十八大以来重要文献选编》中，中央文献出版社 2017 年版。

中共中央宣传部：《毛泽东邓小平江泽民思想政治工作》，学习出版社 2000 年版。

新华社通讯课题组：《习近平新闻舆论思想要论》，新华出版社 2017 年版。

《国务院关于召开全国劳动模范和先进工作者表彰大会的通知》，《中华人民共和国国务院公报》2000 年第 9 期。

《国务院关于召开全国劳动模范和先进工作者表彰大会的通知》，《中华人民共和国国务院公报》2005 年第 7 期。

《国务院关于召开全国劳动模范和先进工作者表彰大会的通知》，《中华人民共和国国务院公报》1989 年第 12 期。

《中华人民共和国英雄烈士保护法》，《中华人民共和国全国人民代表大会常务委员会公报》2018 年第 3 期。

二　学术著作

《论语·外储说右》下。

参考文献

《孟子·滕文公》上。

阿尔伯特·班杜拉：《思想和行为的社会基础——社会认知论》，林颖等译，华东师范大学出版社2018年版。

阿尔温·托尔勒：《未来的冲击》，蔡伸章译，中国对外翻译出版公司1985年版。

阿列克斯·英克尔斯：《从传统人到现代人——六个发展中国家的个人变化》，顾昕译，中国人民大学出版社1992年版。

阿姆斯·夸美纽斯：《大教学论》，傅任敢译，教育科学出版社年版。

安东尼奥·葛兰西：《狱中札记》，曹雷雨、姜丽、张跣译，中国社会科学出版社2000年版。

班杜拉：《社会学习理论》，郭占基、周国韬等译，吉林教育出版社1988年版。

班华：《现代德育论》，安徽人民出版社2000年版。

本书编写组：《榜样100位感动中国的道德之星》，红旗出版社2012年版。

别尔嘉耶夫：《论人的使命》，张百春译，学林出版社2001年版。

伯特兰·罗素《罗素文集》，王正平译，改革出版社1996年版。

布尔埃尔·塔尔德：《模仿律》，何道宽译，中国人民大学出版社2008年版。

蔡汀：《走进苏霍姆林斯基》，教育科学出版社2007年版。

蔡万柏：《新闻学概论新编》，暨南大学出版社2004年版。

陈弱水：《公共意识与中国文化》，新星出版社2006年版。

辞海编辑委员会：《辞海》上，上海辞书出版社1979年版。

辞海编辑委员会：《辞海》中，上海辞书出版社1979年版。

德里克·希特：《公民身份：世界史、政治学与教育学中的公民理想》，郭台辉、余慧元译，吉林出版集团有限责任公司2010年版。

丁迈：《典型报道的受众心理实证研究》，中国传媒大学出版社 2008
年版。

杜勃罗留波夫《杜勃罗留波夫选集》第 1 卷，辛未艾译，上海文艺出
版社 1962 年版。

恩斯特·卡尔西：《人论》，甘阳译，上海译文出版社 1985 年版。

方建移：《传播心理学》，浙江教育出版社 2016 年版。

费尔巴哈：《幸福论》，汪耀山译，商务印书馆 1984 年版。

古斯塔夫·勒庞：《乌合之众——大众心理研究》，冯克利译，中央编
译出版社 2005 年版。

哈耶克：《通向奴役的道路》，滕维藻、朱宗风译，商务印书馆 1962
年版。

汉娜·阿伦特：《人的境况》，王寅丽译，上海人民出版社 2009 年版。

黑格尔：《法哲学原理》，张企泰译，商务印书馆 1995 年版。

黑格尔：《历史哲学》，王造时译，上海书店 1999 年版。

侯惠勤：《马克思的意识形态批判与当代中国》，中国社会科学出版社
2010 年版。

胡守棻：《德育原理》，北京师范大学出版社 1995 年版。

蒋希伟总编：《中国精神文明建设年鉴（2008）》，学习出版社 2009
年版。

李建国：《教化与超越：中国道德教育价值取向的历史嬗变》，中国社
会科学出版社 2014 年版。

李连科：《世界的意义——价值论》，人民出版社 1985 年版。

李新仓、李建森、鞠凤琴：《雷锋精神与社会主义核心价值体系建设》，
中国财政经济出版社 2013 年版。

马立诚：《最近四十年中国社会思潮》，东方出版社 2015 年版。

迈克·克朗：《文化地理学》，杨淑华、宋慧敏译，南京大学出版社

2003年版。

满方：《正面人物报道宣传效果研究》，复旦大学出版社2017年版。

普列汉诺夫：《论个人在历史上的作用问题》，王荫庭译，商务印书馆2010年版。

任志锋：《当代中国社会主义意识形态主导性研究》，中国书籍出版社2015年版。

申文杰：《马克思主义意识形态政治功能及实现形式研究》，中国社会科学出版社2015年版。

苏霍姆林斯基：《公民的诞生》，赵玮等译，教育科学出版社1984年版。

唐昆雄主编：《马克思主义与社会主义核心价值体系研究》，中国社会科学出版社2010年版。

托马斯·卡莱尔：《论历史上的英雄、英雄崇拜和英雄业绩》，周祖达译，商务印书馆2010年版。

王道俊、王汉澜：《教育学》，人民出版社1989年版。

王俏华：《榜样教育概论》，北京大学出版社2014年版。

王让新、李弦、王科：《马克思恩格斯意识形态斗争的理论与实践研究》，人民出版社2019年版。

王荣德：《现代德育论》，中国社会科学出版社2016年版。

王栻编：《严复集》第1册，中华书局1986年版。

王永贵：《马克思主义意识形态理论与当代中国实践研究》，人民出版社2013年版。

王振川编：《中国改革开放新时期年鉴（1995）》，中国民主法制出版社2014年版。

王振川主编：《国务院发出关于召开全国劳动模范和先进工作者表彰大会的通知》，载《中国改革开放新时期年鉴（1994）》，中国民主法制出版社。

威廉·狄尔泰:《历史中的意义》,艾彦译,译林出版社2011年版。

吴海刚:《雷锋的媒体宣传与时代变革》,二十一世纪出版社2001年版。

悉尼·胡克:《历史中的英雄》,王清彬译,上海世纪出版社2006年版。

薛国林:《形象塑造与社会认同:正面人物宣传报道的社会效果研究》,暨南大学出版社2012年版。

雅斯贝尔斯:《什么是教育》,邹进译,生活·读书·新知三联书店1991年版。

亚伯拉罕·马斯洛:《动机与人格》,许金声等译,中国人民大学出版社2007年版。

亚当·斯密:《道德情操论》,蒋自强译,商务印书馆1997年版。

杨超:《当代西方价值教育思潮》,中山大学出版社2011年版。

杨绍刚:《西方道德心理学发展史》,上海教育出版社2007年版。

杨婷:《榜样教育研究》,中国社会科学出版社2015年版。

约翰·罗尔斯:《正义论》,何怀宏、何包钢、廖申白译,中国社会科学出版社1988年版。

约翰·洛克:《教育漫话》,傅任敢译,教育科学出版社1999年版。

张骥:《马克思主义意识形态引领多样化社会思潮若干问题研究》,人民出版社2011年版。

张蔚萍主编:《中国思想政治工作年鉴》,中共中央党校出版社2011年版。

郑兴东:《受众心理与传媒引导》,新华出版社2004年版。

郑兴东:《受众心理与传媒引导》,新华出版社2004年版。

中国社会科学院语言研究所词典编辑室:《现代汉语词典》,商务印书馆1987年版。

朱金瑞：《新中国成立以来公民道德建设的历史演进》，人民出版社2015年版。

朱清河：《典型报道研究》，科学出版社2017年版。

三　报刊文章

习近平：《在同全国劳动模范代表座谈会时的讲话》，《人民日报》2013年4月29日。

习近平：《庆祝"五一"国际劳动节暨表彰全国劳动模范和先进工作者大会上的讲话》，《人民日报》2015年4月29日。

《习近平在颁发"中国人民抗日战争胜利70周年"纪念章仪式上的讲话》，《人民日报》2015年9月3日。

习近平：《在知识分子、劳动模范、青年代表座谈会上的讲话》，《人民日报》2016年4月30日。

《习近平对党和国家功勋荣誉表彰工作作出重要指示强调：发挥功勋荣誉精神引领典型示范作用　推动全社会见贤思齐崇尚英雄争做先锋》，《人民日报》2016年5月19日。

习近平：《在会见第一届全国文明家庭代表时的讲话》，《人民日报》2016年12月16日。

习近平：《在庆祝改革开放40周年大会上的讲话》，《人民日报》2018年12月19日。

习近平：《在全国抗击新冠肺炎疫情表彰大会上的讲话》，《人民日报》2020年9月9日。

《习近平对"最美奋斗者"评选表彰和学习宣传活动作出重要指示》，《人民日报》2019年9月26日。

习近平：《在国家勋章和国家荣誉称号颁授仪式上的讲话》，《人民日报》2019年9月30日。

习近平：《在全国劳动模范和先进工作者表彰大会上的讲话》，《人民日报》2020年11月25日。

《习近平在浦东开发开放30周年庆祝大会上的讲话》，《人民日报》2020年11月13日。

习近平：《在"七一勋章"颁授仪式上的讲话》，《人民日报》2021年6月30日。

《中共中央关于加强和改进新形势下党的建设若干重大问题的决定》，《人民日报》2009年9月28日。

《中共中央关于深化文化体制改革 推动社会主义文化大发展大繁荣若干重大问题的决定》，《人民日报》2011年10月26日。

《中共中央关于坚持和完善中国特色社会主义制度 推进国家治理体系和治理能力现代化若干重大问题的决定》，《人民日报》2019年11月6日。

《凝聚民族复兴的精神伟力——以习近平同志为核心的党中央重视思想道德建设关心关爱道德模范纪实》，《人民日报》2019年9月5日。

《习近平对邹碧华同志先进事迹作出重要批示》，《人民日报》2015年3月3日。

《习近平对李保国同志先进事迹作出重要批示》，《人民日报》2016年6月13日。

《习近平对黄大年同志先进事迹作出重要指示》，《人民日报》2017年5月26日。

《习近平对廖俊波同志先进事迹作出重要指示》，《人民日报》2017年4月15日。

《习近平对王继才同志先进事迹作出重要指示强调要大力倡导爱国奉献精神 使之成为新时代奋斗者的价值追求》，《人民日报》2018年8月7日。

参考文献

《习近平总书记重要指示催人奋进 老英雄张富清事迹彰显奉献精神》，《人民日报》2019年5月27日。

胡锦涛：《高举中国特色社会主义伟大旗帜 为夺取全面建设小康社会新胜利而奋斗》，《人民日报》2007年10月25日。

胡锦涛：《坚定不移沿着中国特色社会主义道路前进 为全面建成小康社会新胜利而奋斗》，《人民日报》2012年11月18日。

韩振峰：《共和国英模精神与核心价值》，《光明日报》2015年7月4日。

毕国顺：《一个共产党员的追求》，《人民日报》1985年10月30日。

陈禹山：《为中华崛起而献身的光辉榜样——记中年光学专家蒋筑英》，《人民日报》1982年12月1日。

丁文锋：《中国改革开放四十年的历程、经验、理论贡献和发展前景》，《郑州日报》2018年11月23日。

范长敏、王建华、罗文全：《抗洪忠魂——记抗洪抢险中殉职的水利干部邹开清》，《人民日报》1998年8月18日。

管璇悦：《过去为"失去金牌"叹息，今天为"斩获银铜"喝彩》，《人民日报》2016年8月10日。

黄坤明：《培育和践行社会主义核心价值观》，《人民日报》2017年11月17日。

黄坤明：《培育和践行社会主义核心价值观》，《人民日报》2017年11月17日。

纪希晨：《历史的审判 写在特别法庭开庭之前》，《人民日报》1980年11月18日。

刘景泉、杨丽雯：《改革开放的历史阶段和基本特征》，《天津日报》2018年10月29日。

李建华：《社会全面转型过程中的道德引领》，《光明日报》2016年2

月17日。

李明：《新时代加强公民道德建设意义重大》，《经济日报》2019年11月8日。

刘雪林：《控诉"四人帮"的檄文 学习吴吉昌向科学进军》，《人民日报》1978年4月13日。

李次膺、曹京柱、李郭等：《高尚的情怀——记雷锋式干部朱伯儒》，《人民日报》1983年2月27日。

李瑛：《如何增强公民的社会责任感》，《人民论坛》2017年第24期。

明海英：《让研究和彰显英雄成为时代话题》，《中国社会科学报》2021年5月17日。

马飞孝：《给国产卫星安上"眼睛"——记中科院上海技术物理所研究员陈桂林》，《人民日报》1998年5月18日。

孙云：《致敬抗疫英模 践行抗疫精神》，澎湃网，2020年10月16日，https：//m.thepaper.cn/baijiahao_9588626，引用日期：2023年2月28日。

吴政：《也说步鑫生"落马"》，《人民日报》1988年2月8日。

吴玉军：《国家认同建构中的革命英雄记忆书写》，《中国社会科学报》2020年6月30日。

吴玉军：《提升国民的"国家荣誉感"》，《北京日报》2015年6月29日。

温红彦、若蔚、吴储：《汇聚起新时代榜样的力量——党的十八大以来先进典型发挥引领作用综述》，《人民日报》2018年7月2日。

王友恭、吴雅丽：《走遍天涯海角，还是祖国亲——记西安交大教授侯义斌》，《人民日报》1991年10月5日。

王学孝：《乐为众人谋富路——记杭州市特等劳模鲁冠球》，《人民日报》1986年2月22日。

杨玉龙:《精神文明创建需要全民总动员》,《青海日报》2017 年 4 月 17 日。

杨传春:《不怕台风的种子——记著名水稻育种专家黄耀祥》,《人民日报》1982 年 9 月 28 日。

阳举文、刘远达:《他带头不搞特殊化——记保山地委书记杨善洲》,《人民日报》1980 年 10 月 29 日。

杨春茂:《学习王启民 石油大学毕业生纷纷 申请到西部油田工作》,《人民日报》1997 年 4 月 18 日。

《烈士褒扬条例》,《中国民政》2011 年第 9 期。

《国务院办公厅印发〈为烈属、军属和退役军人等家庭悬挂光荣牌工作实施办法〉的通知》,《中华人民共和国国务院公报》2018 年第 23 期。

《闻令出动 敢打必胜（军营之声）》,《人民日报》2020 年 2 月 9 日。

特约评论员:《答卷——点赞抗击新冠肺炎疫情斗争中的中国青年》,《中国青年报》2020 年 4 月 1 日。

《改革开放四十年大事记》,《人民日报》2018 年 12 月 17 日。

《人生观的讨论值得重视》,《人民日报》1980 年 7 月 29 日。

《要为真理而斗争——优秀共产党员张志新同林彪、"四人帮"进行殊死斗争的事迹》,《人民日报》1979 年 5 月 25 日。

《大无畏的革命精神永放光芒——记党的好女儿张志新同志的高尚品质（之五）》,《人民日报》1979 年 8 月 14 日。

《学习"啥也别想挡住俺"的精神 学习吴吉昌向科学进军》,《人民日报》1978 年 4 月 13 日。

《现在是知识分子发挥作用的黄金时代》,《人民日报》1982 年 12 月 4 日。

《没有知识分子就不可能有四个现代化》,《人民日报》1982 年 12 月 3 日。

《许多读者投书〈工人日报〉表示学习罗健夫的共产主义献身精神》，《人民日报》1982年11月16日。

《高尚的品德》，《人民日报》1990年5月18日。

《当代青年的一面旗帜》，《人民日报》1999年4月28日。

《全国百名"人民好公仆"推荐工作结束》，《人民日报》1994年7月1日。

《公民道德建设实施纲要》，《人民日报》2001年10月25日。

《人生境界——百期特别策划》，《人民日报》2006年7月17日。

《怎样用好全媒体》，求是网，2019年3月28日，http://www.qstheory.cn/wp/2019-03/28/c_1124292488.htm，引用日期：2020年5月3日。

四 期刊论文

《关于构建社会主义和谐社会若干重大问题的决定》，《求是》2006年第20期。

孙云：《中共英模表彰制度的肇始及演变》，《党的文献》2012年第3期。

涂可国：《英模精神与"四德"建设》，《山东干部函授大学学报》2020年第6期。

姚力：《1977~1979年的全国劳动模范表彰》，《当代中国史研究》2015年第5期。

周昭成：《改革开放以来我国的主流价值构建》，《探索》2018年第5期。

白明亮、姚敏：《幽暗意识与榜样教育——一种道德教育的反思》，《南京师大学报》（社会科学版）2004年第2期。

曾长秋、李盼强：《树立道德模范人物与提升公民道德价值观》，《中州学刊》2012年第3期。

陈华洲、张明华：《榜样力量的构成及其转化条件和路径研究》，《思想政治工作研究》2015 年第 6 期。

陈继红：《榜样之美与社会主流道德传播的主体转向》，《南京社会科学》2014 年第 9 期。

陈玉斌、刘友田：《从"上帝死了"到"上帝复活"——尼采"超人"思想探析》，《南京航空航天大学学报》（社会科学版）2019 年第 9 期。

代金平、卢成观：《新时代英雄精神的文化底蕴、实践基础和理论价值》，《探索》2020 年第 2 期。

范迎春：《当前榜样文化的审视与反思》，《教学与研究》2016 年第 3 期。

冯正强、何云庵：《中国大爱：理解个人层面社会主义核心价值观的维度新探》，《毛泽东思想研究》2016 年第 6 期。

郭青、李奋生：《"泛偶像"时代青少年榜样教育的困境与出路》，《中国青年社会科学》2017 年第 1 期。

韩承敏：《改革开放 40 年劳模文化变迁的历史逻辑》，《学校党建与思想教育》2018 年第 11 期。

韩云波：《中国共产党人英雄观的形成与习近平对新时代英雄文化的创造性发展》，《探索》2020 年第 2 期。

姜建蓉：《论榜样教育在构建社会主义核心价值体系中的作用实现机制》，《思想政治教育研究》2009 年第 1 期。

赖静萍：《当代中国英模塑造现象探源》，《东南大学学报》（哲学社会科学版）2011 年第 5 期。

李昂、李晓元：《习近平总书记关于英雄重要论述的产生逻辑、科学内涵和原创性贡献》，《重庆大学学报》（社会科学版）2022 年第 2 期。

李德顺：《道德转型的足迹——对我国近 30 年若干伦理事件的评述》，《江海学刊》2010 年第 4 期。

李建华：《友善何以成为一种核心价值观》，《伦理学研究》2013 年第 2 期。

李路路：《改革开放 40 年中国社会阶层结构的变迁》，《武汉大学学报》（哲学社会科学版）2019 年第 1 期。

李跃森：《新时代英模剧的典型形象塑造》，《中国文艺评论》2020 年第 6 期。

廖加林：《论公共道德与积极性的公民行为》，《伦理学研究》2013 年第 4 期。

廖小平、孙欢：《价值观变迁对国家治理现代化的诉求》，《伦理学研究》2016 年第 3 期。

廖小平：《改革开放以来价值观的变迁及其双重后果》，《科学社会主义》2013 年第 1 期。

林华：《从李宇春被列为"改革开放 30 年风云人物"说起》，《思与想》2009 年第 1 期。

刘铁芳：《面对我们生命中"平庸的恶"》，《读书》2006 年第 8 期。

柳礼泉、张红明：《英雄模范的精神及价值示范》，《思想政治工作研究》2009 年第 8 期。

柳礼泉、庄勤早：《弘扬榜样文化与培育友善价值观论析》，《学术论坛》2019 年第 3 期。

柳礼泉、庄勤早：《新中国道德模范的历时性演进图景及其当代启示》，《伦理学研究》2017 年第 6 期。

卢愿清、杨晓燕：《优化榜样教育的激励力量——对传统榜样教育逻辑的否定性反省》，《思想理论教育》2004 年第 9 期。

梅萍、贾月：《论当前社会友善价值观的培育机制》，《中州学刊》2017 年第 3 期。

彭怀祖：《论道德模范和道德苛求的消解——以提升榜样效应为视角》，

《伦理学研究》2013 年第 2 期。

渠长根：《开发榜样文化资源 增强党的执政能力》，《观察与思考》2016 年第 7 期。

佘双好、田贵华：《社会主义核心价值体系与社会主义思想道德建设》，《思想政治教育研究》2009 年第 1 期。

沈仕海、王迎迎：《大学生对全国道德模范的了解情况》，《道德与文明》2016 年第 6 期。

施宇、郭致杰：《改革开放 40 年来中国党报话语变迁与思考》，《新闻与写作》2018 年第 12 期。

孙岩：《全国建设小康社会与中共政治权威的合法性认同》，《学术论坛》2003 年第 5 期。

孙云：《1950 年全国英模表彰大会的召开及意义》，《当代中国史研究》2013 年第 3 期。

唐正、张子清：《改革开放以来党的英模宣传研究综述》，《红色文化学刊》2018 年第 1 期。

田旭明：《英雄是民族最闪亮的坐标——新时代培育和弘扬英雄文化的若干思考》，《马克思主义研究》2019 年第 8 期。

田雨晴：《新中国 70 年中国共产党意识形态话语研究》，《保定学院学报》2019 年第 5 期。

万芳：《建国后英模人物形象变迁研究》，《哈尔滨学院学报》2014 年第 8 期。

万美容：《优选与创设：榜样教育创新的方法论视角》，《中国青年研究》2006 年第 9 期。

王小锡：《正确认识和应对我国的"道德气候"》，《思想理论教育》2011 年第 5 期。

杨静、寇清杰：《改革开放 40 年来青年价值观的转型与嬗变》，《中国青年社会科学》2018 年第 4 期。

游正林：《我国职工劳模评选表彰制度初探》，《社会学研究》1997 年第 6 期。

于建星、于有为：《世界精神·自我认同·他人认同——黑格尔英雄观批判》，《社会科学论坛》2020 年第 5 期。

张贝拉：《当代榜样塑造的叙事转型》，《江汉论坛》2013 年第 5 期。

张国林、张伟莉：《构建榜样工程 培育社会主义核心价值观自觉践行者》，《中国高等教育》2015 年第 7 期。

张静芳、单杰：《论新媒体视域下公民道德建设的榜样机制》，《学校党建与思想教育》2013 年第 12 期。

张爵宁、孙泊：《以榜样力量引领道德建设》，《人民论坛》2017 年第 5 期。

张军：《道德回报——道德模范常态化的时代呼唤》，《湖南社会科学》2013 年第 4 期。

张明师：《论建国后的英模评选与英模精神的伦理价值》，《河南师范大学学报》（哲学社会科学版）2016 年第 2 期。

张明师：《英模精神与培育和践行社会主义核心价值观——全球地域化视角》，《学习论坛》2016 年第 10 期。

张耀灿：《榜样文化：社会主义核心价值观培育机制的构建》，《学校党建与思想教育》2014 年第 7 期。

郑海祥、王永贵：《正确认识社会主义核心价值观与先进文化建设的关系》，《思想理论教育》2011 年第 12 期。

中国社会科学院马克思主义研究学部课题组：《改革开放 40 年中国马克思主义理论发展最具影响力的 40 件大事》，《马克思主义研究》2018 年第 11 期。

周晨：《新时代青年的英雄观：现状、特征及其影响因素》，《探索》

2020 年第 3 期。

周兴国、曹荣荣：《论劳动的育人价值及其实现条件》，《南京师大学报》2020 年第 6 期。

周昭成：《改革开放以来我国的主流价值构建》，《探索》2018 年第 5 期。

朱巧香：《论制度道德环境》，《齐鲁学刊》2015 年第 6 期。

庄勤早、柳礼泉：《爱国价值观助力青少年提升文化自信的四维功能》，《思想教育研究》2018 年第 7 期。

宗晶：《大众传播载体的思想政治教育功能实现基于对道德模范典型宣传的理性思考》，《兰州交通大学学报》2011 年第 5 期。

五 学位论文

赖静萍：《英模塑造与政治脉搏—当代中国政治社会化的另类视角》，南京大学，博士学位论文，2006 年。

李蕊：《当前榜样认同提升问题研究》，中共中央党校，博士学位论文，2017 年。

苗春凤：《典型中国——当代中国社会树典型活动研究》，上海大学，博士学位论文，2009 年。

庞申伟：《榜样文化及其当代建设研究》，湖南大学，博士学位论文，2017 年。

孙云：《国家话语权中的英模表彰制度研究》，南京大学，博士学位论文，2011 年。

六 外文文献

Andreas Steen, "To Live is to Serve the People: the Spirit of Model Soldier Lei Feng in Postmodernity", *The Changing Landscape of China's Consum-*

erism, No. 3, 2014.

Avnthony Dvowns, *An Economic System of Democracy*, New York: Harper& Row, 1957.

Bakken, Borge, *The Exemplary Society*, New York: Oxford University Press, 2000.

Betty A. Sichel, *Moral Education: Character, Community and Ideals*, Philadelphia: Temple University Press, 1988.

Brandon Brown, "Melissa Nasiruddin. Alejandra Cabral, Melissa Soohoo. Childhood Idols, shifting from Superheroes to Public Health Heroes", *Journal of Public Health*, No. 2, 2015.

Carrie Birmingham, "Phronesis: A Model for Pedagogical Reflection", *Journal of Teacher Education*, No. 9, 2004.

Chi Ming Lee, "Change and Challenges for Moral Edueation in Taiwan", *Journal Of Moral Education*, No. 12, 2004.

DAE Snow, EB Rochford, SK Worden, RD Benford, "Frame Alignment Processes, Micromobilization, and Movement Participation", *American Sociological Review*, No. 8, 1986.

Elisabeth Arweck, "Education as a Moral Practice", *Journal of Moral Education*, No. 26, 2003.

Gill Lines, "Villains, Fools or Heroes? Sports Stars as Role Models for Young People", *Leisure Studies*, No. 20, 2001.

Halstead, "Taylor. Learning and Teaching about Values: a Review of Recent Research", *Cambridge Journal of Education*, No. 30, 2000.

Heslep, "Robert D. Moral Education for Americans", *Praeger Publishers*, No. 71, 1995.

Holden John, "We Need some Heroes", *The Safety&Health Practitioner*,

No. 27, 2009.

Immanuel Kant, *Meta Physics of Morals*, Cambridge: Cambridge University Press, 1996.

Jackon, P. W., *Life in the Classroom*, New York: Holt, Rinehart and Winston, 1968.

James shah, "The Motional Looking Glass: how Significant others Implicitly affect Goal Appraisals", *Journal of Personality and Social Psychology*, No. 3, 2003.

Jeanne Wenos, Teri Trick, Jacqueline A. Williams, "Creating Socially Fit Heroes and Reducing the Incidence of Bullying in Elementary Physical Education", *Journal of Physical Education*, No. 85, 2014.

John Duncan Powell, "Peasant Society and Clientelist Politics", *American Political Science Review*, No. 2, 1970.

Katarina Jacobsson, Malin. Akerstrom, "Villains, Fools and Heroes: Social types in the context of Swedish deaf education", *Disability & society*, No. 12, 1997.

Kevin Ryan, "The New Moral Education", *Phi – Delta – Kappan*, No. 4, 1986.

K. Burlesson, C. W. Leachetal, "Upward Social Comparison and Self – concept: Inspiration and Inferiority Among Art Students in an Advanced Programme", *The British Journal of Social psychology*, No. 3, 2010.

Lance Strate, "The Faces of a Thousand Heroes: The Impact of Visual Communication Technologieson the Culture Hero", *Atlantic Journal of Communication*, No. 3, 1995.

Lewis White Beck, *A Commentary on Kant's Critique of Practical Reason*, Chicago: The University of Chicago Press, 1960.

Lockwood, A. T., "What is Character Education? The Construction of Children's Character", *The National Society for the Study of Education*, No. 2, 1997.

Lszarus, R. S., *Emotion and Adaptation*, New York: Oxford University Press, 1991.

L. Kohlberg, *The Philosophy of Moral Development*, San Francisco: Harper and Row, 1981.

Mary K. Pleiss, John F. Feldhusen, "Mentors, Role Models, and Heroes in the Lives of Gifted", *Ducational Psychologist Children*, No. 30, 1995.

Mulkey Young Jay, "The History of Character Education, *Journal of Physical Education*", No. 12, 1997.

Peters R. S., *Moral Development and Education*, London: Geode All and Unwinltd, 1981.

Richard B. Gunderman, "Christopher A. Sinsabaugh. Education and the Need for Heroes", *Academic Radiology*, No. 20, 2013.

Robert S Feldman, "Social Foundations of Thought and Action: A Social Cognitive Theory. Prentice – Hall, Upper Saddle Rive", *Advances in Social Sciences*, No. 9, 2016.

Stem. P., *The Challenges to Ethics: Environmentalism Feminism and Multiculturalism*, New York: Oxford University Press, 2001.

Thomas Lickona, *Educating for Character – how our Schools can Teach Respect and Re – sponsibility*, New York: Bantam Books, 1991.

Walder, Andrew, G. *Communist Neo – Traditionalism: Work and Authority in Chinese Industry*, Berkeley: University of California Press, 1986.

Walter Adamson, *Marx and the Disillusionment of Marxism*, Berkeley: University of California Press, 1985.

Wang Feng yan,"Confucian Thinking in Traditional Moral Education: Key Ideas and Fundamental Features", *Journal of Moral Education Abingdon*, No. 12, 2004.

White, Tyrene, "Postrevolutionary Mobilization in China: The One Child Poficy Reconsidered", *World Politics*, No. 7, 2011.

Wilson J., *Aims in Education: The Philosophical Approach by T. H. B. Hollins*, Manchester: Manchester University Press, 1964.

Yaron Girsh, "Between My Mother and the Big Brother: Israeli Adolescents' Views of Heroes and Celebrities", *Journal of Youth Studies*, No. 17, 2014.

Yonatan Tewelde, "Seeing the Image of an Eritrean Hero", *Journal of African Cultural Studies*, No. 27, 2015.

Zimbardo Philip, "We Need a Hero", *The Futurist*, No. 44, 2010.

七　网络新闻

《"感动中国——2002年度人物"评选活动简介》,中央国际网,2001年12月30日,http://www.cctv.com/lm/915/1.shtml,引用日期：2021年5月8日。

胡永球：《袁隆平"未晕倒田间"典型宣传能够打破固定模式》,新浪网,2002年2月20日,http://news.sina.com.cn/c/2002-02-20/0631478186.html,引用日期：2020年1月15日。

《劳模评选重大革新　推荐人须"两审三公示"》,新浪网,2005年4月16日,http://news.sina.com.cn/w/2005-04-16/09135666336s.shtml,引用日期：2023年3月2日。

《北大教授孟二冬——支教·治学·做人》,中国教育在线,北京大学新闻网,2005年12月12日,https://news.pku.edu.cn/bdrw/137-

104102. htm，引用日期：2023年3月5日。

《〈感动中国〉——2013年度人物巴金》，中央国际网，2006年11月25日，http：//www.cctv.com/video/wwwwxinwen/2006/11/wwwwxinwen_300_20061126_8.shtml，引用日期：2019年3月6日。

《〈感动中国〉2003年度人物——成龙》，央视网，2006年11月25日，http：//news.cctv.com/special/C16917/20061126/100791.shtml，引用日期：2022年5月7日。

《评论：有感于郑培民至死不闯"红灯"》，新浪网，2006年6月2日，http：//news.sina.com.cn/o/2006-06-02/18009103351s.shtml，引用日期：2022年3月2日。

《2003年人物：抗击"非典"第一功臣钟南山》，新浪网，2008年10月30日，http：//news.sina.com.cn/c/2008-10-30/031414650683s.shtml，引用日期：2021年1月12日。

《记"100位新中国成立以来感动中国人物"——韩素云》，广西新闻网，2009年9月28日，http：//news.gxnews.com.cn/staticpages/20090928/newgx4abfec3b-2308741.shtml，引用日期：2020年1月8日。

《萨马兰奇——中国人民的老朋友》，中国日报网，2010年4月22日，http：//www.chinadaily.com.cn/typd/2010-04-22/content_9760311.htm，引用日期：2023年3月2日。

《全国劳模掏粪20年仍是临时工 官方称转正难》，浙江在线，2011年1月28日，http：//china.zjol.com.cn/05china/system/2011/01/28/017268555.shtml，引用日期：2020年5月3日。

《少年儿童的偶像崇拜与榜样教育研究报告》，新浪网，2012年3月1日，http：//baby.sina.com.cn/z/byjyyj/，引用日期：2020年12月9日。

参考文献

《2013 感动中国年底人物评选推选规则》，新浪网，2013 年 11 月 28 日，http：//news. sina. com. cn/c/2013 - 11 - 28/230828840217. shtml，引用日期：2021 年 5 月 20 日。

《"劳动模范"替换成"劳动英模"到底奇葩在哪?》，北京晚报网，2016 年 5 月 4 日，https：//www. takefoto. cn/viewnews - 763949. html，引用日期：2020 年 8 月 23 日。

《为什么鲁冠球作为最坚韧的改革者比作为企业家更值得怀念?》，澎湃网，2017 年 10 月 30 日，https：//www. thepaper. cn/newsDetail_ forward，引用日期：2021 年 6 月 9 日。

《改革开放历经的六大重要阶段》，中国日报网，2018 年 12 月 4 日，https：//baijiahao. baidu. com/s? id = 1618908121927184208&wfr = spider&for = pc，引用日期：2019 年 2 月 8 日。

《北海市市花公园"英模公园"建成启用》，北海市人民政府网站，2019 年 1 月 30 日，http：//www. beihai. gov. cn/fzd/zfbmwz/bhszgh/tpxw_ 63/t15004228. shtml，引用日期：2023 年 3 月 9 日。

《公方彬：我为什么不愿成为道德模范》，个人图书馆，2019 年 4 月 25 日，http：//www. 360doc. com/content/19/0425/10/4660160 7_ 831321034. shtml，引用日期：2020 年 3 月 2 日。

《[新华网连线武汉] 北大援鄂医疗队"90 后"党员的心里话》，新华网，2020 年 3 月 17 日，http：//www. xinhuanet. com/politics/2020 - 03/17/c_ 1210518949. htm，引用日期：2023 年 5 月 9 日。

《华中农大志愿者获评"全国抗击新冠肺炎疫情青年志愿服务先进个人"》，澎湃网，2020 年 10 月 25 日，https：//www. thepaper. cn/newsDetail_ forward_ 9711096，引用日期：2021 年 1 月 6 日。

《"钱学森科技大学"正在筹建中，地点在湖南浏阳》，科学网，2020 年 8 月 11 日，http：//news. sciencenet. cn/htmlnews/2020/8/443991.

shtm，引用日期：2020年9月7日。

熊志、雷楚年：《荣誉成特权，英雄必末路》，凤凰网，http：//news. ifeng. com/a/20141107/42410609_ 0. shtml。

《京华时报："按劳分配"怎成"按编分配"》，中国经济网，views. ce. cn/view/gov/201101/29/t20110129 _ 22181907. shtml，引用日期：2023年3月10日。

《成都"三好学生"石像下体遭喷漆如穿"红裤衩"》，环球网，https：//m. huanqiu. com/article/9CaKrnJU3yH，引用日期：2023年2月27日。

后　　记

　　纵观改革开放四十多年的历程,发现无数英模人物如星辰般涌现,用脊梁挺立起了民族精神和时代精神,深刻地诠释了时代的观念演变,凝重地体现了一个民族和一个时代的思想与情怀。国内学者对英模的研究很多,但从整体上梳理英模人物演进,特别是改革开放以来的演进历程、历时性演进图景的成果则较少,而以此探讨英模人物演进中"变化"的趋势特点和演进中"不变"的恒定主题,从而对英模人物塑造进行现实审视的成果则更少。本书在汲取已有成果的基础上,采用理论研究、文献阅读、比较分析、案例分析、跨学科研究及问卷访谈等方式,以宏观和微观相结合、纵向与横向相融通的方法开展研究,努力呈现改革开放四十多年来英模演进的人物图景,归纳英模人物演进的呈现特点和价值特征,剖析英模塑造机制的内容构件、成功经验与存在问题,从而试图探求构建更适应新时代人们需要和社会发展需求的英模塑造路径。

　　英雄,来源于平凡;英雄精神,来源于人性闪光点的凝聚,最动人的人生旋律往往来自平凡人的高歌。英模人物从来都是我们这个时代最亮眼的风景。然而,当前社会转型期却时有人制造噪声、杂音混乱。有的人以抹黑英雄、调侃英模为名,混淆认知、颠倒黑白;有的人借"历史揭秘"的幌子,行曲解历史、虚无价值之行径;有的人走哗众取宠路线，宣扬历史终结论和历史虚无主义、文化虚无主义，进而诋毁中国共产党执政合法性和中国人民争取国家独立、民族解放的奋斗征程。这种恶搞英模的错误言行，是对历史的严重曲解，削弱了中华民族复兴的力量，阻滞了社会主义核心价值观的传播和培育，本质上也泯灭了人性中对真善美的自我表达和向往。英模用生命诠释了"大写的人"的定义，用热忱攀登上卓越的高峰，用坚守对抗世界的"喧哗与骚动"。细数改革开放以来社会主义现代化事业进程中涌现的英模人物，回顾他们的故事，追寻他们的精神，跟进他们的步伐，让英模人物的塑造更好地应对现实挑战、走入人们内心，对于振奋民族精神、弘扬时代旋律、澄清价值混乱、凝聚人心向背，从而激发中华儿女勠力同心实现中国梦的奋斗豪情有着重要意义。

回望历史的天空，正是无数英模人物，挺立起民族精神的万里山河和时代精神的辽阔疆域。梳理改革开放四十多年来的英模人物可以发现，改革开放的四十多年，英模人物经历波澜壮阔的岁月流转，用精神标注民族前行的方向，为社会主义现代化建设事业提供了强大精神动力。本书分四个历史阶段梳理了英模人物树立的脉络，从历时性的角度呈现了英模在时代变迁中随之变化的人物图景。细究英模在时代中的演进历程，可以发现，只有顺应了不同历史时期、不同经济基础和上层建筑的变化，英模才能被人们所接受、敬仰和争相学习，英模必须符合时代发展规律才能焕发生机和活力。

英模人物在时代脉动中发展，在时代发展中演进。改革开放以来，国家政治需求的调整以及人们的社会心态、价值标准、道德理想的变化，英模的类别、主体、职业、领域等也发生了深刻变化。本书从三个方面研讨了这种变化。一是对改革开放以来的全国劳动模范、全国道德模范和感动中国年度人物演进的呈现特点进行分析。二是对不同时代的英模人物演进的呈现特质进行分析。这种演进特质是较为鲜明的，可以体现为英模的身份、形象、人格、个体四个层面。三是对英模演进中呈现的转型与赓续进行分析。这种演进呈现为不断适应新的形势变化而做出现代转型与历史赓续，以实现不同历史主题的转换。

按照马克思主义辩证法，在梳理英模人物时代演进的"变"的特质的基础上可以发现，英模演进的"变"是具有向心力和持续性的演进，在"变"中"不变"的是英模的人格魅力、道德本质和价值特征，这使英模人物在时代变革和内部自我演变中始终连接历史与现实，体现了运动与静止的辩证逻辑。可以从三方面对英模演进进行解读。一是英模的演进轨迹彰显了个体价值与社会价值的统一。这是对英模演进中的恒定的价值内涵的解读。二是英模的演进轨迹彰显了民族精神与时代精神的统一。这是对英模演进的"不变"的精神意蕴的解读。三是英模的演进轨迹彰显了本体价值与工具价值的统一，英模承续了中华民族传统文化的先进思想品格，英模人物是不同时期榜样教育的生动范例和精神结晶，英模塑造是国家意识形态引领社会思潮、加强社会主义思想道德建设的重要手段。这是对英模演进的稳定的功能性解读。

客观评析英模人物的形成机理、塑造成效，理性透析英模塑造的现状和问题，对于新时代进一步匡正谬误、澄清事实、凝聚共识具有重要作用。通过对英模人物树立、宣传和安置过程的析述，可以看到，改革开放四十多年来的英模人物塑造积累了丰厚的经验。然而，从人物形象来看，存在着部分人物感召力下降、信任度下滑等问题；从塑造环节来看，存在选树标准不明晰、价值传播力弱化等问题。社会转型和价值分化、价值迷茫和信仰模糊、评选中的功利和形式、保障激励机制不完善等因素，在一定程度上突构了英模养成和塑造的现实困境。新时代下的英模人物塑造需要采取更有针对性和实效性的措施来化解这一困境。要从坚持正确的目标理念、采用科学的选树方式、营造良好的成长环境和激发自觉的知行转化四个维度，探索有效的英模人物塑造的对策路径，把实现"中国梦"的社会理想和抽象的社会主义核心价值观，通过英模人物的传载真正转化为个人的信念与行动，解决好"新时代我们需要什么样的英模""新时代如何塑造英模"的问题。

新时代全面建设社会主义现代化国家，进而实现中华民族伟大复兴，需要在全社会持续推动形成崇尚英雄、捍卫英雄的良好氛围。致敬英模人物，弘扬英模精神，塑造英模人物是新时代思想道德建设的鲜明主题。本书着眼于对改革开放四十多年来的英模形象变迁、类别更替、身份构成、人格构柱等演进特点进行梳理，落脚于对当前英模塑造的困境省思与成因分析，并对新时代英模塑造的理念、思路、措施、方法机制等提出了建议。由于篇幅和研究时间、研究人员的知识视野所限，仍然有众多问题尤待拓展。如对英模演进与时代之间的关系可作更细致的分析；结合宏观时代背景和微观个体生命，英模人物在时代中的呈现图景还可以更加饱满、更加有血有肉和更加生动丰厚；英模塑造机制面临的现实困境还可作更深入解读，困境的成因梳理还未做到全面清晰；结合实证调研数据支撑，在英模塑造机制的构建策略方面的研究深度还有所不足。这些问题都有待于深究，这也正是笔者在今后研究中需着力探索的若干方面。

实现中华民族伟大复兴，需要英模，呼唤先锋；特别需要闯关夺隘的英模，深情呼唤勤勉踏实的先锋。英模人物演进及塑造这一课题的研究，具有广泛的研究前景和重大的现实使命，对此，本书的探究只能说是初步的。著者认为，学界还可从三个方面深入研究。一是英模人物的时代演进不只是英模个体在不同时代的呈现，还包括英模个体自身在时代中的自我成长、自我完善、自我塑造、自我发展。对英模人物的演进历程可做更深入的研究和挖掘，针对英模人物在时代变

后 记

迁沉浮中的形象塑造、命运变化乃至个体成长轨迹，可以做更多推敲，从而多维度、立体化、更为全面地梳理英模演进脉络。二是英模人物塑造作为一种独具中国特色的活动，英模与时代、英模与其他社会成员、英模与其被"塑造"的人物形象的关系，还可以运用历史学、政治学、人类学、新闻传播学、形象学等学科进行深入探讨。三是新时代下英模人物塑造的思路、举措和机制，随着时代发展，需要及时进行理念更新和机制优化，让学英模真正成为整个社会的风尚，让当英模成为每个个体的追求。这些问题都非常值得认真思考，也需在后续研究中进一步深化。

习近平说："中华民族是英雄辈出的民族，新时代是成就英雄的时代。"党的十八大以来，我们进入了一个空前的礼赞英雄、尊崇英雄的时代，英模研究也迎来了一个新的历史机遇。立足实现中华民族伟大复兴的历史新起点，通过举贤旌善，弘扬英模的崇高精神，发挥英模的特殊作用，对于保持崇德向善的氛围，激发人们的信念能量具有特殊而重要的意义。著者囿于历史发展的阶段性和认知的局限性，研究上难免有遗落、片面、臆断之误，成果也只能是浅显的，唯愿能起到抛砖引玉的作用。本书虽不完美，但还是努力从多个角度作出探索，诚望能为以后相关学者提供一定的参考和借鉴。

诚盼更多的学者关注英模演进、英模塑造及相关问题，诚盼在英雄情怀的引领下，我们全体中华儿女接续历史传递的火把，在新时代书写出新的光彩的人生诗篇与历史篇章！